영웅에
반^反하다

| 청소년을 위한 고전 매트릭스 |

영웅에
반反하다

비뚤어지거나 모자라거나

서울대 인문학연구원 고전매트릭스연구단 지음

헤화동

청소년을 위한 고전 매트릭스를 시작하며

  '청소년을 위한 고전 매트릭스'는 서울대학교 인문학연구원 고전매
트릭스연구단이 마련한 고전 교육 콘텐츠의 하나입니다. 고전매트릭스
연구단은 중·고등학교 현장에서의 고전 교육용 콘텐츠인 '고전 매트릭
스'를 구축하는 과업을 수행하고 있습니다. 고전 매트릭스는 학생들이
고전을 쉽게 접하고 토론, 활용할 수 있도록 동서고금의 다양한 고전을
주제별로 분류, 인용, 해설해 놓은 웹·모바일 기반의 고전 학습 시스템
입니다. '청소년을 위한 고전 매트릭스'는 고전 매트릭스와 함께 중·고
등학교에서의 고전 교육에 유용한 콘텐츠를 제공하자는 취지에서 기획
한 '주제별 고전 다시 읽기' 시리즈입니다.

  현재 우리 사회에서는 디지털 대전환이 한창 진행되고 있습니다. 미
래의 삶과 사회를 크게 바꿀 에너지 대전환, 바이오 대전환도 늦지 않
은 속도로 수행되고 있습니다. 이러한 문명사적 대전환기는 고전에게
위기이자 기회입니다. 정보와 지식의 생성, 유통, 소비가 문자 텍스트
보다는 이미지나 영상 텍스트를 중심으로 이루어지고, 글은 읽지만 책
을 읽지는 않는, 특히 소설이든 이론서든 간에 장편을 거의 읽지 않는
세태는 고전에 분명 독입니다. 반면 4차 산업혁명의 진전에 따라 평생

고등 학습의 필요성이 증대되고, 지식 기반 사회가 갈수록 심화되는 현실은 고전에는 약이 되고 있습니다. 이미 고등학교나 대학에서 받은 교육이 생애의 마지막 교육인 시대가 거의 흘러갔습니다. 디지털 대전환, 에너지 대전환, 바이오 대전환으로 대변되는 미래 사회를 살아가기 위해서는 제도권의 교육과정이 종료된 후에도 계속적으로 학습을 수행해 가야 합니다. 고등학교나 대학 졸업 후 생계를 꾸려 가는 한편으로 학습을 지속적으로 수행해야 하는 사회가 도래하고 있습니다. 스스로 공부해 갈 수 있는 역량, 곧 '기초 지력'을 함양하는 것이 무엇보다도 필요한 시대가 된 것입니다.

고전 학습에 다시 주의를 기울여야 하는 까닭이 여기에 있습니다. 고전이 다른 모든 지식의 기초이자 근간으로 활용되어 왔던 인류의 역사가 말해 주듯이, 기초 지력을 계발하고 이를 학습을 통해 구비하는 데 고전 학습은 역사를 통해 검증된 가성비 높은 길이기 때문입니다. 따라서 대학은 물론이고 중·고등학교에서 고전 교육이 한층 강화되어야 합니다. '청소년을 위한 고전 매트릭스'는 이러한 새로운 시대적 요청에 부응하는 튼실한 밑바탕이 될 것입니다.

'청소년을 위한 고전 매트릭스'의 첫 시리즈 주제는 영웅입니다. 영웅은 인류 역사 속에 늘 함께해 왔습니다. 태곳적 신화시대부터 첨단 디지털 문명이 펼쳐지는 지금에까지 영웅이 없었던 삶과 사회는 없었다고 해도 과언이 아닙니다. 신화 속 헤라클레스나 아킬레우스, 영화 속 슈퍼맨이나 배트맨 같은 존재만 영웅인 것은 아니기 때문입니다.

꼭 위대한 지도자나 장군, 사상가 등만이 영웅이 될 수 있는 것도 아닙니다. 시민 영웅, 서민 영웅이란 말이 쓰이듯 누구나 영웅이 될 수 있습니다. 어쩌면 우리는 모두 자기 삶의 영웅이라고 할 수도 있습니다. 그래서 영웅은 고전에서 널리 애용됐습니다. 잘 알려진 전형적인 영웅 이야기부터 반反영웅들의 이야기에 이르기까지 고전에는 영웅과 연관된 서사가 참으로 다채로운 모습으로 담겨 있습니다. 덕분에 우리는 고전을 통해 영웅이 탄생되는 다양한 양상을 살펴볼 수 있고, 영웅에 반反하는 흑黑영웅의 서사를, 또 영웅이 아닌 듯 영웅인 비非영웅의 서사를 풍요롭게 접할 수 있습니다. 라이벌이었던, 또 라이벌로 만들어진 영웅들의 흥미진진한 경쟁 이야기도 엿볼 수 있습니다.

이제 이들의 이야기를 '영웅의 탄생', '영웅에 반反하다', '경쟁하는 영웅들'이란 주제로 묶어서 '청소년을 위한 고전 매트릭스'로 내놓습니다. 모쪼록 세 권의 영웅 시리즈가 독자 제현의 영웅 탐사에 알차고 즐거운 놀이터가 되기를 소망해 봅니다.

김월회

서문

그들이 영웅에 '반'한 까닭

1.

　우리 책에서 반영웅反英雄, anti-hero은 '영웅에 반反하다'는 뜻이다. '反'은 두 사람이 서로 등진 모습을 형용한 글자다. 이로부터 '상반되다', '엇나가다' 같은 뜻이 생겨났다. 따라서 영웅에 반한다고 하면 이는 다음 두 가지로 나누어 볼 수 있다. 하나는 영웅과 상반된다는 뜻에서 비롯된 '영웅이 아니다'이고, 다른 하나는 영웅과 엇나간다는 뜻에서 비롯된 '영웅답지 못하다'이다.

　전자는 '비非영웅'이라고 표현할 수 있다. 이에 포함되는 인물 유형은 무척 광범위하다. 남의 시선이나 공동체의 잣대를 우선하기보다는 자신만의 개성과 가치를 당당하게 추구하는 인물들, 장삼이사와 같은 평범한 사람들이나 소시민, 돈키호테나 아Q 같은 비정상이거나 못나거나 지질한 유형의 인물 등 말 그대로 영웅이 아닌 모든 인물 유형이 이에 속한다. 그런데 이러한 이해에는 큰 문제가 있다. 이들을 비영웅, 그러니까 영웅을 중심이나 기준으로 삼은 후 '영웅이 아닌 존재' 식으로 규정해야 할 필연적이거나 마땅한 이유는 하나도 없다. 이들의 삶은 애초부터 의식적이든 결과적이든 간에 영웅과 무관하거나 별 관계 없기 때문이다. 그들이 영웅이 아니라고 하여, 영웅과 별 관계 없거나 영웅되기에 무관심하다고 하여 그들의 삶이 가치가 없다거나 덜하다고 할 수는 없다. 굳이 사람들의 삶을 영웅을 기준으로 '영웅 대 비영웅'으로, 달리 말해 '영웅과 그 나머지'로 나눔으로써 나름의 삶을 꾸려 온 그들을 영웅의 여집합으로 주변화할 이유는 없다. 하여 반영웅의 한 유형으로서 비영웅이라는 개념의 범위를 좁힐 필요가 있다. 그래야 반영웅이라는 표현이 기본적으로 환기하는 '영웅과의 연관성 아래서'라는 전제와 부합된다. 우리 책에서 반영웅으로서 비영웅은 이렇게 영웅과 연관성이 있지만, 영웅은 아닌 인물 유형을 가리킨다.

반영웅의 또 다른 유형인 '영웅답지 못하다'에는 이를테면 흑영웅黑英雄, dark hero 같은 유형이 포함된다. 영웅의 면모를, 영웅으로 발현될 가능성을 지니고 있지만, 영웅이라고 하기에는 비틀리거나 뒤틀린, 혹은 모자라거나 억눌린, 때로는 기꺼이 내지 기질적으로 악한 인물 유형이다. 실패하거나 파멸한 영웅도 이에 해당한다. 이를테면 인물 자체는 영웅답지만 시대나 대중과 불화에 처하여, 또 대립한 세력에 밀려나거나 주류에 편입되지 못하여, 때로는 기인 취급을 받고 더러는 광인이나 악마로도 내몰리는, 그 결과 인구에 부정적으로 회자하고 역사에서 악하게 운위되는 유형의 인물들이다. 이러한 인물은 사뭇 억울할 수 있다. 실제 역사에선 영웅이기에 부족함이 없었지만, 유비를 동정하는 대중의 심리로 인해 '간악한 영웅'으로 각인되었던 『삼국지연의』의 조조나 남성들의 이해관계에 자신의 능력이 악용되었던 『메데이아』의 주인공 메데이아처럼 말이다. 어느 각도에서 보느냐에 따라 반영웅이 아닌 참 영웅으로 규정될 여지가 없지 않은 혹은 매우 많은, 달리 말해 '영웅과 반영웅의 경계'를 오가는 유형의 인물이기 때문이다.

우리 책에서는 이러한 반영웅들의 서사를 다룬다. 비영웅의 서사처럼 영웅서사로 흐를 여지가 없지는 않지만, 영웅서사에는 전혀 또는 별 관심 없는 서사와 흑영웅의 서사처럼 영웅서사로 흐를 수도 있지만, 영웅서사라고 하기에는 무언가 부족하거나 영웅다움과는 어울리지 않는 서사가 그것이다. 전자의 서사를 '영웅을 등진 서사'라고 이를 수 있다면 후자는 '영웅과 엇난 서사'라고 부를 수 있다. 이 둘이 『영웅에 반反하다』는 우리 책 제목이 가리키는 구체적 실상이다.

2.

우리 책은 2부로 구성되어 있다. 1부에는 '영웅을 등지다'라는 제목 아래 영웅서사로 흐를 여지가 없지는 않지만, 영웅에는 전혀 또는 별 관심 없는 인물들의 서사 8편을 담았다.

첫 편은 고대 그리스를 대표하는 극작가 아리스토파네스의 '평화 3부작' 속 주인공들에 대한 이야기다. 배경은 아테네와 스파르타가 30

년 가까이 벌였던 펠로폰네소스 전쟁 시기다. 이들은 신의 혈통을 지니고 태어난 영웅과는 거리가 사뭇 먼, 평범한 농부이거나 그들의 아내이다. 그래서일까? 이들은 영웅이라면 하지 않았을 방도로, 이를테면 이문을 챙기고 명예나 권력 따위를 안중에 두지 않음으로써, 또 남편에 대한 '성 파업'을 통해 기나긴 전쟁을 극 중에서나마 종식한다. 영웅다운 방식이 아니라 영웅에 등짐으로써 말이다. 영웅적 시선과 기준에 한없이 낮아 보이는 사람들이지만, 소소한 일상 속에서 평화를 누리며 따뜻할 수 있는 삶에 대한 그들의 소박하고 우직한 의지가 영웅들도 못 해낸 또는 안 해낸 일을 해냈던 것이다. 비영웅의 길로 영웅다운 성취를 일궈냈음이다.

이들 아리스토파네스의 '평화 3부작'의 주인공이 반영웅주의적 상상력을 해학적으로 풀어냈다면 영웅주의에 정면으로 대결했던 여성이 있었다. 또 한 명의 대표 극작가 소포클레스의 비극 『안티고네』의 주인공 안티고네가 그다. 그녀는 외세를 끌어들여 국가를 전복하려다 처형된 오빠의 장례를 홀로 치러 줌으로써 국가로 대변되는 공적 가치를 정면으로 들이받았다. 본래부터 여걸이나 영웅다웠기에 그렇게 했음은 아니다. 그녀는 그저 가족애에 충실한 젊고 연약한 여인이었을 따름이다. 그럼에도 국가의 정당성의 원천인 신들이 그녀를 승인한다. 그 결과 가족애라는 사적 가치를 무조건 앞세웠음에도 안티고네는 불의한 국왕에 맞선 비극적 영웅으로 비춰진다. 아킬레우스, 오뒷세우스, 이아손 같은 '정통적' 영웅들이 취한 길과 무관한 길을 걸었음에도 영웅으로 추인됐음이다. 그런데 이러한 시선을 안티고네도 원했을까?

이러한 시선에 '빅 엿'을 먹이는 인물이 있다. 비영웅마저도 영웅의 자장 안으로 끌어넣으려는 그 시선에 말이다. 『달과 6펜스』의 찰스 스트릭랜드가 그 주인공이다. 그는 자신이 추구하는 예술을 위해서 가족을 내버리고 주변의 호의를 배반하며 여성을 욕망 해소를 위한 도구쯤으로 여긴다. 죄책감이나 의무감, 선의 같은 도덕심, 양식 등을 도무지 기대할 수 없는 인물이다. 오로지 자기가 구현하고자 하는 예술 세계를 위해 주변을 소비하더니 죽기 직전 자신의 작품을 모두 불사르라고 유언함으로써 파격적으로 펼쳐 낸 자기 삶에서도 탈주한다. 보는 각도를 달리하여, 그러니까 예술만을 추구했다는 각도에서 예컨대 '예술계의 영웅'처럼 해석될 수 있는 여지를 스스로 소거한 것이다. 단적으로 잘해야 기인奇人 정도, 심상하게는 광인이나 악인 정도로 비칠 수 있는 인물이다. 그러한 스트릭랜드의 영혼 앞에 도덕이니 영웅이니 신이니 하는 모든 가치와 잣대는 그저 벗어나야 할 바에 불과했다.

'현대의 소시민' 요나탄 노엘은 스트릭랜드와는 사뭇 다른 방식으로 그러한 가치와 잣대로부터 비켜나 있다. 파트리크 쥐스킨트의 소설 『비둘기』의 주인공인 그는 자신의 의사와 무관하게 인간관계의 철저한 단절 속으로 던져진 삶을 자신이 예측 가능한 동선과 통제 가능한 최소한의 활동을 구축하고는 그 속에서 기계처럼 일상을 반복하는 방식으로 버텨낸다. 그야말로 그렇게 해도 살아지기에 기계처럼 작동하며 살아가는 삶이다. 하여 겉으로 드러난 그의 삶은 한없이 쪼그라든 소시민, 존재감이 휘발된 루저loser 자체이다. 그런데 이러한 요나탄 노엘에게, 극한까지 버려진 삶을 일상의 기계적 조직화를 통해 간신히 버텨

내는 그의 삶에 역설적이게도 도덕이나 영웅, 신 등이 개입하지 못한다. 통상적 삶에서는 큰 위력을 발휘하는 그들이 요나탄 노엘의 삶에서는 도리어 존재감 제로가 되고 만다.

비슷한 양상이 바다 건너 중국의 허삼관이란 인물에게서도 목도된다. 현대 중국은 통치의 필요성에서 적잖은 '시대적 영웅'을 만들어 선전하곤 했다. 하지만 허삼관은 그러한 영웅과는 거리가 한참 먼 지극히 평범한 인물이다. 그저 먹고살기 힘든 시절을 맨몸으로 부딪쳐 살아간 현대 중국의 전형적 소시민이다. 그는 법으로 금지되었음에도 피를 팔아 생계를 유지한다. 피를 판다는 것은 생명을 판다는 것이다. 인간성에 대한 근본적 모독이고 파훼이다. 도덕이나 신 등은 이러한 그의 선택 앞에 무기력하다. 그런데 허삼관은 자신의 생명을 판 대가를 하나도 못 누린다. 희생정신이 투철해서도 도덕심이 남달라서도 아니다. 그저 자신의 못남과 지질함 탓에 그렇게 됐을 뿐이다. 그럼에도 그는 국가가 휘두르는 거대 폭력과 그로 인한 굴곡 속에서도 가족을 건사하며 나름 살 만한 노년을 맞이한다. 마치 요나탄 노엘이 자살을 결정하고 잠든 다음 날 천둥소리를 듣고 깨어나 다시 삶의 의지를 되찾았듯이, 못나고 지질한 삶에서 삶을 지속할, 버텨 낼 동력을 찾은 셈이다. 도덕이나 신, 영웅에게서가 아니라!

17세기 동북아시아에서 연이었던 전쟁 속에서도 삶을 버텨 냈던 조선인 김영철에게도 고되고 풍진 삶을 이어 가는 동력은 도덕이나 신, 영웅이 아니었다. 그건 살아 돌아와 대를 이어야 한다는 할아버지의 말씀이었다. 이를 자기가 태어난 나라에서 조상의 대를 이으며 살아가는 삶이 좋은 삶이라는 지배층의 도덕으로 볼 수도 있다. 반면에 자기가 태어난 나라에서 부모님을 봉양하면서 집안의 대를 이으며 사는 것은 평범한 백성에게는 너무나 당연한 일이기도 하다. 김영철은 이를 지키기 위해 후금에 잡혀 만주로 끌려가 가정을 이루고 살게 됐음에도, 우여곡절 끝에 중국으로 탈출하여 그곳에서 중국 여인과 가정을 이루고 살게 됐음에도, 기회가 생기자 머뭇대지 않고 조선으로 돌아온다. 조선에서 대를 잇기 위해 만주와 중국의 가족을 헌신짝처럼 팽개친 채 말이다.

언뜻 영웅과는 참으로 무관하다 싶은 이들 요나탄 노엘, 허삼관, 김영철이 펼쳐 낸 삶을 어떻게 볼 수 있을까? 이들이 삶을 버텨 내는 힘은 분명 나라를 구하고 세계를 구원할 수 있기는커녕 가족이나 자기 하나 건사하기에도 벅차다. 그런데 이렇게 접근하는 평가는 늘 정당한 것일까? 누군가의 삶을 평가할 때 그 삶을 꼭 나라나 세계 차원에 놓고 가늠해야 한다는 필연성이나 정당성은 없다. 다시 말해 요나탄 노엘이나 허삼관, 김영철의 삶에 대한 평가 차원을 그 자신, 그 가족으로 좁히고 평가의 잣대를 그가 지닌 신조의 실현 여부로 한정한다면 이들이 자기 삶의, 가족의 영웅일 가능성을 딱 잘라 없다고 할 수는 없다. 영웅이라는 잣대를 꼭 들이밀어야 함은 당연히 아니지만 말이다. 이러한 면에서 달기와 베르트랑드라는 여성의 이야기는 주목할 만하다. 주지하듯이 근대 이전은 동양이나 서양 할 것 없이 여성에게는 남성보다 사회적 억압 기제가 한층 복합적으로 둘러쳐 있었고, 그렇게 자기 삶을 자기가 통제할 수 없는 조건 아래서 최대치로 자기 삶을 자기 주도적으로 펼쳐 내려 애쓴 이들에게 도덕이니 영웅이니 신이니 하는 잣대와 가치를 적용한다는 것 자체가 또 다른 폭력이기에 그러하다.

　전근대 시기 국가 운영이 철저하게 남성 몫이었음을 감안하면 나라를 기울게 한 데는 남성의 책임이 절대적이다. 그럼에도 고대 중국에서는 그 책임을 여성에게 돌리곤 했다. '나라를 기울게 한 미색'이라는 뜻의 경국지색이란 표현이 나오게 된 저간의 사정이다. 달기는 포사, 서시 등과 함께 경국지색의 대표적 예로 늘 운위되었다. 전하는 바로는 그녀는 새로이 천자가 되고자 했던 주나라 무왕의 최측근 강태공에 의해 당시 천자인 은나라의 주왕을 타락시킬 목적으로 철저하게 훈련된 인물이었다. 주왕에게 바쳐진 그녀는 소임을 다하였고 타락과 폭정의 극을 치닫던 주왕은 결국 무왕과 강태공에 의해 죽음을 맞이한다. 달기는 체포되어 강태공 앞으로 끌려온다. 그렇게 강태공을 다시 보게 된 달기는 강태공에게 자기가 임무를 너무 늦게 수행한 건 아니냐고 되묻는다. 주왕을 멸망의 구렁텅이에 빠뜨리기 위해 특별히 제조된 도구처럼 설정된 달기가 실은 나름 능동적으로 임무를 수행했다고 볼 여지가 환기됐음이다. 그래서인지 후대에 달기의 서사를 가져온 『봉신연의』나 현대 중국 드라마 「봉신연의」에서는 달기가 복수를 주체적으로 수행하는 캐릭터로 거듭난다. 각종 사회적 억압 기제가 겹겹이 쳐져 있는 여성에게 실현 가능한 방식, 그러니까 미모의 활용이라는 미인계로 복수를 완수하는 인물로 재해석된 셈이다.

　이 과정에서 도덕 등은 역시 무기력하다. 한 나라의 군주를 타락시킨다는 부도덕은 여성 달기에 둘러쳐 있던 삶의 조건에서는 또 다른 억압 기제에 불과했다. 이는 『마르탱 게르의 귀향』 속 두 남편을 두었던 정숙한 여인 베르트랑드 드 롤스에게도 마찬가지였다. 마녀의 저주 등으로 여의치 못한 삶을 살던 그녀의 남편 마르탱은 아버지의 자산을 훔쳐 가출한다. 중세 후기 프랑스 농촌 사회에서 남편 없이 어린 아들을 양육해야 하는 여인에게 처져 있는 사회적 억압 기제 아래서 베르트랑드는 오히려 주류 남성들의 무기인 정숙을 적극적으로 취해 자신의 삶을 지탱해 간다. 그런데 남편인 척하며 나타난 가짜 마르탱을 진짜 남편으로 인정하는 반전을 선보인다. 마르탱의 진위를 의심한 집안 어른의 고소로 법정에 섰을 때는 가짜 남편을 적극적으로 옹호하여 승소 직전에까지 이르기도 한다. 그러다 판결 직전에 진짜 마르탱이 법정에 나타나자 그녀는 순순히 진짜 남편을 인정하고 그를 따라나선다.

드러난 양상만으로는 정숙함을 가장한 부도덕한 인물로 단정될 여지가 적지 않다. 달기가 그러했던 것처럼 말이다. 그런데 전근대 시기 여성에게 둘러쳐 있던 억압 기제의 실질적 위력을 과소평가할 수 있는 권리는 누구에게도 없다. 그러한 삶의 조건을 주체적으로 깨뜨려 나오지 못하고 주어진 조건 안에서 취할 수 있는 삶의 경로를 취했다는 이유로 그 삶을 폄하할 수 있는 권리 말이다. 요나탄 노엘, 허삼관, 김영철, 달기, 베르트랑드의 서사가 통념상의 영웅과는 참으로 거리가 멀지만, 그러한 통념을 떠받치는 도덕이나 신이 오히려 이들의 삶에서 무기력했다는 점에서 이들의 삶은 그것 자체로 반영웅적이었던 것이다.

3.

　2부에는 '영웅과 엇나다'라는 제목 아래 영웅서사로 볼 수도 있지만 그렇지도 않은 서사 8편을 담았다. 첫 편은 고대 그리스의 3대 비극 작가로 꼽히는 에우리피데스가 쓴『메데이아』의 주인공 메데이아의 서사이다.

　메데이아는 고대 그리스의 다른 영웅처럼 신의 혈통을 지닌 여성이다. 그녀는 마법 같은 신적 능력과 남다른 지략, 과단성 등을 지니고 있어 영웅으로 치켜 올려질 여지가 풍부하다. 『일리아스』, 『오뒷세이아』와 함께 고대 그리스의 대표적 영웅서사인『아르고호의 모험』의 주인공 이아손도 아내 메데이아의 계략 덕분에 황금 양털을 손에 넣었을 정도이다. 한편 메데이아는 목적을 위해서 동생을 토막 내 죽인다거나 친자식을 살해하는 등의 패륜을 서슴지 않는다. 그녀가 선뜻 영웅으로 치켜세워지지 못하는 까닭이다. 그런데 메데이아의 이러한 영웅과 엇나는 면모는 남편 이아손의 성공을 도모하는 대목이나 자신을 배반한 이아손에게 복수하는 대목에서 발생한다. 이아손의 영웅 등극이 그녀의 패륜을 딛고 일어난 셈이며, 그러한 하자를 안은 채 영웅이 된 이아손을 좌절시키는 데 그녀의 패륜이 활용된 것이다.

　그렇다면 이아손은 과연 영웅일까? 그가 영웅이라면 메데이아는 왜 영웅이어서는 안 되는 것일까? 이아손이 하자 있는 영웅에 불과하다면 그를 좌절시킨 메데이아가 영웅이 못 되는 이유는 또한 무엇일까? 이 물음은 로마의 악한 정객 카틸리나에게도 적용된다. 그는 영락한 귀족 가문의 야심가이나 정치적·도덕적으로 상당히 저급하고 타락한 이로 전해진다. 집정관 선거에서 그가 내놓은 부채 탕감 정책이 당시 로마의 경제적 문제를 정확히 짚어 낸 것인 데서 보이듯이 그의 정치적 수완은 분명 탁월하다. 다만 "언변은 충분했으나 모자란 지혜"라는 논평이 시사해 주듯이 그는 정신적·도덕적 차원에서는 결함이 제법 컸던 인물이다. 게다가 카틸리나는 로마 공화정의 수호자로 또 정치적 순교자로 평가되며 영웅적 면모가 드리웠던 키케로와 같은 시대를 살았다. 결국 그는 노련하고 지혜로웠던 키케로가 영웅의 길을 걷는 데 제물이 된다. 키케로는 그가 로마의 전복을 꾀했다며 신랄하게 비판하며 정치적 중심으로 우뚝 섰고 그 반대급부로 카틸리나는 로마 사상 가장 유명한 반역자로 각인된다.

반전은 세월이 흘러 정치적으로 실각한 키케로가 정치적 재기를 위해 정적 안토니우스를 카틸리나처럼 처리할 때 일어났다. 키케로는 안토니우스를 역모로 몰아갔지만, 실패하고 역으로 안토니우스에 의해 숙청된다. 이는 카틸리나에게 다시 볼 여지가 있음을 시사해 준다. 이를테면 그 또한 영웅이 될 수 있었지만, 키케로라는 영웅적 인물의 등극을 위해 억울하게 희생된 인물로 말이다. 결국 메데이아나 카틸리나 모두 어디에 서서 보는가에 따라 평가가 엇갈릴 수 있는 인물인 셈이다. 제우스를 속이고 인간에게 불과 밀을 몰래 갖다 준 대가로 매일같이 독수리에게 간을 쪼아 먹히는 형벌을 받는 프로메테우스처럼 말이다. 그는 교활한 속임수와 계략을 쓰면서까지 최고신인 제우스의 명을 어겼다는 점에서 신들에게 그는 신계의 질서를 어긴 사악한 존재와 다름없다. 그러나 그로부터 큰 도움을 받은 인간에게 그는 이론의 여지가 없는 영웅이다.

영웅과 엇나갔다고 하여 항상 보기에 따라 영웅이기도 하고 그렇게 보기 어렵기도 한 것은 아니다. 『삼국지연의』의 장비와 『서유기』의 저팔계만 봐도 그렇지 않음은 쉬이 드러난다. 『삼국지연의』와 『서유기』 안에서 장비와 저팔계는 영웅이라기보다는 각각의 주인공인 유비와 손오공을 영웅답게 해 주는 보조적 역할에 충실하기 때문이다. 이들에게도 분명 영웅의 면모가 적잖이 존재한다. 영웅이라 충분히 칭해질 수 있다는 것이다. 그러나 이는 어디까지나 『삼국지연의』나 『서유기』에서 벗어났을 때 가능한 얘기다. 장비의 저돌적이고 폭력적이며 성급한 성격은 『삼국지연의』에서 유비가 대사를 이룸에 줄곧 방해 요소로 작동된다. 저팔계 또한 마찬가지다. 막강한 요괴를 물리치는 데 크게 이바지하며 손오공에 버금가는 영웅적 면모를 드러내지만, 그보다는 주로 욕망의 화신처럼 굴며 인간의 다양한 욕망을 가감 없이 드러내어 손오공을 곤경에 빠뜨리는 역할에 충실하다. 물론 유비와 손오공은 이들이 유발한 어려움을 극복해 간다. 이들 덕분에 유비와 손오공은 더욱 영웅답게 빚어진다. 이러한 점에서 장비와 저팔계는 적어도 『삼국지연의』나 『서유기』에서만큼은 보기에 따라 참 영웅이거나 흑화된 영웅이 되는 인물이 아니다. 또한 실패한 영웅이나 내몰린 영웅처럼 누군가에게는 영웅이지만 이해관계를 달리하는 이들에게는 역적인 경우도 아니다. 그저 유비와 손오공의 영웅 면모를 부각하는 데 진심인 반영웅이었을 따름이다.

이는 장비나 저팔계가 메데이아나 프로메테우스, 카틸리나와 달리 자기가 중심이 되는 서사의 주인공이 아니라는 점에서도 분명하게 드러난다. 그들이 지닌 영웅답지 못한 면모, 예컨대 비정상적이고 비도덕적인 면모는 '반영웅으로서의 장비, 저팔계'라는 그들 자신의 독사적 캐릭터 구축에 밑천이 되지 않은 채 유비와 손오공의 영웅다움을 드러내는 데 활용된다. 이에 비해 『뻐꾸기 둥지 위로 날아간 새』의 주인공 맥머피는 소위 '별'이 주렁주렁 달린 전과자로서 수감 중에도 폭력을 행사한 인물이지만, 비정상적이고 비도덕적인 그의 면모는 '반영웅 맥머피'라는 서사를 구축하는 데 온전히 투입된다.

맥머피는 과도한 폭력성으로 인해 정신병원에 수용된다. 정상적이라면 정신병원에서의 치료를 통해 비정상이 정상으로 돌아와야 한다. 그러나 맥머피가 수용된 정신병원은 정상을 비정상으로 만들고는 정상이라 판정하는 비정상의 정신병원이었다. 그가 갇힌 정신병원이 자본주의 현대 문명의 알레고리로 읽히게 되는 이유다. 이곳에서 맥머피의 비정상적·비도덕적 면모는 비정상을 정상으로 강제하는 자본주의 현대 문명과의 싸움에 실질적 자산이 된다. 그리고 이는 자본주의 현대 문명에 의해 사회적 패배자로 낙인찍힌 이들이 자신에게 둘러쳐 있는 억압 기제에 맞서서 자유라는 가치를 드높이는 영웅적 면모로 읽히게 된다. 비록 맥머피는 전두엽 절제술이라는 강제 조치를 통해 비정상적으로 정상화되었지만 맥머피의 반영웅적 싸움은 자신의 상처를 극복하지 못한 채 정신병동에 들어와 언어장애인, 청각장애인 행세를 하던 브롬덴에게 옮겨져 결국 정신병원으로부터의 탈주를 완성해 내게 된다. 맥머피를 전과자로 또 루저로 만들었던 요소들이 반영웅 맥머피의 서사를 빚어내는 원천이 된 셈이다.

그런데 여기 비정상의 영역에 갇힌 이가 하나 더 있다. 일제강점기에 발표된 김사량의 단편소설 「유치장에서 만난 사나이」에 등장하는 왕백작이 그 주인공이다. 그와 맥머피가 흡사하다는 뜻은 아니다. 둘 다 비정상의 영역에 갇혔다는 점을 빼고는 비슷한 점이란 거의 없다고 함이 타당하다. 사실 갇히게 된 계기나 근거도 사뭇 다르다. 맥머피가 법과 도덕을 어겨 공권력이라는 외부의 힘으로 갇혔다면 왕백작은 자발적으로 자신을 가두었다. 갇힌 곳도 다르다. 맥머피가 갇힌 곳은 자본주의 현대 문명의 알레고리인 비정상의 정신병원이었지만 왕백작이 자기를 가둔 곳은 '비정상적 자신'이었다.

왕백작은 일제강점기 시절, 아버지가 조선에서 도지사급으로 있는 등 넉넉한 집안 배경을 지닌 인물이다. 그러한 그가 사상범을 즐겨 자처한다. 일제에 기생하여 든든한 삶의 터전을 지닌 이가 독립운동을 한다는 것인데, 실제로는 전혀 그렇지 않다. 그저 사상범인 척하며 체포되어 수감되는 것이 목표인 양 행동하는 정상적이지 않은 인물이다. 결국 왕백작은 자신의 바람대로 동경에서 수감된다. 그렇게 1년 남짓 흘렀을 무렵 그는 만주로 행하는 열차에서 술에 잔뜩 취한 모습으로 발견된다. 열차 안은 빼앗긴 조국에서 삶의 터전을 잃은 채 절망과 두려움을 안고 만주로 이주하는 사람들로 빼곡했다. 그들 틈에 끼어 있음으로써 이번에는 일본 제국주의의 억압 아래 삶의 기반이 파괴되어 만주로 내몰린 이민자인 척한 셈이다. 겉만 봐서는 정신분열자로 몰려도 할 말

없을 행동이다. 그런데 그의 내면은 어떠했을까? 현실에서는 실현 불가능한 삶을 자신의 내면세계에서 구현하는, 그럼으로써 현실에서는 불만 자체였을 자신을 내면세계에서는 긍정할 수 있게 됐던 것은 아닐까? 그렇게 자신을 자신에게 가둠으로써 사상으로 제국주의에 저항하는 영웅이, 식민 제국의 폭력에 시달리는 이들과 함께하는 영웅이 되어 살게 되는 삶을 연명하고자 했음은 아닐까?

어쩌면 왕백작은 뤼웨이푸나 웨이롄수 같은 삶이 더 두려웠을 수 있다. 이들은 2,000여 년간 지속한 봉건 전제 체제를 끝낸 신해혁명(1911년)에 투신했다가 혁명의 좌절과 함께 갈피를 잡지 못한 채 절망과 무력감 속에 방황하는 지식인의 전형이었다. 루쉰의 단편소설 「술집에서」와 「고독한 사람」의 주인공인 이들은 한때 뜨거운 열정과 이상을 품고 사회 개혁에 뛰어든 영웅적 청년 지식인이었다. 그러나 번번이 부딪히는 현실의 벽 아래 열정과 이상 대신 생계에 발목 잡힌 채로 근근이 살아지는 삶을 이어 간다. 자신들이 이전에 증오하고 반대했던 모든 것들을 기꺼이 행하면서, 전에는 숭배하고 주장했던 것들을 이제는 온통 거부하면서 말이다. 이들의 삶은 왕백작의 삶에 비해 어떠했을까? 자신을 자신에게 가두는, 하여 겉으로는 비정상의 삶으로 현현된 왕백작이 취한 삶의 방식과 생계를 위해 과거 자신이 선택한 삶을 부정하며 좌절과 무력감 속에 살아가건만 겉보기에는 비정상이라고 할 수 없는 뤼웨이푸와 웨이롄수가 걸었던 삶의 방식. 이러한 삶의 방식을 과연 우리는 재단할 수 있는 자격을, 또 역량을 지녔을까?

4.

    종종 선한 주인공보다는 흑화된 주인공에 훅 끌릴 때가 있다. '좋은 사람' 주인공보다는 '나쁜 인간' 조연에 더 빠질 때도 있다. 한나 아렌트의 '악의 평범성'이란 화두를 여기로 끌고 오기는 다소 뭐하지만, 가만 헤아려 보면 이러한 현상은 그저 드라마나 영화였기에 가능한 게 아니라 무언가 우리 인간의 본성, 그 어딘가쯤과 연결된 듯싶다.

    제법 알려진 성악설이 떠오르는 이유다. 좋은 것만 진화하는 것이 아니라 나쁜 것도 진화한다는 관점도 생각난다. 루쉰의 전투적 글쓰기에 큰 영향을 미친 장태염이란 사상가의 통찰이다. 악에 대한 본성적 끌림이 없다면 쉬이 일어나기 힘든 현상이다. 반영웅은 물론 널리 알려진 영웅들에게서도 목도되는 부도덕함, 비정상성 등은 이러한 악함에 끌리는 인간 본성 탓일 수 있다. 그렇다고 메데이아의 잔혹함, 스트릭랜드의 극단성 등도 우리 안에 혹 내재했을 수 있는 본성 때문이라고 볼 수는 없다. 종교학에서는 종교 행위의 극단성과 잔혹성 등을 통하여 역으로 당면하고 있는 절망의 부피를 측정할 수 있다고 본다. 절망이 클수록 극단화되고 잔혹해진다는 얘기다. 그런데 절망은 대체로 사회적이다. 그것은 인간이 사회를 일구고 삶으로써 경험케 되는 사회적 감정이다. 절망이 크다는 것은 따라서 그 사회에 큰 문제가 있음의 반증이 된다. 반영웅에서뿐 아니라 영웅에게서도 종종 목도되는 잔혹함과 극단성을 인간 본성이나 개인 탓으로 돌릴 수는 없다는 얘기다. 우리의 드라마, 영화에서 사회적 거악을 처리하는 주인공의 잔혹함이 또 극단성이 갈수록 더해지는 이유를 여기서 찾을 수 있다.

그래서 반영웅을 선과 악의 대립 구도에서만 볼 필요는 없다. '영웅은 선, 반영웅은 악'과 같은 정식에 넣고 이들을 대해야 하는 필연이나 당위는 없다. 또한 그들에게서 보이는 악함을 개인 탓으로만 또는 사회 탓으로만 돌릴 이유도 없다. 이는 악함뿐 아니라 그들의 선함도 마찬가지다. 인간이 사회적 동물인 한 선함이 개인이나 사회 중 어느 한쪽에서만 비롯됐다고 보기는 어렵기 때문이다. 그럼 반영웅을 어느 각도에서 바라봐야 할까? 이에 대한 답은 독자의 몫으로 남겨 둔다.

필진을 대표하여 김월회, 김헌, 김민정 씀

차례

2부 영웅과 엇나다

1부

영웅을 등지다

1장

희극의 반영웅주의적 상상력
― 아리스토파네스의 '평화 3부작' 읽기

김헌

영웅에 반(反)하는 희극의 주인공

고대 그리스의 서사 시인 헤시오도스는 인간의 역사를 다섯 종족으로 설명했다.[1] 최초의 역사는 황금 종족의 무대였다. 그들은 신처럼 살았고 온갖 재앙에서 벗어나 축제 속에서 즐겁게 살았다. 성서 속 낙원, 에덴처럼 찬란한 시대였다. 그러나 황금 종족이 사라지고 난 후에 나타난 인간들의 종족은 타락의 역사를 만들었다. 은의 종족, 청동 종족, 철의 종족이 차례로 나타났는데, 갈수록 이기적이고 폭력적으로 되었다. 이런 역사의 흐름 속에서 청동 종족과 철의 종족 사이에 영웅 종족이 나타났다. 다른 인간들은 순수한 인간들이었지만, 영웅은 '반은 인간이고 반은 신인 존재hemitheos,demigod'였다. 부모 중 하나가 신이었기에 보통

---

1   헤시오도스, 『일과 나날』, 106-201.

인간을 능가하는 탁월한 능력을 가지고 불멸과 영원에 대한 갈망으로 신의 영역에 도전하지만, 인간의 피가 섞여 있기에 결국 죽음의 한계를 뛰어넘지 못하고 파멸하는 존재였다. 불멸의 명성을 얻기 위해 전쟁터로 나가 하나뿐인 목숨을 초개와 같이 던졌던 아킬레우스가 영웅의 전형적인 모습이라 할 수 있다. 헤시오도스는 그런 영웅들이 트로이아 전쟁 이후 멸종했다고 알려 준다.

영웅들은 고대 그리스 문학의 가장 위대한 장르들의 주인공이었다. 트로이아 전쟁을 배경으로 쟁쟁한 전사들의 활약을 그린 호메로스의 『일리아스』와 『오뒷세이아』, 황금 양털을 찾아 모험을 떠나는 이아손과 그 무리를 노래한 『아르고호의 모험』과 같은 서사시의 주인공이 영웅들이었고, 기원전 5세기 그리스 문화의 황금기를 주도한 비극의 주인공 역시 영웅들이었다. 철학자 아리스토텔레스는 『시학』에서 비극의 주인공은 보통 사람들을 뛰어넘는 '고귀한 사람Spoudaios'이라고 했는데[2], 그들은 고귀한 가문 출신으로 독보적인 업적을 이루어 낸 탁월한 인간이었고, 그 면모를 살펴보면 가히 영웅이라 할 수 있다. 그들은 공동체가 직면한 위기를 돌파하며 보통 사람들을 불행에서 구하려는, 그야말로 '영웅적' 행위를 하지만, 그것이 영웅을 규정하는 필수 조건은 아니었다. 오히려 적지 않은 영웅들이 그들의 탁월함 때문에 공동체를 위기에 빠뜨리기도 하고, 사람들을 구제하는 데에 무능하기까지 하다. 분노한 아킬레우스는 수많은 그리스 전사들을 죽음으로 몰아넣었고,

---

2   아리스토텔레스, 『시학』, 제2장 1448a1-5, 17-18, 제6장 1449b24 등.

오뒷세우스는 자신을 따라 전쟁에 나갔던 부하를 하나도 구하지 못하고 귀국했다. 그들은 불멸의 명성을 얻었겠지만, 그로 인해 수많은 사람이 고통 속에 이름도 빛도 없이 파멸했던 것이다.

이런 영웅들이 주도하고, 찬양의 대상이 되는 세상은 어떤가? 광기에 휩싸인 헤라클레스는 아내와 자식들을 죽였고, 페르세우스의 놀라운 활약에 수많은 평범한 사람들이 뜻하지 않게 돌덩이가 되었으며, 운명에 도전하던 오이디푸스의 실수로 수많은 사람이 역병에 목숨을 잃었다. 탁월한 지도자가 공동체를 이끌고 가는 것이 바람직하겠지만, 자칫 그들의 욕망과 실수는 수많은 사람을 다치게 만든다. 특히 자신을 돋보이게 하려는 열망은 전쟁의 참상을 만들곤 한다. 영웅이 빛날 수 있는 계기는 무시무시한 괴물을 처치하거나 전쟁에서 적을 무찌르는 일 이외에 달리 없는데, 괴물이 없는 상황이라면 영웅은 전쟁을 갈망하며 급기야 선택하기 때문이다. 전쟁 속에서 그들이 보여 주는 활약은 의도나 결과에 상관없이 그 자체로 눈부시다. 그래서 영웅에 반하기도 하지만, 그런 영웅에 대해 '반反'하기도 한다. 그런 영웅들만 없다면, 세상은 얼마나 평화로울까?

어쩌면 그리스의 희극은 영웅에 반反하려는 욕망의 표출이라고 할 수 있다. 아리스토텔레스는 비극의 주인공이 고귀한 반면, 희극의 주인공은 '비천하다phaulos'라고 말한다. 사회적 신분이 낮고 능력이나 품성, 행동 방식이나 태도에서 천박하고 못났다.[3] 그런 인간들은 영웅을 바라

---

3   아리스토텔레스, 『시학』, 제2장 1448a1-5, 제5장 1449b32-35 등.

보며 경탄을 터트리며 존경과 찬양, 부러움을 보낸다. 그러나 영웅들의 탁월한 행적이 뜻하지 않는 실수로 파멸에 이를 때, 그들이 고통과 불행, 낭패감에 대책 없이 직면해야만 했다. 기원전 5세기, 헤시오도스가 말했던 영웅들은 멸종했지만, 그 유전자는 그리스 지도자들의 피에 여전히 남아 있었던 모양이다. 그 뜨거움이 27년 동안 지속한 펠로폰네소스 전쟁으로 분출되었고, 수많은 사람, 특히 정치적 결정권이 없거나 약한, 그리고 영웅적 인물들에 휘둘리기 쉬운 보통 사람들, '개돼지 같은' 못난 사람들이 숱한 고통을 겪어야 했으니 말이다. 이때, 아리스토파네스는 영웅이 아닌, 영웅적이지도 않은, 아니 오히려 영웅주의에 '반反'하는 주인공을 희극의 무대에 올려 평화의 기치를 한껏 높였다.

전쟁을 넘어 평화협정을 이루다
- 『아카르나이 구역민들』

오, 하느님 맙소사, 정말 웃기는 일이로군
신부新婦의 부탁이, 그녀가 내게 진지하게 부탁했어,
집에 남아 있게 해 달라고, 신랑의 거시기가 말이야!
이리 가져와라, 내 휴전 조약. 그녀에게는 꼭 줘야겠다.
여자에게는 전쟁의 책임은 없으니까.

– 아리스토파네스, 『아카르나이 구역민들』, 1058–1062.

이 말을 하는 사람은 디카이오폴리스, 그리스 말로는 '정의로운Dikaio-시민Polis'이란 뜻이다. 뭔가 대단한 사람인 듯, 포스가 철철 넘친다. 갓 결혼한 여인이 초조하게 그에게 다가와 망설이다가 수줍게 귓속말을 했다. 듣는 순간, 디카이오폴리스는 귀를 의심했다. 폭소를 터뜨리며, 호방하게 대답했다. "오케이! 그래, 당신 남편 거시기는 전쟁터에 가지 않고 당신 집에 있기로! 그렇게 깨소금 냄새 풍풍 풍기면서 신혼의 달콤함을 즐기는 거로!" 그런데 설마 정숙한 신부가 이런 노골적인 말로 민망한 부탁을 했을까? 그건 그렇다 치고, 디카이오폴리스, 도대체 이 자가 누구기에 이런 부탁을 받고, 무슨 영웅이나 된 듯 흔쾌히 승낙을 선언할 수 있는 것인가?

극의 배경은 아테네의 민회가 열리는 프뉙스 언덕. 그렇다면 그는 아테네의 판세를 좌지우지할 수 있는, 페리클레스에 맞먹는 유력한 정치가인가? 놀랍게도 디카이오폴리스는 일개 농부에 지나지 않는다. 그런데 어떻게 그런 그가 그런 권세를 부릴 수 있단 말인가?

때는 아테네와 스파르타 사이의 긴장이 극점에 이른 기원전 5세기 중반이었다. 아테네의 지도자 페리클레스는 전쟁을 망설이던 아테네 시민들을 설득했다. 육군이 강한 스파르타에 정면으로 맞서면 승산이 없으니, 스파르타가 쳐들어오면 아테네 주변의 모든 주민은 아테네 도성 안으로 들어와 스파르타와 대치하고, 그 사이 아테네의 정예군은 페이라이에우스 항구로 신속히 이동하여 3단 갤리선을 타고 스파르타의 거점 도시를 공략한다면, 아테네에 승산이 있다는 것이다. 해군력에 자신만만하던 아테네인들은 페리클레스의 전략에 설득되었고 전쟁은 시

1장 아리스토파네스의 '평화 3부작' 읽기

작되었다.

그러나 페리클레스의 전략은 뜻하지 않은 사건 때문에 낭패였다. 이집트 남쪽에서 시작된 역병이 페이라이에우스 항구로 들어오더니, 항구에서 도시까지 길게 쌓아 놓은 성벽을 따라 아테네 도성 안으로 급속히 번진 것이다. 수많은 사람이 전쟁보다는 역병으로 쓰러졌고, 페리클레스도 목숨을 잃었다. 전쟁의 승패를 장담할 수 없었고, 전쟁은 길어져 갔다.

아테네 북쪽에 살던 아카르나이 구역민들은 숯을 만들어 팔아 생계를 유지했다. 스파르타가 쳐들어오면 생활의 터전을 떠나 아테네 도성 안으로 들어와야 했다. 이중의 고통이 그들을 괴롭혔다. 그들은 스파르타인들이 자신들의 집과 농토를 유린하는 만행의 광경을 속절없이 바라만 보는 한편, 행여 역병에 걸려 죽지나 않을까 두려움과 공포에 떨어야만 했던 것이다. 이런 일이 반복되자, 아카르나이 구역민들은 전쟁이 빨리 끝나 집으로 돌아가 평범한 일상을 누려야겠다는 생각보다는 스파르타인들에 대한 복수심과 적개심을 더욱더 키워 가고 있었다. 그들의 피에도 영웅의 DNA가 잠재해 있었나 보다.

하지만 디카이오폴리스는 달랐다. "시골을 바라보며, 평화를 갈망하며, 도시 생활에 염증을 느껴 내 고향 마을을 그리워하면서"(33-34) 스파르타와의 전쟁을 끝내는 것이 최선이라고 믿었다. 마침 신들은 휴전 조약을 체결하기 위해 암피테오스를 아테네로 보냈지만, 그는 아카르나이 구역민들을 비롯해서 아테네인들에게 환영받지 못했다. 그러나 디카이오폴리스는 암피테오스를 받아들였고 여비도 두둑이 주고 마침내 개인적인 휴전 조약을 확보했다. 전쟁보다는 역시 평화가 그와 같은 서민에겐 제격이지 않은가.

그 사실이 알려지자, 아카르나이 구역민들은 분노했고, 디카이오폴리스를 배신자로 몰아 처형하려고 했다. 아테네의 라마코스 장군도 아카르나이 구역민들의 편에 서서 전쟁을 주장하고 디카이오폴리스에게 윽박질렀다. 디카이오폴리스는 과연 이들의 분노를 누그러뜨리고 목숨을 구하는 한편, 동료 시민들을 평화의 길로 인도할 수 있을까? 말로 해도 설득되지 않던 아카르나이 구역민들은 디카이오폴리스가 휴전 조약을 통해 주변국들과 유리한 거래를 하면서 다양한 이익을 챙기는 것을 보자, 갑자기 마음을 돌린다.

> 이제 나는 전쟁을 집에 받아들이지 않을 거야.
> 전쟁이 내 식탁 곁에서 권주가를 부를 일은 없을 거야.
> 전쟁은 타고난 주정뱅이거든.
> 우리가 온갖 좋은 것을 누리면 난리를 피우고
> 온갖 나쁜 짓을 저지르지, 뒤엎고, 엎지르고,
> 싸움을 붙인다니까.(978-984)

그러는 사이에 전령이 달려와 디카이오폴리스에게는 포도주 항아리를 개봉하는 디오뉘소스 축제에 초대되었다는 소식을 전한 반면, 옆집 사는 라마코스 장군에게는 전쟁에 참여하라는 명령을 전한다. 둘의 엇갈린 운명은 전쟁과 평화 사이에서의 선택의 결과였다. 둘은 각각 하인에게 갑옷과 술 항아리를 가져오라 명한다. 라마코스는 "이것을 입고 가서 적과 맞서겠다", 디카이오폴리스는 "이것을 가지고 술친구를 만나겠다"라고 소리친다.(1134-1135) 잠시 후, 라마코스 장군은 적의 창에 맞아 상처를 입어 부축을 받고 돌아오는 반면, 디카이오폴리스는 어여쁜 여인 둘과 팔짱을 끼고 희희낙락이다. 그의 쾌락의 절정은 포도주 가득 담은 가죽 부대를 '원샷'으로 깔끔하게 비워 낸 것이었다. "보시오들, 비었소이다. 내가 이겼소, 내가 이겼단 말이오."(1227) 이 모습을 본 아카르나이의 구역민들은 마침내 디카이오폴리스를 우승자로 선언하며 극이 끝난다.

이 희극은 펠로폰네소스 전쟁이 시작되고 6년이 지난 기원전 425년에 상연되었다. 고대 그리스 아테네에서는 대 디오뉘소스 제전이 열리기 약 두 달 전(대략 1월 말)에 디오뉘소스를 위한 또 다른 축제인 레나이아 제전이 열렸다. 포도즙을 짜는 압축기를 그리스 말로는 '레노스'라고 하는데, 이 말에서 '포도주를 짜는 디오뉘소스 신을 기리는 축제'라는 뜻의 '레나이아'가 나온 것이다. 대 디오뉘소스 제전의 절정이 비극 경연 대회라면, 레나이아는 희극 경연 대회가 중심인 축제였다. 아리스토파네스는 이 제전에서 「아카르나이 구역민들」로 우승을 차지하였다. 여전히 전쟁은 진행 중이지만, 극장에 모인 아테네 시민들은 아리스토파네스가 그려 주는 무대의 가상 세계 속에서 잠시나마 평화의 위안을 얻고 미래의 희망을 보고, 열렬한 공감과 환호를 보냈던 것이다. 전쟁에 반대하며 평화를 지향하는 디카이오폴리스는 비록 영웅도, 영웅적 인물도 아니었지만, 민중들의 욕망을 구현해 낸 인물이었다. 그를 새로운 시대의 새로운 영웅이라 불러야 할까, 아니면 반(反)영웅적 인물이라 불러야 할까?

쇠똥구리를 타고 평화의 여신을 구하다 - 『평화』

> 자 이리로 오세요, 두 아가씨,
> 나를 따라 이쪽으로 더 빨리, 수많은 남자가 아주
> 애타게 그대들을 기다리고 있어요, 벌떡 세우고서!(726-728)

'발정 난 강아지처럼', 아주 그냥 몸이 바짝 달아올랐나 보다. 그래도 그렇지 이렇게 노골적으로, 물에 빠져 죽을 것 같은 사람이 구조를 외치는 것처럼 간절하게 아가씨들을 부르다니, 누구냐, 넌? 천박하기 그지없이 소리치는 그대는? 이 사람은 '트뤼가이오스'라는 고대 그리스의 아테네 농부다. '트뤽스'가 '새로운 포도주'라는 뜻이니 이 사람의 이름은 '포도를 수확하여 새 술을 빚는 자'라는 뜻이다. 희극작가 아리스토파네스가 만들어 낸 가상의 인물이지만, 당대 아테네인들의 갈망을 한 몸에 구현한 결정체이다.

때는 아테네와 스파르타가 충돌한 펠로폰네소스 전쟁이 시작되고 10년이 지난 기원전 421년이다. 아테네의 농부들은 도성 바깥에서 농사를 짓다가 스파르타가 침공하면 집과 농토를 버려두고 간단한 살림만 챙겨 도성 안으로 피신했다. 전투가 벌어지는 동안 그들은 애써 가꾼

땅과 집이 짓밟히는 장면을 발을 동동 구르며, 피눈물을 흘리며 쳐다보고 있어야만 했다. 전투가 끝나고 적들이 물러가면 다시 도성 밖으로 나와 망가진 삶의 터전을 추슬러야 했다. 그렇게 10년이 지났으니 얼마나 지긋지긋했을까? 누구를 위한, 무엇을 위한 전쟁이란 말인가? 민중의 가슴엔 울분이 솟구치는데, 전쟁을 돈벌이로 이용하는 무기 제작자와 상인들이나, 전투를 이끌며 권력과 명예를 얻으려는 군인들과 영웅적인 지도자들은 이에 아랑곳하지 않는다.

트뤼가이오스는 이런 아테네의 당대 상황 속에 나타난 인물이다. 높은 것들, 잘난 것들이 전쟁에서 으스대는 꼴, 이젠 더 못 보겠다고 나선 것이다. 극이 시작되면 무대에 두 명의 하인이 똥을 주무르며 떡을 만들고 있다. 웬 '똥떡'인가? 의문은 곧 풀린다. 트뤼가이오스가 거대한 쇠똥구리를 마치 말을 끌 듯 끌고 나오는데, 똥떡은 그놈의 먹이였던 것이다. 마침내 트뤼가이오스는 쇠똥구리를 타고 하늘로 올라간다. 마치 그 옛날 영웅 벨레로폰테스가 날개 달린 명마 페가수스를 타고 제우스를 만나겠다고 하늘로 올라갔듯이, 트뤼가이오스도 최고의 신인 제우스를 만나 담판을 짓겠다는 것이다. "제우스께서는 왜 그리스 사람들이 전쟁을 계속하게 만드십니까, 우리가 다 죽으면 누가 당신께 제사를 지내나요?"라고 따지려는 것이다.

그런데 하늘 궁전에 도착해 보니, 신들의 궁전이 텅텅 비어 있다. 어리둥절하고 있는데, 제우스의 전령인 헤르메스가 나타났다. "그대는 한발 늦었다. 어제 신들은 모두 이곳을 떠났지. 그리스 놈들이 지긋지긋했던 거야. 허구한 날 싸움질만 하는 니들이 보기 싫어서 다 떠났어."

신들이 떠난 빈 궁전은 전쟁의 신 '폴레모스'가 차지했고, 살판난 전쟁의 신이 평화의 여신 '에이레네'를 붙잡아다가 구덩이에 처넣고 그 위에 돌무더기를 쌓았다고 한다. "아하, 이제 알겠다. 왜 그리스에 전쟁이 그치지 않고, 평화가 요원한지." 트뤼가이오스는 폴레모스가 돌아오기 전에 에이레네를 구하려고 한다.

하지만 그게 쉽지 않다. 유일하게 궁전에 남아 있던 제우스의 전령 헤르메스가 말한다. "자네는 결코 평화를 도로 끌어낼 수 없을 거야." 잠시 후, 거대한 몸집의 전쟁의 신이 어마어마한 절구통을 들고 등장한다. 그 절구통 속에다 그리스의 도시를 하나씩 집어넣고 절굿공이로 빻아서 완전히 박살 내겠다고 으르렁댄다. 그런데 주변에 절구 속의 도시들을 박살 낼 절굿공이를 찾지 못하자 짜증을 낸다. 절굿공이는 다름 아닌 주전주의자들, 전쟁을 통해 권력과 명예를 얻으려는 '영웅'들이었다. 그런데 그 영웅들이 전쟁 통에 전사한 것이다. 전쟁을 계속하려면 새로운 영웅, 새로운 절굿공이가 필요하다. 절굿공이를 찾아 전쟁의 신 폴레모스는 다시 절구통을 가지고 씩씩대며 퇴장한다.

몸을 숨겼던 트뤼가이오스는 에이레네를 구하기 위해 사람들을 부른다. "그리스인들이여, 지금이야말로 평화의 여신을 구할 수 있는 절호의 기회입니다. 전쟁의 신이 물러가 있는 동안 그녀를 구합시다. 그래야 전쟁과 고통에서 해방될 수 있습니다!" 그러자 농부, 상인, 목수, 장인 등 사람들이 몰려온다. (그런데 이들은 도대체 어떻게 하늘로 올라왔을까? 어쨌든) 이들은 에이레네가 갇혀 있는 구덩이를 덮고 있던 돌무더기를 걷어 내고 구덩이에 밧줄을 넣은 다음에 끌어당긴다. 그런데 아무리 힘껏 당겨도 진척이 없자, 한 사람이 외친다. "우리 중에 누군가 배신자들이 있소이다! 훼방꾼이 있는 게 분명해요!" 도대체 누군가?

전쟁의 덕을 보는 자들, 무기를 만들고 팔아먹는 자들과 영웅적인 군인들이었다. 그들은 전쟁에서만 존재 가치를 인정받고 돈과 권력과 명예도 얻을 수 있으니 에이레네가 구조되는 것을 막았던 것이다. 사태를 파악한 트뤼가이오스는 이렇게 외친다. "자, 여러분, 우리 농부들끼리만 밧줄을 잡도록 합시다!" 역시 일을 진척시키는 것은 농부들이다. 잠시 후 평화의 여신이 모습을 드러낸다. 그런데 그녀는 혼자가 아니었다. 평화의 여신 곁에는 '축제의 여신'과 '풍요의 여신'이 있었다. 맨 앞의 인용문에서 트뤼가이오스가 부른 '두 명의 아가씨'는 바로 이들을 가리키는 것이었다. 그러나 그들을 애타게 기다리는 이들이 어찌 지상의 남자들뿐이랴. 일부 영웅적 호전주의자들을 제외한 모든 이들이 평화와 함께 찾아올 축제와 풍요를 갈망하지 않았겠는가? 그들의 간절한 희망은 무대 위에서 '발기된 남근'으로 형상화된 것이었다.

이들을 맞이한 트뤼가이오스는 감격한다. 이를 지켜본 헤르메스도 선포한다. "백성들이여, 내 말을 들어라. 농민이여, 농기구를 들고 이곳을 떠나 시골로 빨리 돌아가라. 창과 칼과 투창은 가져가지 마라. 온 세상이 무르익은 평화로 가득 찼다. 모두 찬가를 불러라. 시골의 일터로 떠나라!" 평화가 왔으니, 이제 더는 농민들이 농토와 집을 버리고 도성 안으로 피신할 일은 없다는 선언이었다. 객석 대부분의 관객이 바로 그런 농민들이었으니, 극장은 희망으로 한껏 부풀어 올랐을 것이다. '평화'는 온 세상을 지배하고 '축제'는 도시의 의회를 찾아가며 '풍요'는 농부인 트뤼가이오스와 결혼을 한다. 희극은 결혼식의 유쾌한 분위기로 막을 내리며, 신부를 맞이한 트뤼가이오스는 관객을 향해 외친다. "여러분, 부디 행복하세요. 그리고 나를 따라오세요. 그러면 여러분은 맛있는 떡을 먹게 될 겁니다." 객석의 관객들은 전쟁의 시름을 잠시나마 잊고 평화를 누리며 풍요롭게 축제를 즐길 수 있는 세상을 꿈꾸며 모두 활짝 웃었을 것이다. 그리고 그 웃음을 끌어낸 이는 영웅이 아닌, 아니 영웅에 반(反)하는 농부 트뤼가이오스였다.

전쟁을 멈추기 위해 성 파업을 이끌다
─『뤼시스트라테』

마음을 녹이는 에로스와 퀴프로스 태생의 아프로디테가
우리의 젖가슴과 허벅지에다 잔뜩 갈망을 불어넣고,
남자들에겐 야릇한 긴장감과 불끈 발기를 일으키신다면
헬라스인들이 우릴 곧 '전쟁 해결사'라 부를 거로 생각해요. (551-554)

기원전 411년, 아테네와 스파르타 사이에 펠로폰네소스 전쟁이 일어난 지도 벌써 20년이 된 해였다. 아테네는 전세를 역전시키고자 대규모 함선을 시칠리아섬 시라쿠사로 보내는 초강수를 뒀지만, 실패하고 말았다. 아테네는 전쟁 초반부터 고전이었다. 바깥으로 스파르타와 싸워야 했는데, 엎친 데 덮친 격으로 아테네 도성에 무서운 전염병이 돌며 수많은 사람이 쓰러져 갔다. 전쟁이 시작되고 2년 만에 생긴 일이었다. 아테네에는 불안과 공포, 피로감이 고조되었다. 여인들은 남자들을 전쟁터에 보내 놓고 안절부절 불안하고 고통스러웠다. 전쟁에서 진다면 닥쳐올 운명은 끔찍하기 그지없다. 같은 말을 쓰고 같은 신들을 섬기는 동족끼리 전쟁을 한다는 건 아무래도 미친 짓 같다. 누가 좀 막아야 할 텐데, 남자들은 안 된다. 한번 시작한 전쟁에 혈안이 되어 몰입하더니 '너 죽고 나 죽자'는 식의 싸움이 미련한 자존심 때문에 멈추질 못한다.

이때 나선 이가 뤼시스트라테라는 아테네의 여인이었다. 아리스토파네스가 무대 위에 올린 희극 작품의 주인공이다. '대 디오뉘소스 제전' 개최 전에 열리는 레네이아 제전의 무대였다. 작품의 제목이자 주인공의 이름이 흥미롭다. '뤼시-'는 '풀다, 해체, 해결하다'는 뜻이고 '스트라테'는 군대라는 뜻이니 '군대를 해산하는 여인'을 말한다. 아테네와 스파르타가 군대를 해산하고 평화를 이루면 좋겠다는 작가의 염원이 담긴 작명이다. 그녀가 이름값을 제대로 한다면, 이 지긋지긋한 전쟁을 멈출 수 있을 것이다.

무대 배경은 아크로폴리스로 올라가는 프로퓔라이아(정문) 앞 도로다. 뤼시스트라테가 칼로니케라는 여인과 전쟁을 멈출 방안을 이야기한다. 이 여인의 이름 또한 희망을 주기에 충분하다. '칼로-'는 '아름답다, 멋지다, 훌륭하다'는 뜻이고, '니케'는 승리다. 군대를 해산하려는 여인과 멋진 승리를 이룰 여인이 함께 손을 잡는다면, 전쟁은 끝나리라. "헬라스인들이 우릴 곧 '전쟁 해결사'라 부를 거로 생각해요." '전쟁 해결사'라고 번역된 그리스말은 '뤼시마케'인데, '마케'는 '전투, 전쟁'이라는 뜻이다. 뤼시스트라테와 칼로니케가 계획을 이룬다면 '뤼시마케', 즉 전쟁은 해결될 것이라는 메시지가 희극의 첫 부분을 가득 채운다.

그런데 힘없는 여인들이 어떻게 남자들의 전쟁을 멈출 수 있을까? 당시 아테네를 비롯한 그리스 전역에서 여인들은 시민으로 인정을 받지 못했고 사회적, 정치적 위상이 매우 낮았다. 게다가 뤼시스트라테가 특별히 가문이 좋거나 영향력을 행사할 수 있는 특권이 있는 상황도 아니었다. 그저 전쟁에 대한 지긋지긋함이 남달리 강했고 전쟁을 끝내고자 하는 열망이 하늘을 찌를 듯했을 뿐이다. 그녀는 아테네 여인들에게 말한다. "그리스 전체의 구원은 남자가 아닌 우리 여인들의 손에 달렸어요." 곧이어 적국인 스파르타의 여인 람피토도 가세하고, 보이오티아에서도 코린토스에서도 여인들이 속속 뤼시스트라테의 곁으로 도착한다.

전쟁을 멈출 뤼시스트라테의 비책은 바로 '잠자리 거부 운동'. 그녀는 각국에서 모인 여인들에게 말한다. "우리가 아름답게 차려입고 남자들의 몸을 달아오르게 한 뒤 잠자리를 거부하면서 전쟁을 멈추기 전까지는 안 된다고 말하면, 전쟁을 멈출 수 있어요." 욕망에 불끈거리는 남자들에게 잠자리를 허용하는 조건으로 전쟁의 중단을 요구한다? 과연 될까? 물론 그것만은 아니었다. 뤼시스트라테는 아크로폴리스를 점거하고 농성을 벌인다. 아크로폴리스에는 아테나 여신을 모시는 거대한 파르테논 신전이 있다. 그것은 거룩한 신전이면서 동시에 델로스 동맹의 막대한 기금을 보관하는 안전한 금고였다. 그곳을 점거한다면 전쟁 자금의 돈줄이 끊길 테고, 아테네는 더는 전쟁을 치를 수 없을 것이다.

이 소식을 들은 남자들이 떼로 등장하여 아크로폴리스에서 여인들을 끌어내려고 불을 지르지만, 아래에 남아 있던 여인들은 물동이를 들고 가세하여 불을 끈다. "아테나 여신이여, 우리의 동맹군이 되어 주소서. 우리와 함께 물을 길어 와 주소서." 아테나 여신의 가호가 있었던 것일까? 남자들의 불은 곧 꺼지고 여성들은 환호성을 지른다. 뤼시스트라테스는 남자들에게 외친다. "우리 여인들은 인생과 젊음을 즐겨야 할 때, 전쟁 때문에 독수공방하고 있소. 특히 방 안에서 늙어 가는 처녀들을 보면 정말 가슴 아프오." 곧이어 스파르타에서 희소식이 전해진다. 뤼시스트라테와 작전을 짜던 스파르타의 람피토와 여인들이 잠자리 거부 작전에 성공했다는 것이다. 욕망을 채우지 못해 온몸이 뒤틀린 스파르타 남자들이 발기된 남근을 곧추세우고 아테네 남자들에게로 와서 평화 협상을 제안한다. "이러다간 우리가 미치고 말겠어요. 빨리 휴전을 합시다!" 몸이 달아오른 남자들이 '발정 난 강아지'처럼 우왕좌왕하는 모습이 정말 가관이다.

뤼시스트라테스는 스파르타와 아테네 양쪽 남자들에게 외친다. "페르시아인들이 항상 우리를 노리고 있고, 그리스의 사람들과 도시들을 파괴한다는 걸 몰라요?" "서로 간에 많은 은혜를 베풀었던 걸 잊었소? 왜 서로 싸우고 분쟁을 멈추지 않는 거요? 왜 휴전하지 않는 거요?" 그녀의 다그침에 아테네와 스파르타인들은 마침내 평화협정을 맺기로 한다. 남자들은 신나게 노래하고 춤추고, 뤼시스트라테의 평화의 메시지가 울려 퍼지며 극이 끝난다. "이제 그대들은 목욕재계하세요. 우리 여인들이 그대들을 아크로폴리스로 초대하여 광주리에 있는 음식을 모두 내놓겠어요. 그곳에서 그대들은 맹세와 서약을 교환하세요. 그런 다음 각자 자기 아내를 데리고 집으로 돌아가세요." "앞으로는 두 번 다시 이런 과오를 범하지 않도록 조심합시다."

　이렇게 전쟁은 멈추었다. 그러나 그것은 어디까지나 무대 위에서의 유쾌한 상상의 사건일 뿐, 현실 세계는 달랐다. 전쟁은 그로부터 7년이나 더 지속되었고 아테네가 참패했다. 그렇다고 승자인 스파르타가 확고한 주도권을 쥐고 그리스 세계를 평정하지도 못했다. 그러는 사이 그리스 내부의 갈등은 다른 방향으로 깊어 가고 있었고, 에게해 건너에서 페르시아는 희번덕거리는 눈빛으로 그리스를 노리고 있었다.

맺음말: 반영웅적 상상력

　아리스토파네스의 희극은 전쟁의 와중에 평화를 지향하고 구현하려는 열망을 담고 있다. 서사시나 비극의 주인공과는 다른, 비천한 신분의 엉뚱한 인물들을 무대의 전면에 내세워 그 열망이 실현되는 허구의 세계와 역사를 그려 냈다. 영웅이 주인공이 되는 이야기가 비극적 결말로 막을 내리는 것과는 달리, 반反영웅적인 주인공이 맹렬히 활약하는 희극의 공간에는 기쁨과 환희의 축제로 채워진다.

　그러나 현실은 달랐다. 디오뉘소스 축제가 열리고 극장에 평화의 메시지가 울려 퍼지고 관객들이 감격하고 환호해도 그것은 허구의 공간을 넘어서지 못했다. 여전히 세상은 영웅적인 열망이 지배하고 주도하며 비극의 결말과 고통을 향해 돌진하고 있었다. 펠로폰네소스 전쟁은 양쪽의 평화적 화합으로 끝나지 않았고, 스파르타의 승리와 아테네의 패배로 끝났다. 전쟁이 끝난 뒤 패배한 아테네는 극심한 혼란과 고통을 겪어야만 했다. 그리고 그리스 전체의 갈등은 여전했고, 또 다른 전쟁들이 꼬리에 꼬리를 물고 계속되었다. 그리스는 위기에 직면했다. 그리고 그 위기를 해결하며 그리스에 새로운 돌파구를 연 사람은 아리스토파네스가 꿈꾸던 '반영웅적 민중'이 아니라 전통적인 영웅의 화신이라 할 수 있는 알렉산드로스 대왕이었다. 그리고 그 이후의 역사도 마찬가지였다. 그래서 세상은 여전히 불안하고 고통스러운 것이다.

그렇다고 아리스토파네스의 평화주의적인 반영웅주의적 상상력은 허구의 세계에서만 효력이 있고 현실의 세계에서는 허망한 것인가? 그렇지 않다. 전쟁의 기운이 살벌한 세상 속에서 여전히 평화의 꿈을 꾸며, 소소한 일상 속에서 평화를 누리며 따뜻할 수 있는 것은 힘이 없는 것 같지만 여전히 역사와 사회의 토대를 이루는 수많은 평범한 사람들, 영웅적 시선과 기준에 한없이 비천해 보이는 사람들이 평화에 대해 갖는 소박하면서도 우직한 의지가 있기 때문이다. 그래서 그 먼 옛날 아리스토파네스가 과감하게 보여 주었던 반영웅주의적 상상력이 여전히 살아 건재하고, 희망을 머금고 꿈틀대는 것이다.

가치관의 전쟁

― 소포클레스의 『안티고네』의 영웅과 반영웅

심정훈

인도의 위인이라 하면 가장 먼저 누가 떠오르는가? 많은 사람은 '숭고한 영혼'인 마하트마 간디를 떠올렸을 것이다. 간디는 비폭력주의를 내세워 영국의 제국주의에 맞선 인도의 위대한 민족 해방 운동가였다. 그로 인해 그는 1999년에 타임스지가 뽑은 '20세기를 빛낸 100인의 위인' 중 알베르트 아인슈타인 다음으로 20세기의 가장 위대한 인물로 선정되었다. 한 시대의 영웅이라 불리기에 손색이 없는 인물이다. 그러나 간디의 평가에 회의적인 견해도 있다. 그 이유는 간디가 인도의 고질병인 카스트제도를 암묵적으로 승인했고 서민을 하대했으며 미성년 소녀들과 부적절한 관계를 지속했기 때문이다. 더 나아가서 간디는 흑인보다 인도인이 우월하다고 믿는 인종차별주의자로 밝혀지면서 2018년에는 아프리카의 가나 대학에 세워진 동상이 철거되는 수모도 겪게 된다. 그동안 가려졌던 간디의 어두운 면모들이 밝혀지면서 부득이하게 그에 대한 재평가의 목소리에 힘이 실린다. 간디는 여전히 우리 시대의 영웅인가?

비단 간디뿐만 아니라 우리가 존경하고 우러러보는 수많은 위인도 어떤 관점으로 조명하고 어떤 잣대를 적용하는지에 따라 영웅으로 그려질 수도 있고, 정반대의 모습으로 비칠 수도 있다. 여기서 말하는 잣대란 특정 사회에서 추구되는 가치관을 의미하는데, 가치관들이 영웅을 결정한다.

2500여 년 전 그리스의 아테네에서는 상이한 가치관들이 충돌했다. 그리스 사람들은 본래 호메로스의 『일리아스』나 헤시오도스의 『신통기』와 같은 작품에 등장하는 올림포스 신들을 숭배했었다. 그러나 기원전 6~5세기에 철학이 발전하면서 기존 신들에 비판적인 목소리가 제기되기 시작했고, 선조들의 신앙과 전통을 곧이곧대로 받아들이지 못하는 사람들이 생겼다. 이들은 호메로스의 신들의 부도덕성을 비난하는 한편 신들에 대한 불가지론을 설파했다. 자연스럽게 관심의 초점은 신들로부터 인간에게 맞춰졌다. "인간이 곧 척도다"라는 말이 이들의 새로운 입장과 가치관을 잘 대변해 준다. 이렇듯 소위 계몽된 소수의 사람이 교육을 선도하면서 젊은이들에게 신, 세계, 문명과 도덕 등 근본적인 질문들에 대해 전통과 상반된 내용을 가르치기 시작했다. 그러나 당시 모든 사람이 이들의 새로운 가르침에 편승했던 것은 아니다. 대부분의 사람은 여전히 전통적인 관습을 고수했다. 자연스럽게 전통과 관습을 수호하는 측과 이에 맞서 개혁과 계몽을 지지하는 측이 대립하게 되었다. 소포클레스는 대립하는 가치관들이 만연한 그리스의 고

전기에 『안티고네』를 출시했다.

『안티고네』 비극의 전말

소포클레스는 기원전 5세기 아테네를 대표하는 3대 비극 작가 중 한 명이었다. 그가 작시한 것으로 알려진 123편의 비극 중 7편이 전수되었는데, 이 중 3편이 테베 서사에 속하는 작품들이다. 테베 서사는 트로이아 전쟁 서사와 더불어 고대 그리스 신화의 근간을 이루는 이야기로서 우리에게 익숙한 오이디푸스 왕과 그의 후손들의 비극적인 내용을 다룬다. 기원전 442년경에 출시된 『안티고네』는 소포클레스의 테베 서사 중 시기상 가장 먼저 공연된 작품이다. 그 외에도 『오이디푸스 왕』과 『오이디푸스 콜로노스』가 소포클레스의 테베 서사에 속한다.

테베 서사의 핵심에는 오이디푸스가 있다. 오이디푸스는 스핑크스의 수수께끼를 푼 대가로 테베의 왕위에 오르지만, 생부를 죽이고 생모와 결혼하는 기구한 운명에 굴복하여 스스로 눈을 뽑고 방랑자를 자처한다. 오이디푸스의 비극은 여기서 끝나지 않는다. 오이디푸스의 슬하에는 아들 폴뤼네이케스와, 에테오클레스, 그리고 딸 안티고네와 이스메네가 있었다. 오이디푸스가 테베의 왕위에서 물러나자 그의 두 아들은 번갈아 가며 테베를 다스리기로 합의하지만, 왕권을 장악한 에테오클레스는 약속된 기한이 지났는데도 폴뤼네이케스에게 왕권을 양도하지 않았다. 이에 분노한 폴뤼네이케스는 왕위를 찬탈하기 위해 아르고스

2장 소포클레스의 『안티고네』의 영웅과 반영웅

의 왕에게 도움을 청하여 7명의 장군을 동원해 테베를 공격한다. 그의 공격은 수포가 되고, 폴뤼네이케스와 에테오클레스는 서로 결투를 벌이는 중에 함께 전사한다. 테베의 왕위는 이들의 삼촌인 크레온에게 넘어간다. 크레온은 테베를 수호하다 전사한 전왕前王 에테오클레스의 장례를 거창하게 치러 주는 한편, 조국에 반역을 도모했던 폴뤼네이케스의 장례는 엄격히 금하고 이를 어기는 사람은 돌로 쳐 죽이라는 엄령을 내린다. 『안티고네』는 이 소식을 전해 들은 오이디푸스의 장녀인 안티고네가 누이인 이스메네를 찾아가는 장면으로 시작한다.

안티고네는 이스메네를 집 밖으로 불러내 폴뤼네이케스의 장례를 치를 계획을 전달하고 이 계획에 동참할 것을 권한다. 당시의 평범한 여성상을 대변하는 이스메네는 이 계획이 절대 권력자인 왕의 명령에 대항하는 무모한 짓임을 간파하고 안티고네의 부탁을 완곡히 거절한다.

우리 두 자매도 법을 무시하고 왕의 명령이나 권력에 맞서다가는 누구보다도 가장 비참하게 죽고 말 거예요. 아니, 우리는 명심해야만 해요. 첫째, 우리는 여자들이며 남자들과 싸우도록 태어나지 않았다는 것을. 그다음은, 우리가 더 강한 자의 지배를 받는 만큼, 이번 일들뿐만 아니라 더 쓰라린 일에서도 복종해야 한다는 것을요.

이스메네는 오라버니의 처지를 안타까워하면서도 공권력에 복종해야만 한다고 피력한다. 이미 아버지와 어머니, 그리고 두 오라버니를 잃은 것만으로도 충분히 비참하기 때문이다. 이에 반해 안티고네는 죽음을 두려워하지 않는다. 그녀는 왕인 크레온에게는 자신을 "가족으로부터 떼어 놓을 권리가 없다"라고 말하며 가족애를 저버린 이스메네를 비겁한 자로 낙인찍고 무대를 떠난다.

크레온이 무대에 등장한다. 그는 지난밤까지 전장에서 테베를 수호하던 장군이었으나 테베의 왕위에 오르면서 전쟁의 소용돌이에서 안정을 되찾은 테베의 기강을 바로 세우기 위해 여념이 없었다. 그가 왕으로서 처음 내린 명령은 폴뤼네이케스의 장례를 금하는 것이었다. 그때 시신을 지키도록 배치했던 파수꾼이 달려와서 누군가가 폴뤼네이케스의 장례를 치렀다고 전한다. 크레온은 분개하며 파수꾼에게 당장 범인을 잡아 오지 않으면 파수꾼을 죽이겠다고 협박한다. 크레온의 분노에 아연실색하여 도주를 꾀하던 파수꾼은 우연히 폴뤼네이케스의 시신 주위에서 통곡하며 헌주하던 안티고네를 발견하고 그녀를 크레온 앞에 끌어온다. 크레온은 잡혀 온 조카 안티고네에게 묻는다. "네가 감히 법을 어겼단 말이냐?" 이에 대해 안티고네는 확고하게 답한다.

그렇습니다. 왜냐면 제우스께서 세게 이것들을 명령하신 것도 아니고, 지하의 신들과 함께 거하시는 정의의 여신께서도 이 법들을 인간들을 위해 세우시지 않았기 때문입니다. 저는 인간에 불과한 당신의 포고령이 성문화되지 않고 요지부동한 신들의 법을 무효화시킬 정도로 강력하다고 생각하지 않습니다. 신들의 법은 어제오늘 살아 있는 것이 아니라 항상 살아 있고, 누구도 그것이 언제 발생했는지 알지 못하기 때문이지요. 저는 한낱 인간의 생각이 두려워 신들 앞에서 이것들에 대한 처벌을 받을 참이 아닙니다.

신들의 법과 인간의 법을 대립시키는 안티고네의 답변은 이 작품의 가장 유명한 구절 중 하나로서 안티고네가 그토록 당돌할 수 있었던 원인을 밝혀 준다. 그녀는 오라버니 폴뤼네이케스를 매장하는 것이 신들의 법에 부합한다고 믿었던 것이다. 안티고네에게 신들의 법은 비록 성문화되지는 않았지만, 영구적이며 불변하는 법이었다. 반면에 크레온의 법은 일시적이고 가변적이며 신들의 법에 저촉되는 불의한 한낱 인간의 법에 불과했다. 안티고네는 크레온의 금령보다 신들의 명령이 우선시되기 때문에 둘이 상충할 경우 전자를 따르는 것이 정당하다고 생각했던 것이다. 따라서 그녀는 왕의 법보다 인지상정의 도리를 내세우며 끝까지 자신의 신념을 고수했다. 그러나 크레온에게 안티고네의 신념은 반항아의 완고함에 지나지 않았고 결국 그녀를 잡아 가두도록 명한다.

안티고네는 크레온의 아들 하이몬의 약혼녀였다. 하이몬은 안티고네의 불행한 소식을 전해 듣고 아버지를 회유하러 찾아온다. 통치자에게 불복종한 여인을 잊어버리라는 아버지의 말에 하이몬은 조심스럽게 입을 연다. 그는 크레온의 말이 틀리지는 않지만, 오라버니의 시신을 매장한 안티고네의 고귀한 처신에 대한 가혹한 처벌로 민심이 흉흉하다고 전하면서, 다른 사람들의 의견을 무시하고 아버지만 옳다고 자부하지 말라고 정중히 간청한다. 심기가 불편해진 크레온이 어찌 반역자들을 용인할 수 있겠냐며 불쾌감을 드러내자 하이몬은 테베 사람들이 하나같이 안티고네를 반역자로 간주하지 않는다고 답한다. 크레온이 권력자인 자기 뜻에 따라 통치하는 것이 마땅하다는 태도를 취하자 하이몬은 한 사람에게 속한 국가는 존재하지 않는다고 응수하며, 아버지를 독재자요 신들의 명예를 짓밟은 범법자로 몰아간다. 과열된 토론은 폭언으로 이어지고 안티고네를 목전에서 처형하겠다는 위협을 등진 채 하이몬은 아버지에게 작별을 고하고 퇴장한다. 안티고네는 결국 돌로 쳐 죽임을 당하는 대신 산 채로 석굴에 갇히는 형벌을 받는다. 그녀는 결혼도, 아이들을 기르는 행복도 모른 채 자신이 도대체 신들의 어떤 법을 어겼냐고 한탄하며 무덤으로 걸어 내려간다.

반역자를 제거하고 위풍당당했던 크레온의 완강함은 신들을 대변하는 예언자 테이레시아스와의 만남으로 새로운 국면에 접어든다. 테이레시아스는 아폴론의 눈먼 신탁자로서 일전에 오이디푸스에게 역병의 원인을 밝혀 주기도 했던 명불허전 당대 최고의 예언자였다. 이런 테이레시아스가 크레온을 찾아와 신들이 더는 그들의 기도를 들어주지 않는다고 전하는데, 그 이유는 매장되지 않은 폴뤼네이케스의 시체를 뜯어 먹은 새와 들개 떼가 신들의 제단들을 더럽혔기 때문이다. 테이레시아스의 증언은 폴뤼네이케스의 장례를 치르는 것이 신들의 뜻이라는 안티고네의 주장을 전적으로 지지한다.

크레온은 처음에는 테이레시아스를 비방하며 그의 말을 완강히 거부한다. 그러나 이로 인해 자신의 혈육이 죽게 될 것이라는 테이레시아스의 예언에 마음을 바꿔 폴뤼네이케스의 장례를 치러 주고는 안티고네를 석방하기 위해 동굴을 찾아간다. 그러나 그는 한발 늦었다. 안티고네가 자신의 운명을 비관하여 이미 스스로 생을 마감했기 때문이다. 안티고네의 시체를 부둥켜안고 비탄에 빠진 하이몬은 석굴에 찾아온 크레온을 발견하고 그를 죽이려 덤벼들지만, 실패하고는 자결한다. 이 소식을 전해 들은 크레온의 부인 에우뤼디케는 아들의 죽음을 크레온의 탓으로 돌리며 궁정에서 자결한다. 『안티고네』는 본의 아니게 아들과 아내를 죽음으로 몰아간 자신의 어리석음을 자책하고 빈껍데기 같은 존재로 홀로 남겨진 채 죽음을 기원하는 크레온을 무대에 두고 막을 내린다.

『안티고네』의 영웅과 반영웅을 찾아서

안티고네는 오라버니를 극진히 사랑하여 폭군 크레온의 반인륜적인 명령에 홀로 대항한 비극적인 영웅으로 그려지곤 한다. 그도 그럴 것이 목숨을 담보로 국왕 크레온의 명령에 불복종하며 폴뤼네이케스의 장례를 감행했기 때문이다. 이는 일반인들은 상상조차 할 수 없는 무모하면서도 담대한 행위였다. 안티고네는 다방면적으로 크레온과 대비된다. 안티고네는 젊고 연약한 여인으로서 가족애를 절대적인 가치로 내세웠다. 반면에 크레온은 연장자이자 유력한 왕으로서 국법을 앞세웠다. 『안티고네』는 사회적 약자인 젊은 여성과 그녀의 아버지뻘인 절대 강자인 왕의 대립 구도를 형성한다. 안티고네가 극 중에서 스스로 목숨을 끊으면서 악당 크레온이 우세한 것처럼 보이지만, 결국 신들을 대변하는 테이레시아스가 안티고네의 손을 들어 주고 크레온이 비참한 결말을 맞이하면서 안티고네는 선을 대변하는 영웅으로 추앙을 받는 한편 크레온은 안티고네가 대항해야만 했던 반영웅으로 전락하는 구도가 형성되는 것처럼 보일 수 있다. 특히 여성의 인권이나 개인의 권리가 중시되는 현대 독자들에게 안티고네의 영웅화는 당연시되는 경향이 있다.

그렇다면 『안티고네』의 저자인 소포클레스는 안티고네를 영웅의 자리에 앉히고 크레온을 안티고네에게 필적하는 악당으로 내세워 사회적 약자가 국왕의 권위에 도전하는 것을 옹호하는 것일까? 그는 기원전 5세기 아테네의 관중들에게 국가보다 가족에게 충성해야 한다는 가치관을 가르치는 것일까?

이 질문에 답하기에 앞서 『안티고네』의 주인공에 대해 생각해 볼 필요가 있다. 우리는 작품의 제목으로부터 무심코 안티고네를 극의 주인공으로 간주할 수도 있다. 실제로 극의 초반부는 안티고네에게 초점을 맞추고 있다. 그러나 극의 진행과 함께 안티고네는 서서히 자취를 감추고 크레온이 그 자리를 차지한다. 『안티고네』는 3분의 2지점에 안티고네가 자결한 후 크레온의 비극으로 막을 내린다. 작품명을 "크레온"이라 붙여도 이상하지 않을 만큼 극 중 크레온의 비중은 절대적이다. 크레온은 단지 엑스트라가 아니라 안티고네와 더불어 극의 주인공이다. 그렇다면 『안티고네』의 내용을 크레온의 관점에서 기원전 5세기의 잣대로 재조명해 볼 필요가 있다.

2장 소포클레스의 『안티고네』의 영웅과 반영웅

안티고네는 폴뤼네이케스의 장례를 단순히 가족의 문제로 취급한다. 그러나 그녀의 접근에는 근본적인 문제점이 있다. 폴뤼네이케스는 테베를 공격했던 일개 적군이 아니었다. 그는 모국 테베를 공격하도록 아르고스의 적들을 선동하여 이끌어 온 장본이었으며, 테베의 왕을 죽인 대역적이었다. 테베의 관점에서 조금 전까지 모국을 향해 창을 겨누던 반역자를 위해 장례를 치러 주는 것은 상식에 어긋났을 것이다. 그러므로 테베의 왕인 크레온은 안티고네의 주장을 선뜻 받아들이기 힘들었을 것이다.

크레온은 극 초반에 왕위를 계승하면서 국가의 기강을 바로 세우기 위한 자신의 방침을 분명히 밝힌다.

나는 누구든지 조국보다 측근을 더 소중히 하는 자를 하찮게 여길 것이네. 왜냐면 모든 것을 감찰하시는 제우스께 맹세컨대, 나는 시민들에게 구원 대신 파멸이 다가오는 것을 방관하며 침묵하지 않을 것이고, 절대로 이 땅에 적을 측근으로 두지 않을 것이기 때문이네. 바로 이것이 우리를 보존해 주는 것이고, 국가가 똑바로 항해할 때에 비로소 진정한 측근을 얻을 수 있다는 사실을 알기 때문이지. 나는 이러한 법으로 도시를 강화할 것이네.

국가를 절대적으로 중시하는 크레온의 입장이 잘 드러나는 대목이다. 인용문에서 '측근'으로 번역한 그리스의 '필로스'라는 단어는 애정 어린 친근감을 나타내는 단어로서 가까운 친구나 동료, 가족 등을 가리킨다. 따라서 가족보다 국가를 내세운 크레온은 가족을 앞세운 안티고네와 상이한 가치관을 수호한다는 사실을 알 수 있다. 안티고네가 신들의 법에 호소하여 자신의 정당성을 주장했던 것처럼 크레온 역시 제우스를 언급하면서 자신의 정당성을 주장한다. 양측 모두 신들에게 호소하는 이들의 상충하는 주장은 테이레시아스의 예언과 극의 결말에 가서야 비로소 안티고네의 측으로 기운다. 기원전 442년 『안티고네』의 본래 관중들은 크레온의 비극적인 결말이 분명해지기까지 오히려 크레온의 정당성을 지지했을지도 모른다. 오늘날의 정교분리의 원칙과 달리 당시에는 국가와 종교가 긴밀히 연결되었고, 시민권조차 부여받지 못한 한 여성의 말보다 국왕의 말이 더 설득력이 있었을 것이기 때문이다. 그뿐만 아니라 개인보다 국가를 앞세운 크레온의 입장이 터무니없지는 않았다. 적어도 소포클레스의 시대에 아테네 사람들에게는 터무니없지 않았다는 증거들이 발견된다.

『안티고네』가 공연된 지 10여 년 후에 펠로폰네소스 전쟁이 일어났다. 전쟁 초기에 발병했던 역병으로 시달리던 아테네인들에게 아테네의 가장 유력한 장군인 페리클레스는 다음과 같이 말한다.

> 나는 시민 개개인이 번영을 누리면서 도시가 전복되는 것보다 도시 전체가 바로 서는 것이 개개인들에게 더 유리하다고 생각하네.
>
> — 투퀴디데스, 『펠로폰네소스 전쟁』, 2.60.2

아무리 개인이 성공하더라도 나라가 망하면 개인도 함께 망할 수밖

2장 소포클레스의 『안티고네』의 영웅과 반영웅

에 없지만, 국가가 건재하면 패망한 개인도 갱생의 기회가 주어진다는 말이다. 이러한 생각은 5세기 아테네인들 사이에서 통용되었다. 더 나아가서 100여 년이 지난 후 그리스의 최고의 연설가로 명성을 떨쳤던 데모스테네스는 『안티고네』의 이 구절을 인용하면서 크레온의 고상한 이상을 칭송했을 만큼 개인보다 국가를 우선시하는 가치관은 오랫동안 그리스인들의 가슴속에 살아 있었다. 『안티고네』의 본래 관중들도 페리클레스나 데모스테네스와 크게 다르게 생각하지 않았을 것이다.

크레온은 국가의 기강을 바로 세우기 위한 방침을 이어 나간다.

그리고 방금 오이디푸스의 자녀들과 관련해서 시민들에게 이 법에 걸맞은 포고령을 선포했소. 이 도시를 위해 싸우다가 전사한 뛰어난 장수인 에테오클레스를 위해서는 장례를 치러 주고, 하계로 내려가는 가장 용맹한 전사자들을 위한 모든 정결 의식을 거행하도록 말이오. 반면에 그와 동일한 피를 공유한 폴뤼네이케스에 대해서는 다음과 같이 말하는 바요. 망명 중이던 그가 선조들의 땅과 가신家神들을 불로 소멸시키고, 동족의 피를 맛보며 나머지 사람들은 노예로 예속시키려 하였으니 이 도시를 향해 선포하겠소. 이 자의 장례를 치르지도 말고 어떤 이도 그를 위해 통곡하지 말며, 오히려 그의 시신이 매장되지 않은 채 새와 들개 떼들에게 뜯겨 훼손되게 하도록 말이오. 이것이 내 뜻이오. 나는 악한 자들을 정의로운 자들보다 더 명예롭게 여기지 않을 것이오. 반면에 누구든지 이 도시에 호의적이면, 그가 죽었든 살았든 동일하게 예우할 것이오.

국가를 위해 싸우다 전사한 에테오클레스의 시신을 합당하게 예우하고 도시의 파멸을 기원한 폴뤼네이케스의 시체를 모욕하는 것은 "친구를 사랑하고 적을 미워하라"라는 고대 그리스의 도덕률에 부합한다. 물론 21세기의 기준에서 시체를 날짐승들에게 훼손되도록 방치하는 것은 비인도적으로 보일 수 있다. 그러나 크레온의 명령은 당시의 관습을 고려할 때 정당화된다.

『안티고네』는 호메로스의 『일리아스』와 동시대를 배경으로 한다. 더 정확히 말하자면 『일리아스』의 영웅인 디오메데스의 아버지 튀데우스가 테베를 공격했던 아르고스의 7장군 중 한 명이었으니, 『안티고네』는 『일리아스』보다 한 세대 앞선 이야기에 해당한다. 『일리아스』에서는 적들의 시신을 새와 들개의 먹잇감으로 방치하는 장면이 종종 언급된다. 이로 미루어 보아 크레온의 명령이 터무니없는 것만은 아니었을 것이다. 물론 『안티고네』가 공연되었던 기원전 5세기의 아테네는 『일리아스』의 시대보다 훨씬 문명화된 시기였기에 비록 적일지라도 전사자들의 시신을 유기하는 것은 야만인들에게나 어울리는 것으로 간주하였다. 당시에는 전투를 치른 후 적군이 전사자들을 수습할 수 있도록 휴전협정을 체결하는 것이 관례였고, 때로는 적군의 시신을 직접 매장해주는 사례도 있었다. 그러나 이때에도 예외 조건이 있었다. 국가에 대한 반역자나 신성 모독자는 아티카 지방 내에서 장례할 수 없었다. 이런 정황들을 고려하면 크레온이 폴뤼네이케스의 장례를 금한 것은 충분히 이해될 뿐 아니라 극히 정상적으로 보인다.

크레온을 단순히 폭군이나 악당으로 규정짓는 것은 지극히 단편적인 평가이다. 이는 기원전 5세기 아테네의 문화와 전통을 간과한 시대착오적인 이해이기 때문이다. 크레온은 오히려 전쟁의 잔해로부터 국가의 기강을 바로 세우려던 테베의 영웅으로 볼 수 있다. 물론 그는 다른 사람들의 말을 무시하는 오만함이란 결점 때문에 비극적인 영웅의 결말을 맞았다. 그러나 가족보다 국가를 앞세우는 그의 원칙이나 폴뤼네이케스에 대한 처벌은 당시 그리스의 전통에 부합했다. 전통을 거스른 당사자는 안티고네였다. 가족에 대한 충성이라는 새로운 가치관을 강조하며 기존 전통에 대항했던 안티고네야말로 『안티고네』의 진정한 반영웅이었다.

어제의 반영웅과 오늘의 영웅

기원전 5세기 아테네의 관중들에게 『안티고네』의 결말은 예기치 못한 반전이었을 것이다. 전통적인 가치관을 수호했던 크레온의 비극적인 결말은 크레온에게 공감했던 관중들의 연민과 두려움을 자극하기 충분했을 것이다. 당시 아테네에서는 신, 세계, 도덕 등 근본적인 질문들에 대해 전통과 상반된 가치관들이 대두되었다. 아테네인들은 전통을 수호한 『안티고네』의 영웅 크레온과 새로운 가치관을 내세워 그에게 맞선 반영웅 안티고네의 대립 관계를 통해 당시의 사회상을 되돌아보았을 것이다. 전통을 수호했던 크레온의 충격적인 결말과 그로 인한 안티고네의 정당화는 가치관 변화의 개연성을 시사한다. 이는 새로운 영웅관을 예고한다. 대부분의 현대 독자들에게 크레온은 더는 『안티고네』의 영웅이 아니다. 『안티고네』의 영웅은 폭군에게 맞서다가 순교한 안티고네로 뒤바뀌었다. 가치관의 변화와 함께 어제의 반영웅이 오늘의 영웅 반열에 오른 것이다.

3장

인간적인 굴레보다 숭고한 아름다움
—『달과 6펜스』의 반영웅, 찰스 스트릭랜드

임형권

이런 사람 보셨나요?

예술을 위해서 가족을 버린 사람이 있다면 어떤 평가를 받을까? 예수나 붓다처럼 종교적 신념을 위해서 가족과 의지적으로 이별한 종교가들의 이야기는 비난거리가 되기보다 오히려 숭고함의 감정을 불러일으킨다. 하지만 그림이나 음악을 위해서 가족의 생계를 책임지지 않는 사람이 있다면, 그 가족은 물론 주변 사람들로부터 무책임하고 이기적인 인간으로 취급받을 것이다. 서머싯 몸^{W.Somerset Maugham (1874~1965)}의 『달과 6펜스』(1919)¹의 주인공 찰스 스트릭랜드^{Charles Strickland}는 바로 예

---

1   원제, *The Moon and Sixpence.* 이 글에서는 다음 번역본을 사용한다. 서머싯 몸, 『달과 6펜스』, 송무 옮김 (서울: 민음사, 2013).

술을 위해서 가족이나 관습적 도덕과 같은 인간의 굴레[2]들을 벗어 버린 바로 그런 인물이다.

보통 사람의 시선으로 스트릭랜드는 고작 그림을 그리기 위해서 가족을 내팽개친 형편없는 인간일 수 있다. 물론 어떤 의미에서 그의 예술가로의 삶은 일종의 종교적 탐색과 구도의 과정이었을 수 있다. 그러나 예술도 좋지만 '아내와 두 자식을 버릴 수 있을 정도로 그림을 그리는 것이 숭고한 행위일 수 있을까'라는 질문이 우리 머릿속에서 계속 맴돈다. 그의 행동은 평범한 사람들의 상식으로는 솔직히 이해하기 어려운 게 사실이기 때문이다.

하지만 이 소설의 화자가 들려주는 그의 이야기를 따라가다 보면 단순히 도덕적인 범주를 통해서 한 인간을 쉽게 판단해서는 안 된다는 것을 독자들은 점점 깨닫게 된다. 노골적으로 말해서 우리는 이 인물에게 점점 빠져들게 된다. 그 이유는 그에게서 우리가 어떤 가치를 실현하고자 하는 영웅다운 면모를 보게 되기 때문이다. 표면적으로는 그를 영웅이라기보다는 비열한 인간으로 평가하는 것이 옳을 것이다. 그는 고상한 도덕적 가치를 구현한 인물도, 한 민족을 이끈 지도자도 아니다. 그렇다고 한 시대를 이끌 사상을 제시한 지식인도 아니다. 하지만 적어도 그는 기성 사회의 가치 질서에 순응하는 가식적인 인간은 아니다. 그는 자기 자신에게 솔직했으며, 자신 내면의 열망을 그저 따라갔을 뿐이다. 그런 의미에서 그를 흔히 말하는 영웅이라기보다 반(反)영웅이라고 부를

---

2 인간의 굴레라는 표현은 그의 다른 소설의 제목과도 관계된다. 참조: 윌리엄 서머싯 몸, 『인간의 굴레Of Human Bondage』, 조용만 역 (서울: 동서문화사, 2016).

수 있을 것이다. 왜냐하면 그는 기성의 가치를 실현하는 영웅이라기보다는 기성의 가치를 뛰어넘는 인물로 그려지기 때문이다. 이 글에서 우리는 타인들이 인위적으로 심어 준 가치 속에 안주하는 우리 자신과 달리, 자신이 옳다고 생각하는 가치를 위해서 열정을 불태운 스트릭랜드의 예술가로의 삶을 읽어 보려고 한다.

잃어버린 자아 찾기

스트릭랜드는 런던에서 증권 중개인으로서 평범한 중산층의 삶을 살아가고 있었다. 문학적 취향이 있는 부인과 대조적으로 겉보기에는 따분한 삶을 영위하고 있었다. 그러던 어느 날 그가 갑자기 사라진다. 소문에 따르면 그는 파리로 떠났다. 부인과 주변 사람들은 그가 다른 여자와 함께 파리로 떠났다고 확신한다. 사십이 넘은 가장이 갑자기 사라진 것을 두고 누가 이런 추측을 하지 않겠는가? 이 소설의 화자는 희곡 작가로 문학인들의 파티에서 스트릭랜드 부인을 알게 되었다. 그리고 그는 부인의 부탁을 받고 파리로 가서 스트릭랜드를 만나게 된다. 스트릭랜드가 젊은 여자와 좋은 호텔에서 지내고 있을 것이라는 사람들의 생각과 달리 그는 허름한 여관에서 궁색하게 지내고 있었다. 적어도 그가 바람을 피우고 있는 것이 아님은 확실했다. 그렇다면 그는 왜 집을 떠났을까? 스트릭랜드의 답은 간단했다. 그가 가족을 떠난 것은 단지 어린 시절의 꿈인 그림을 그리기 위해서다.

여기서 화자와 독자들은 이 인물이 비범한 인물이라는 인상을 받는다. 화자는 스트릭랜드에게 우리가 모두 던질 수밖에 없는 질문을 던진다. '예술도 좋지만, 가족을 내버려 두는 것은 너무 이기적인 행동이 아닌가'라고 말이다. 스트릭랜드의 반응은 다시 한번 우리를 놀라게 한다. 그는 가족을 떠난 것에 대해서 별로 마음의 가책을 느끼고 있지 않았다. 화자는 스트릭랜드의 가족에 대한 비정한 태도에 화가 났다. 하지만 그는 이 사람이 이해하기 어려운 인물임에도 순수한 열정을 갖고 있다는 인상을 받는다.

> 그의 목소리에는 진실한 열정이 담겨 있었다. 나도 모르게 감명을 받았다. 그의 마음속에서 들끓고 있는 어떤 격렬한 힘이 내게도 전해 오는 것 같았다. 매우 강렬하고 압도적인 어떤 힘이, 말하자면 저항을 무력하게 하면서 꼼짝할 수 없도록 그를 사로잡고 있음을 느낄 수 있었다. 이해할 수 없었다. 정말이지 그는 악마에게라도 사로잡혀 있는 것 같았다. 악마가 느닷없이 달려들어 그를 갈가리 찢어 놓을 것만 같았다. 하지만 그의 표정은 천연덕스러웠다. 물끄러미 바라보는 나의 눈길을 받고도 조금도 동요하지 않았다.
>
> – 서머싯 몸, 『달과 6펜스』, 69.

스트릭랜드는 우리를 어리둥절하게 만드는 인물이다. 그의 태도에 대해서 우리는 어떻게 생각해야 할까? 적어도 우리는 그에 대한 도덕적 판단을 일단 유보할 필요가 있다. 왜냐하면 선과 악이라는 이분법으로 한 인간을 이해하려고 하면, 우리는 한 인물에 대한 공정한 판단을 내리기 힘들기 때문이다. 도덕적 판단을 차치해 놓고 본다면, 그가 적어도 가정과 사회에 의해 억눌렸던 내면의 열망을 표출하려고 했다는 점을 우리는 인정해야 한다.

우리 모두 어린 시절 꿈을 가지고 있었을 것이다. 단지 안정된 삶을 보장해 주는 직업을 꿈꾼 것이 아니라, 우리가 진정 되고 싶고, 하고 싶은 것을 꿈꾸었다. 남들이 보기 좋은 것이 아니라 내가 좋아하는 것, 나에게 의미를 주는 것이 바로 그 꿈이었다. 이 내면의 울부짖음을 사회는 억누른다. 내가 좋아하는 것을 선택하면 사회에서 도태될 것이라고 사람들은 말한다.

그렇다면 우리와 비교할 때 적어도 스트릭랜드는 사회에 순응해 사는 우리처럼 비겁하지 않다. 그는 가난에 허덕이면서도 자신이 추구하는 예술의 세계를 꾸준히 실현해 나가고 있다. 우리가 도덕적 잣대로 그보다는 우월할지 모르지만, 적어도 그는 자신만의 가치를 실현하기 위해서 사회의 거짓된 가치를 비웃을 수 있는 사람이다. 우리는 단지 생존하기 위해서 자신이 동의하지 않는 가치에 봉사하는 경우가 얼마나 많은가?

선악의 저편

스트릭랜드가 우리를 경악하게 하는 두 번째 사건이 파리에서 일어났다. 파리에서 그는 누추한 집에서 근근이 살아가고 있었기 때문에 위중한 병에 걸렸다. 스트릭랜드의 예술가로서의 천재성을 높이 평가하는 네덜란드 출신 화가 스트로브(그는 화자의 친구이다)는 스트릭랜드를 무서워하는 아내, 블랑쉬를 설득하여 그를 집에서 간호하게 했다. 하지만 병이 낫자 스트릭랜드는 이 은인에게 감사는커녕 스트로브의 작업실을 빼앗았다. 이어 그를 돌봐 주었던 그의 아내의 마음을 사로잡아 결국 그녀는 스트릭랜드를 따라가겠다고 남편에게 이별을 통보한다. 하지만 아내를 진정 사랑하는 스트로브는 아내가 스트릭랜드와 궁색한 생활을 하게 할 수 없어서 집을 그들에게 내어 주고 자신이 떠난다. 이런 어처구니없는 일을 전해 들은 화자는 왜 이런 일이 일어났는지 생각해 본다. 그는 블랑쉬가 스트릭랜드의 원시적 매력에 빠졌다고 생각한다.

> 스트릭랜드는 거칠고 투박하게 생겼다. 그는 야성적인 열정을 가진 사람이라는 인상을 주었다. 그녀도 아마 나처럼 그에게서, 물질이 대지와 맺었던 처음의 관계를 잃지 않고 그 자체의 혼을 아직 지니고 있던 때, 그러니까 역사 초창기의 야성적 존재를 연상시키는 어떤 사악한 요소를 그에게서 느꼈는지 모른다.
>
> – 서머싯 몸, 『달과 6펜스』, 157.

소설 전체 내용에 비추어 볼 때 화자의 판단은 그리 틀리지 않았다. 그러나 둘 사이의 관계는 비극으로 끝나고 만다. 블랑쉬가 스트릭랜드와 다투고 음독자살을 하고 만 것이다. 둘 사이의 관계는 이미 예견된 것이었다. 스트릭랜드는 육체적인 열정이나 인간적인 애착에 빠질 수 있는 인물이 아니다. 블랑쉬가 그를 따라나섰을 때 막지 않았던 이유는 모델로서 블랑쉬가 가치가 있었기 때문이다. 두 사람이 살았던 스트로브의 집에 스트릭랜드는 블랑쉬의 나체화를 남겨 두었다. 그 그림을 보고서 스트로브는 찢어버리고 싶은 충동을 느꼈지만, 차마 그럴 수 없었다고 화자에게 고백했다. 이 이야기를 들은 화자는 스트로브를 다음과 같이 묘사한다.

> 스트로브는 여태까지 한 번도 가져 보지 못했던 어떤 느낌을 표현하려고 애썼지만, 그것을 보통의 어휘로 표현해 낼 줄 몰랐다. 그는 마치 언어로는 기술할 수 없는 어떤 것을 말로 설명해 보려고 애쓰는 신비주의자 같았다.
>
> – 서머싯 몸, 『달과 6펜스』, 191.

스트릭랜드의 작품에 대한 스트로브의 경외심이 아내를 빼앗은 자에 대한 질투심을 압도한 것이다. 하여튼 화자는 아내와 가족을 버리고 이제는 남의 아내를 이용하고 버린 스트릭랜드의 행동을 역겹게 여긴다. 하지만 우연히 스트릭랜드를 만난 화자는 그에 대한 반감을 내비치지만, 그의 행동의 동기를 알고 싶은 호기심이 발동한다. 스트릭랜드는 런던에 남겨 둔 가족들에 대해서처럼 블랑쉬의 죽음에 대해서도 전혀 가책을 느끼지 않고 있었다. 도대체 이런 인간을 어떻게 이해해야 할까? 예술적 천재는 어떤 비도덕적 행동을 해도 좋다는 말인가? 스트릭랜드는 자신에 대해 다음과 같이 설명한다.

난 사랑 같은 건 원하지 않아. 그럴 시간이 없소. 그건 약점이지. 나도 남자니까 때론 여자가 필요해요. 하지만 욕구가 해소되면 곧 딴 일이 많아. 난 그 욕망을 이겨 내지는 못하지만 그걸 좋아하지는 않아요. 그게 내 정신을 구속하니까 말이야. 나는 언젠가 모든 욕정에서 벗어나 아무런 방해도 받지 않고 내 일에 온 마음을 쏟을 수 있는 때가 있었으면 하오.

우리는 이 시점에서 점점 스트릭랜드에 대한 피상적인 평가를 재고할 필요성을 느끼게 된다. 일상적인 도덕적 잣대에 비추어 볼 때 그는 절대로 용서할 수 없는 인물이다. 하지만 그의 예술 세계를 경험한 사람들은 그를 통해서 선과 악의 이분법을 넘어서는 세계를 엿보게 된다. 선과 악, 옳고 그름의 이분법은 그의 예술 세계에는 적용되지 않는다. 그것은 문명이 만들어 낸 위선에 불과하다. 그렇다면 그에게 삶의 진실은 무엇일까? 그에게는 오직 아름다움만이 진실이다.

우리는 여기서 그에 대한 도덕적 판단을 중지해야 함을 알 수 있다. 반드시 아름다움이 최고의 가치라는 주장에 동조할 필요는 없다. 그를 각자의 도덕적 판단 기준에 따라서 비판해도 좋다. 하지만 인간의 삶을 경직된 선과 악의 이분법으로 쉽게 판단하는 습성은 조심할 필요가 있다. 왜냐하면 절대적인 선이 있다고 하더라도 구체적인 상황에서는 선과 악의 경계가 모호한 경우들이 종종 있기 때문이다. 이 말은 스트릭랜드가 한 행동을 정당화하는 것은 결코 아니다. 다만 한 사람을 너무 쉽게 판단하는 것은 좋지 않은 태도일 수 있다는 것이다. 그에게는 선과 악, 도덕과 비도덕은 궁극적인 아름다움 앞에서는 큰 의미를 지니지 않았을 것이다. 그에게 그런 구분은 인간이 사회를 이루어 질서 있게 살아가기 위해서 임시로 필요한 것이지 절대적인 것은 아니다. 그렇다면 가족을 버린 것, 심지어 은인을 배신한 것에 대한 그의 무감각함에 대해서 우리는 다소 공감할 수 있을 것이다.

원시적 삶으로 복귀

스트릭랜드를 한 걸음 더 이해하기 위해서는 그의 마지막 행적을 주목해서 보아야 한다. 화자는 스트릭랜드와 마지막 대면 후에 15년간 그를 보지 못했다. 그러다가 타히티섬을 방문했을 때 그에 관한 이야기를 듣게 된다. 그는 몇 년 전에 이미 죽었지만, 그의 주변 사람들의 이야기를 통해서 예술가 스트릭랜드의 삶은 화자를 통해서 재구성된다. 스트릭랜드는 프랑스 마르세유에서 몇 년을 궁핍하게 보내다가 타히티섬에 정착했다. 이 섬은 그가 꿈꾸는 세계를 가장 닮은 세계이다. 『달과 6펜스』에서 달이 상징하는 장소이다. 브뤼노라는 선장은 스트릭랜드가 안식처로 발견한 타히티섬과 그곳에서 사는 자신에 대해서 다음과 같이 말한다.

우리 생활은 소박하고 순진합니다. 야심에 물들 일도 없고, 자부심을 가진다고 해 봐야 그건 우리 손으로 해낸 일을 바라보면서 느끼는 그런 자부심뿐이고요. 악의를 가질 일도 없고, 부러움으로 속상해할 일도 없어요. 아, 정말이지, 선생, 사람들이 신성한 노동이다 뭐다 하는데 그건 헛말이에요. 하지만 내게는 그게 아주 절실한 의미가 있는 말입니다. 나는 행복한 사람이에요.

– 서머싯 몸, 『달과 6펜스』, 279.

　　문명은 타인들을 함께 사는 존재가 아니라 경쟁자가 되게 한다. 또한 문명은 도덕을 만들어 내어 자연스러운 인간관계들을 인위적인 규범적 틀 속에 가두어 버린다. 스트릭랜드의 이상적 세계는 장 자크 루소Jean-Jacques Rousseau의 자연 상태나 도가道家 사상의 무위자연無爲自然의 상태를 연상시킨다. 루소의 자연 상태에서 원시의 인간들은 기본적인 욕구의 충족만으로 만족한 삶을 살아간다. 그들은 타인에게 의존하지 않고 독립적인 존재로 살아가고 있었다. 그러다가 사람들이 서로 협력해 문명을 일구면서 온갖 악덕들이 생겨났다. 스트릭랜드가 혐오한 사회는 바로 물질적 욕구에 빠져 있는 이기적인 인간들로 넘쳐나는 사회이다. 증권 중개인을 하면서 그는 그러한 인간들을 수없이 만났을 것이다. 언뜻 보아서는 스트릭랜드가 이기적 인간으로 보이지만, 그를 심층적으로 이해하게 되면 그는 속된 문명의 위선과 허울을 벗어 버리고자 한 인물이었음을 알 수 있다. 브뤼노 선장은 그를 다음과 같이 묘사한다.

　　스트릭랜드를 사로잡은 열정은 미를 창조하려는 열정이었습니다. 그 때문에 마음이 한시도 평안하지 않았지요. 그 열정이 그 사람을 이리저리 휘몰고 다녔으니까요. 그게 그를 신령한 향수鄕愁에 사로잡힌 영원한 순례자로 만들었다고나 할까요. 그의 마음속에 들어선 마귀는 무자비했어요. 세상엔 진리를 얻으려는 욕망이 지나치게 강한 사람들이 있잖습니까. 그런 사람들은 진리를 갈구하는 나머지 자기가 선 세계의 기반마저 부숴 버리려고 해요. 스트릭랜드가 그런 사람이었지요. 진리 대신 미를 추구했지만요.

— 서머싯 몸, 『달과 6펜스』, 276-77.

타히티에서 그는 아타라는 젊은 여성과 함께 살면서 두 아이를 두었다. 그는 태고의 낙원과 같은 섬의 외진 곳에서 많은 작품을 남겼다. 그러던 중 그는 갑자기 나병에 걸리고 만다. 그를 진단하기 위해 방문한 쿠트라라는 의사는 벽에 그린 그의 작품을 보고 경탄한다.

그는 숨이 막혔다. 이해할 수도, 분석할 수도 없는 감정이 그를 가득 채웠다. 창세創世의 순간을 목격할 때 느낄 법한 기쁨과 외경을 느꼈다고 할까. 무섭고도 관능적이고 열정적인 것, 그러면서 또한 무서운 어떤 것, 그를 두렵게 만드는 어떤 것이 거기에 있었다. 그것은 감추어진 자연의 심연을 파헤치고 들어가, 아름답고도 무서운 비밀을 보고 만 사람의 작품이었다. 그것은 사람에게는 허락되지 않은 신성한 것을 알아 버린 이의 작품이었다. 거기에는 원시적인 무엇, 무서운 어떤 것이 있었다. 인간 세계의 것이 아니었다. 악마의 마법이 어렴풋이 연상되었다. 그것은 아름답고도 음란했다.

– 서머싯 몸, 『달과 6펜스』, 293.

나병으로 죽으면서 스트릭랜드는 자신의 작품을 불태우라고 아내에게 부탁했다. 천재의 작품을 남겨 두자는 의사의 만류에도 아타는 약속을 지켰고, 그의 예술 세계는 작가와 함께 사라지고 말았다. 우리는 여기서 그림을 그리기 위해서 스트릭랜드를 파리로 떠나가게 한 추동력을 읽어 낼 수 있다. 만일 그가 물질만을 좇는 사람이었다면 많은 사람처럼 그것만을 따라가다가 덧없는 삶을 살다 죽었을 것이다. 하지만 그는 물질적인 세계 배후에 있는 신비스럽고, 성스러운 아름다움을 추구했고 그 세계를 엿보았던 것이다. 그 신비로운 아름다움 앞에서 물질적인 가치는 아무런 의미가 없었다. 심지어 그는 죽으면서까지 이 아름다움이 상업적으로 이용되는 것을 원하지 않았다. 어떤 의미에서 그의 삶에서 우리는 종교적인 성스러움을 찾아가는 신비가의 모습을 볼 수 있다.

자기만의 방식으로 영웅 되기

일반적인 영웅상에서 보자면 스트릭랜드는 비열한 인물에 불과할 것이다. 하지만 그는 한 민족 공동체를 이끄는 영웅들의 시대에 살고 있지 않았다. 그가 전통적인 영웅들의 시대에 태어났더라면 역사와 신화

속의 영웅이 되었을지 모른다. 하지만 그는 근대 자본주의 체제가 등장하고, 자본주의가 낳은 물질문화가 인간성을 타락시킨 시대에 살고 있었다. 모든 개인이 물질적 이익만을 좇는 시대가 된 것이다. 이런 시대에 고전적인 영웅적 가치를 들고나온다면 비웃음거리가 될 것이다.

스트릭랜드라는 반영웅은 자기만의 방식으로 영웅적 인생을 살았다. 언뜻 보아 스트릭랜드와 같은 반영웅들의 삶은 실패한 인생처럼 보인다. 실제로 스트릭랜드는 예술적 가치를 위해서 런던의 안정된 직장과 단란한 가정을 떠날 수밖에 없었다. 그는 매일 끼니를 걱정하며 살았다. 자신의 세계를 이해하지 못한 사람들로부터 기행과 이기적인 행동에 대한 비난을 받았다.

하지만 이 글에서 살펴본 바대로 그의 삶을 평범한 삶의 잣대로 평가해서는 안 될 것이다. 그의 인생을 우리의 잣대가 아니라 그 사람의 잣대로 이해할 필요가 있다. 따라서 우리는 스트릭랜드의 삶을 모두를 위한 하나의 모델로 삼는 잘못을 범해서는 안 될 것이다. 그것은 작가가 독자에게 의도한 것도 아닐 것이다. 다만 우리는 스트릭랜드라는 인물을 통해서 기성의 가치와 질서 속에서 안주하는 보통 사람에서 벗어나 새로운 가치를 위해서 도전할 수 있는 용기를 얻을 수 있으면 충분할 것이다.

현대의 소시민: 삶과 사고의 경직성
— 파트리크 쥐스킨트의 『비둘기』를 중심으로

권선형

못난이 요나탄 노엘?

파트리크 쥐스킨트의 소설 『비둘기』는 파리에서 은행 경비원으로 성실하게 일하는 53세의 남자 요나탄 노엘이 비둘기 한 마리 때문에 삶의 변화를 겪는 약 하루 동안의 일을 묘사한다. 1984년 8월의 어느 금요일 아침, 요나탄은 복도에 있는 화장실에 가려고 방을 나서다가 방문 앞에 있던 비둘기와 마주친다. 이 예기치 않은 만남으로 인해 그는 인생이 송두리째 뒤흔들릴 만큼 큰 혼란을 겪는다. 방문을 열고 비둘기와 마주치자 그는 너무나 놀란 나머지 후다닥 문을 닫고 도로 방에 들어가서는 심장마비나 뇌졸중 혹은 혈액순환 장애에 걸려 죽을 거로 생각한다. 그런데 시간이 지나도 이런 증상이 나타나지 않고 오히려 심장박동이 진정되자, 이제 그는 고작 비둘기 한 마리에 놀라 꼼짝 못 하는 자신이 한

심하다며, 자신의 인생은 실패했고 끝장났다는 자멸감에 빠진다. 그는 경비원 총으로 비둘기를 쏘아 죽일까 생각도 해 보고, 소방대에 구조를 요청할까 고민하기도 한다. 그런데 그러면 사람들이 자신을 손가락질하며 비웃을 거라고 괴로워한다. 너무나 절망한 나머지 그는 간절한 마음으로 유년 시절 이후 한 번도 하지 않던 기도를 한다.

"나의 하나님, 나의 하나님" 그는 기도했다. "왜 저를 버리시나이까? 왜 제게 이다지도 큰 벌을 내리시나이까? 하늘에 계신 우리 아버지여, 저를 저 비둘기로부터 구해 주소서! 아멘!"[1]

그는 방 안 세면대에 소변을 보는, 한 번도 한 적이 없는 어처구니없는 행위를 한 후 짐을 싸서 방에서 탈출하려 한다. 그런데 이 방은 그에게 매우 특별한 의미를 지니는 공간이다. 지난 30년 동안 그는 이 방에서 살았다. 그곳은 그에게 "불안한 세상 속의 안전한 섬 같은 곳이었고, 그의 확실한 의지처였으며, 도피처였다."(12쪽) 이 방은 그에게 공간 이상의 그 무엇으로 마치 애인과도 같은 존재였다. 30년 전 파리에 와서 이 방을 처음 보았을 때 그는 단번에 '첫눈에 반한 사랑 같은 감정'을 느꼈다.

바로 이거야. 이런 곳을 언제나 갈망했었지. 이곳에서 살자. (소위 많은

---

1 Süskind, Patrick. (1990). *Die Taube* (p. 19). Zürich: Diogenes. 이하에서는 본문에 직접 쪽수를 표시한다.

남자가 전에 한 번도 본 적이 없는 여자가 자기와 일생을 함께할 여자요, 자기의 소유가 될 여자요, 인생이 다하는 순간까지 곁에 머물러 있을 여자라는 생각을 번개처럼 뇌리에 떠올린다는, 이른바 첫눈에 반한 사랑 같은 감정이었다.)(9쪽)

그래서 그는 이 방을 아예 확실한 자기 것으로 만들려고 집주인과 매매계약을 체결했고, 연말에 잔금의 일부만 내면 되는 상황이었다. "그렇게 되면 그것은 마침내 그의 소유가 될 것이고, 죽음이 그 둘을 갈라 놓기 전에는 이 세상의 그 어느 것도 요나탄과 그가 사랑하는 방을 떼어 놓을 수 없게 될 터였다."(13쪽) 그런데, 고작 비둘기 한 마리 때문에 그는 그 방을 영원히 떠나려는 어이없는 결정을 내렸고, 그것을 실행에 옮긴다. 그는 짐을 챙겨 방에서 탈출하면서 지난 30년이 송두리째 날아가 버리는 느낌에 휩싸인다.

요나탄 노엘의 인생 계획

이 소설은 요나탄 노엘이라는 한 인물의 복잡한 내면세계와 그것이 초래하는 코믹한 상황들에 대한 세밀한 묘사가 그 특징이다. 독자는 '못난이' 요나탄으로 인해 소설을 읽는 내내 웃게 된다. 50대의 남자로 은행 경비원인 요나탄에게 비둘기는 그렇게도 무서운 존재일까? 30년을 한결같이 함께한 자신의 애인이자 전부라고 할 수 있는 방을 포기하고 도망쳐야 할 정도로? 그가 이런 결정을 내릴 수밖에 없었던 진짜 이유는 어디에 있을까?

서술자는 소설 초반부에서 요나탄이 유년기와 청년기에 겪은 몇 가지 사건들을 간략하게 소개한다. 그 사건들은 말하자면 그의 삶과 인생관에 지대한 영향을 끼쳤는바, 그 사건들 이후 그가 추구한 삶의 방식이 결국에는 비둘기 사건을 초래한 것이다. 도대체 그는 예전에 어떤 일들을 겪은 것일까?

1942년 7월쯤, 그러니까 요나탄이 11살 정도 됐을 무렵, 밖에서 놀다가 집에 온 그는 당연히 부엌에서 음식을 만들고 있을 거로 생각한 어머니가 아무 말도 없이 사라진 것을 경험했다. 아버지는 어머니가 멀리 여행을 갔다고 했고, 이웃 사람들은 어떤 사람들이 어머니를 끌고 갔다고 했는데, 어머니가 다시는 돌아오지 않을 거라고 했다. 그는 아무것도 이해할 수 없는 큰 혼란에 빠졌다. 그런데 며칠 후에는 아버지마저 온데간데없이 사라졌다. 그는 얼떨결에 여동생과 함께 기차를 타고 한 번도 본 적이 없는 친척 아저씨 집으로 가서 아저씨의 농장 일을 도우며 살게 되었다. 그러다가 50년대 초 그는 군에 입대하여 3년간 복무했는데, 제대하고 돌아오니 이번에는 여동생이 사라지고 없었다. 캐나다로 이민을 갔다고 했다. 아저씨는 요나탄에게 결혼을 권했다. 그는 드디어 아무 일도 일어나지 않는 단조로운 평화를 맛볼 수 있을 거라는 기대심에 아저씨가 권해 준, 한 번도 본 적이 없는 여자와 결혼했다. 그런데 결혼 4개월 만에 그녀는 아이를 낳고 다른 남자와 도망을 갔다. 이런 일련의 체험 후에 그가 내린 결론은, 사람을 절대로 믿을 수 없다는 것과 사람을 멀리해야만 평화롭게 살 수 있다는 것이었다. 그는 마을 사람들의 비웃음과 시선이 싫어 파리로 떠났고, 그것은 그가 난생처음 내린 독자적인 결정이었다.

　서술자는 요나탄이 파리에서 두 개의 커다란 행운을 잡았다고 말한다. 하나는 은행 경비원으로 취직한 것이고, 다른 하나는 플랑슈 가의 어느 집 7층에 있는 "소위 하녀의 방"(8쪽)이라 불리는 아주 작은 방을 얻은 것이다. 그런데 엘리베이터가 없는 건물의 7층에 있는 코딱지만 한 방을 얻은 것이 어떻게 직장을 갖게 된 것에 비견될 만큼 커다란 행운일까? 왜 요나탄은 이 방을 보고 첫눈에 반했으며, 30년을 한결같이 그 방에서 살았고, 그 방을 영원히 자신의 것으로 만들려고 했을까? 그 방의 어떤 점이 그를 그렇게도 사로잡은 것일까? 그 방이 요나탄에게 매력적이었던 이유는 무엇보다도 매우 좁고, 복도에 있는 공동화장실과 욕실을 사용해야 하는 불편함으로 인해 남들에게 전혀 선호되는 주거지가 아니라는 점이다. 그래서 그가 원하면 계속해서 거주할 수 있는 곳, 타의에 의해 쫓겨날 가능성이 아주 적은 곳, 또다시 버림받는 경험을 피할 수 있는 그런 공간인 것이다. 바로 이 점이 그에게는 무엇보다 중요했다. 그래서 그는 나이를 먹고 수입이 늘어나 좀 더 편하고 넓은 공간으로 이사할 수 있었지만, 모든 불편을 감수하면서 그 방에서 계속 거주한 것이다. 그에게 그 방은 "그의 일생에 있어서 유일하게 신뢰할 수 있을 만한 것"(12쪽)으로 여겨졌다.

　요나탄은 이렇게 오직 공간만을 신뢰한 반면 사람은 멀리하면서 매우 규칙적이고 단조로운 생활을 추구했다. 사건 일체를 피하면서 내적인 균형과 외적인 일상의 질서를 유지하는 것에 온 힘을 기울였다. 주

　4장 파트리크 쥐스킨트의 『비둘기』를 중심으로

도면밀한 계획과 노력 덕분에 그는 비둘기 사건이 일어나기 전까지 사건 사고 없이 평화롭게 살 수 있었다. 그래서 이제 죽음 말고는 심각한 일이 하나도 일어나지 않을 거라고 자신하고 있었다. 사건과 사고 및 변화가 없는 단조롭고 평화로운 삶의 추구, 바로 이것이 유년기와 청년기의 여러 체험 이후 그가 세운 인생 목표이자 계획이다. 이런 목표를 위해 그는 질서와 안전을 매우 중시하며 규칙적인 생활을 영위해 왔다. 그래서 외적 일상의 질서가 그의 삶을 규정하고 그런 질서에 의해 삶이 구체화되었다. 무엇보다도 그의 시간 개념과 시간 관리가 그것을 말해준다. 비둘기로 인한 혼란을 딛고 다시 정신을 가다듬은[2] 요나탄은 시계를 바라보며 이렇게 생각한다.

방금 7시 15분을 지나가고 있었다. 보통 때 7시 15분이면 그는 이미 면도를 끝내고 침대 정리도 끝내 놓을 시각이었다. 하지만 시간이 좀 뒤처진 것은 부득이 어쩔 수 없이 아침 식사를 거르면 빠듯하게 만회할 수 있을 것 같았다. 실제로 아침을 먹지 않는다면 – 그의 계산대로라면 – 평소보다도 7분이나 빨랐다. 중요한 것은 그가 늦어도 8시 5분에는 방을 나서야 한다는 것이다. 왜냐하면 8시 15분에는 은행에 도착해야 하기 때문이다. (21-22쪽)

요나탄의 하루와 일상은 이렇게 정확한 시간표에 따라 시작되며, 그

---

2   요나탄이 다시 정신을 가다듬을 수 있었던 것은 다름 아닌 몸을 씻고, 액체 세제 병을 치우고, 걸레를 짜는 등 자주 해 와서 몸에 아주 익숙해진 행동들을 통해서였다.

의 근무 또한 마찬가지다. 그는 오전 9시부터 오후 1시까지, 오후에는 2시 반부터 5시 반까지 초소에 차렷 자세로 있는다. 9시 20분경에 지점 장의 차가 들어올 때와 4시 30분에서 5시 30분 사이에 지점장의 차가 나갈 때 보초 서는 걸 잠시 중단하고 문을 열어 주는 것이 그의 업무 내용의 전부이다. 퇴근 후에는 집에 와서 저녁을 먹고, 잠을 자는 지극히 반복적인 삶을 살았다. 즉 정해진, 판에 박힌 일과들이 그의 삶을 구성하고 조직화하는바, 요나탄은 이런 식으로 지난 30년 동안 일상의 질서에 따른 안전하고 예측 가능한 삶을 영위해 왔다. 그런 삶을 통해 그는 사건과 변화를 방지할 수 있었고 안전과 보호를 보장받을 수 있었다. 사람을 멀리해야 내적 평화를 유지할 수 있다는 결론에 따라 그가 익명성을 추구한 것도 같은 이유에서다. 사람들에게 알려지지 않음으로써 그는 보호되고 안전하다고 느끼며, 동시에 사건을 막을 수 있다고 생각한 것이다.

그는 자신의 이런 인생 계획을 보다 완벽하게 하려고 방 밖에서 나는 소리를 엿듣는 습관을 들여왔다. 불필요하게 누군가와 마주침으로써 익명성을 잃고 싶지 않았기에 방을 나서기 전에 문에 귀를 바짝 갖다 대고 복도에 누가 있는지 확인하였다. 25년 전 아침에 잠옷 바람으로 공동화장실에 갔다가 그 앞에서 이웃과 마주친 적이 있는데, 그는 자신의 치부를 들키기라도 한 것처럼 그것이 너무나 싫고 끔찍했다. 그 이후 똑같은 일을 당하지 않기 위해 밖에서 나는 소리에 귀를 기울였고, 마침내 그것이 무슨 소리인지 다 꿰뚫을 수 있게 되었다. 비둘기 사건이 벌어진 날 아침에도 그는 자신의 이런 습관과 그간의 경험 덕분에 복도와 화장실에 아무도 없다는 것을 확인하였고, 그래서 안심하고 방문을 열고 나가려던 참이었다. 그런데 전혀 예상치 못했던 비둘기가 나타난 것이다. 그는 예정에 없던 이런 돌발적인 상황으로 인해 몹시 당황하면서 삶이 뿌리째 흔들리는 듯한 큰 충격에 빠진 것이다.

꼭두각시 인간 기계 요나탄 노엘

정해진 시간표에 따라 정확히 8시 15분에 은행에 도착한 요나탄 노엘은 평소처럼 근무를 시작했다. 그는 은행 경비원으로서 자신을, 행동으로 보다는 존재함으로써 역할을 다한다는 의미에서 스핑크스에 견주며 힘들어도 불만하지 않고 "스핑크스적인 평온"(47쪽)을 견지하곤 했다. 정년퇴직 때까지 근무시간을 계산해 보면 총 7만 5천 시간을 초소에 서서 보내게 되는데, 그러면 파리 전체에서 동일 장소에서 제일 많은 시간을 보내는 사람이 될 거라고 자부하고 있었다. 그런데 그날은 사정이 달랐다. 얼마 지나지도 않아 서 있기가 매우 힘들었고, 눈도 가물거려 경비 업무가 너무나 힘들었다. 지점장 뢰델 씨의 차가 도착한 것도 알아보지 못하여, 경적이 몇 번이나 울려도 알아듣지 못하다가 뒤늦게야 달려가 문을 열어 주었다. 그는 한 번도 그런 적이 없었기에 자신이 그런 실수를 한 것이 도저히 믿을 수가 없어서 떨리는 음성으로 자책한다.

"뢰델 씨의 차가 오는 것을 보지 못했어… 못 보았어. 넌 끝장난 거야. 의무를 그냥 내팽개친 거야. 넌 눈만 먼 것이 아니라 귀도 먹었어. 넌 이제 형편없이 늙어버렸어. 이제는 경비원 노릇도 할 수가 없어."(50쪽)

평소에는 뢰델 씨의 승용차가 다가오면 "개처럼 벌떡 일어날"(49쪽) 정도로 의무에 충실했던 요나탄이다. 그는 지금까지 그렇게 살아왔다. 그래서 한 번의 실수도 그냥 넘어가지 못하고 그것을 과대평가하면서 이제 자기는 의무를 방기하여 쓸모없는 인간이 되었다며 어찌할 줄 모르는 것이다.

점심시간이 되자 요나탄은 허름한 호텔에서 제일 싼 방을 예약한 후 빵과 우유를 사 들고 공원으로 간다. 평소 점심시간이면 집에 가서 따뜻한 음식을 해 먹었고 커피도 곁들이곤 했다. 그런데 비둘기 때문에 집을 나와 공원 벤치에서 빵으로 점심을 때우는 신세가 된 요나탄은 마침 건너편 벤치에서 잠들어 있는 거지를 보자 두려움을 느낀다. 직장을 잃을지도 모른다는 두려움과 눈덩이처럼 불어날 호텔 숙박료가 생각나면서 자신도 머지않아 저 거지처럼 빈털터리, 폐인이 되는 것이 아닐까 염려되는 것이다.

이 작품에서 거지는 요나탄을 제외한 어떤 인물보다 비중 있게 다루어진다. 그는 여러 면에서 요나탄과 대조적인데, 바로 그런 이유에서 자세히 묘사된다. 요나탄은 매일같이 9시에 근무를 시작하는 반면 거지는 10시든 11시든 자기 편한 시간에 나타난다. 요나탄은 은행 앞에 빳빳한 자세로 서서 근무하는 반면 거지는 길에 방자하게 앉아서 담배를 피우곤 한다. 또한 요나탄은 죽을힘을 다해 열심히 일해서 생활비를 버는 반면 거지는 "뭇사람들의 동정심과 적선에 빌붙어서"(52쪽) 사는 것 외에는 달리 하는 일이 없다. 그런데 거지는 조금도 고통스러워하거나 두려워하지 않았고 "그에게서는 자신만만함과 자기만족이 솟구쳐 올랐으며, 그것은 자유로움의 전형적인 모습"(53쪽)으로 비추어졌다. 전에 요나탄은 거지의 태평한 생활방식에 대해 일종의 질투심을 느낀 적이 있다. 하지만 거지가 길에서 용변을 보는 걸 목격한 뒤로는 더는 질투심을 느끼지 않고 자신의 직업과 생활방식에 의미를 부여할 수 있었다. 그런데 이미 죽었어야 마땅하다고 생각한 거지가 여전히 만족해하며 삶을 누리고 있고, 주도면밀하게 세워 두었던 인생 계획이 몽땅 수포가 되어 큰 위기를 맞이한 그는 파멸에 대한 두려움에 휩싸이며 노심초사하는 것이다.

그런데 설상가상으로 요나탄의 바지가 찢어지는 일이 발생한다. 그는 다시 은행으로 가다가 공원 벤치에 우유 팩을 두고 왔다는 생각이 떠오르자 "다른 사람들이 벤치에 쓰레기를 그대로 두고 간다거나 (…) 쓰레기통에 버리지 않고 그냥 길바닥에 버리는 것을 혐오하기 때문에 그것이 못내 마음에 걸려"(63쪽) 공원으로 되돌아가서 우유 팩을 집어 들었는데, 그 순간 벤치의 뾰족한 부분에 바지가 걸려 찢어진 것이다. 그는 수선집을 찾아갔으나 3주가 걸린다는 말을 듣고는 임시방편으로 스카치테이프를 사서 바지에 붙이고 오후 근무를 계속한다.

하지만 바지에 생긴 구멍으로 인해 요나탄은 더더욱 근무에 집중하지 못하고 내적 평정심을 잃게 된다. 오후 내내 그는 세상과 자신에 대한 분노에 휩싸이고, 그 도가 점점 더해간다. "온 세상을 산산이 조각내고 재로 만들어 버리고 싶을 정도"(80쪽)이다. 평소 질서를 중시하고 직업과 의무에 충실했던 요나탄은 오늘 벌어진 사건들이 도저히 이해와 용납이 안 된다. 그가 그렇게도 추구하고 유지해 왔던 내적 균형을 더는 지켜 낼 수가 없다. 하지만 그는 "행동하는 사람이 아니라 참아 내는 사람"(81쪽)이다. 일련의 사건들과 현 상황에 맞서 어떤 행동을 취하기보다는 인내한다. 서술자는 그런 그의 모습을 '꼭두각시'에 비유한다. "작동이 멈춰졌거나 줄이 끊어진 꼭두각시처럼 기둥 앞에 가만히 서서" 근무를 지속하다가 5시 30분이 되어 안에서 부르자 "요나탄 노엘이라고 불리는 꼭두각시 인간 기계는 은행 안으로 순순히 들어가"(84쪽) 다른 직원들과 함께 은행 문을 닫는다고 묘사된다.

요나탄 노엘은 스스로 말하듯이 "평생토록 착실했고, 단정했고, 욕심도 안 냈고, 거의 금욕주의자에 가까웠고, 깨끗했고, 언제나 시간을 잘 지키며 살아왔고, 복종했고, 신뢰를 쌓았고, 예의도 잘 지키며 살아왔다"(60쪽). 의무감이 투철한 그는 자신의 인생 계획에 근거해서 질서와 습관, 규칙과 원칙을 삶의 최고 목표로 삼아 왔다. 그런데 문제는, 그의 인생 계획이 삶을 위한 보조 수단 또는 지침이 아니라, 그것을 넘어서 절대시되면서 요나탄과 그의 인생 계획 사이에 주객전도 현상이 일어났고, 그로 인해 그의 사고와 생활방식이 경직된 것이다. 그래서 그는 비둘기의 등장과 같은 인생 계획에 없는 작은 변화나 사건에도 능동적으로, 탄력적으로 대응하지 못하고 어쩔 줄 몰라 하며 크게 당황하는 것이다.

다시 말해, 자신의 인생 계획에 의해 사건과 변화를 방지하고 판에 박힌 듯한 기계적인 삶을 살아 온 요나탄은 바로 그런 생활방식과 인생관 때문에 비둘기의 등장이라는 돌발적인 사건에 자율적으로 대응하지 못한다. 지난 30년간 안전과 보호를 보장받으며 평온하게 살 수 있었기에 그는 자신의 인생 계획에 절대적인 신뢰를 보내며 마치 인생 계획의 꼭두각시와도 같은 삶을 살아온 것이다. 그 결과 삶은 기계적이고 의식은 마비되었기에 그는 일상 스케줄에 들어 있지 않은 새로운 사건이 발생하자 매우 당황하고 혼란에 빠지는 것이다.

(소시민들의) 같이 어울려 살기

퇴근 후 호텔에 가서 저녁을 먹은 요나탄은 결국 내일 자살하겠다는 결심을 하고 잠자리에 든다. 그런데 새벽에 천둥소리와 번개로 인해 잠에서 깬 그는 비몽사몽 중에 어릴 적 부모님이 살던 집의 지하실에 갇혀 있는 자신을 보게 된다. 전쟁으로 집은 파괴되었고, 사람들이 자신을 잊은 모양이라며 두려운 마음에 그는 이렇게 소리 지르려 한다.

도대체 사람들이 왜 안 오는 걸까? 왜 나를 구출해 내지 않지? 왜 이렇게 쥐 죽은 듯이 조용한 걸까? 맙소사, 다른 사람들은 어디 있는 걸까? 다른 사람들 없이는 절대로 살 수가 없단 말이야!(95쪽)

새벽의 천둥 번개 속에서 그의 사고에 대전환이 일어나는데, 그가 그렇게 소리치려던 순간 빗소리가 들린다. 한 30분 정도 시원하게 비가 내리고 그는 그 빗소리를 듣는다. 재미있게도 요나탄의 사고에 변화가 일어나는 호텔 방 장면에서는 기독교적 메타포가 이용된다. 이 호텔 방은 가운데로 갈수록 조금씩 넓어졌다가 다시 좁아져서 그 "모양새가 말하자면 관 같았다"(89쪽)(옛 자아의 죽음!). 요나탄은 가져온 음식을 아주 만족스럽게 맛있게 먹고는(최후의 만찬!) 죽을 것을 결심하고 잠이 든다. 다음 날 아침 천둥소리에 잠에서 깬 요나탄은 '다른 사람들 없이는 절대로 살 수 없다'고 개심하는데(신앙 고백!), 바로 그 순간 비가 내리고 요나탄은 약 30분 정도 가만히 앉아 빗소리를 듣고는(물세례!) 옷을 입고 방을 나온다(새 자아로의 부활!). 요나탄이 저녁 먹는 장면에서 이미 모종의 변화가 감지된다. 그는 낮에 공원에서 거지가 먹었던 것과 똑같은 음식을 거지와 똑같은 방식으로 먹었다. 거지가 먹었던 정어리와 빵을 먹으면서 포도주를 병째 마셨고, 후식으로 치즈와 배를 먹은 것이다. 그는 "식사하고 있는 이 순간보다 더 맛있게 음식을 먹어 본 적이 일생에 단 한 번도 없었을 것 같다"(90쪽)라고 생각하며 매우 만족해했다. 소설의 끝에서 그는 호텔에서 나와 집으로 향하는데, 이제는 비둘기에 대한 두려움도 사라졌다. 그리고 집에 도착하니 방문 앞의 비둘기와 그 흔적도 모두 사라지고 없었다.

　　독자는 이 소설을 읽으면서 너무도 경직되고 기계화된 요나탄 노엘의 사고와 행동으로 인해 자주 웃게 된다. 작가는 바로 이 점, 즉 삶과 사고의 경직성이 가져올 수 있는 부정적인 측면을 희화화하면서 그것에 대해 경고하는 것이다. 그런데 평생 성실하게 살아온 요나탄, 그의 소시민적 삶과 사고의 경직성은 21세기 한국 사회를 살아가는 우리 같은 소시민들에게서도 자주, 그리고 점점 더 많이 발견되는 것 같다. 보수와 진보라는 양극단으로 점점 분열되고, 젠더 문제로 서로를 비난하고 헐뜯는 사회 풍토의 바닥에는 서로에 대해 알아가고 이해하려는 열린 마음보다는 점점 더 자신만의 사고와 주장에 함몰되고 경직되는 현상이 자리하기 때문이다. 요나탄이 소설의 끝에서 생각을 바꾸어 다른 사람들과 같이 살기로 마음먹음으로써 소설이 해피엔드로 끝난 것처럼, 우리도 사고의 경직성에서 벗어나 같이 어울려 살겠다는 마음으로 우리가 쓰는 인생이라는 소설에 밝은 전망을 보여 주면 좋겠다.

5장

미워할 수 없는 소시민 허삼관

김민정

지극히 평범한 한 남자이자 가장의 이야기

『허삼관 매혈기許三觀賣血記』(1995)는 '허삼관이 피를 파는 이야기'라는 뜻으로, 성안의 생사生絲 공장에서 누에고치를 나르는 농촌 출신 노동자 허삼관의 사십 년에 가까운 인생 역정을 그린 장편 소설이다. 그의 인생 역정은 인민공사[1], 대약진운동[2], 문화대혁명과 같은 중국 현대사의 굵직굵직한 사건들과 시대상을 반영하는데, 주인공 허삼관은 시대적 영웅과는 한참 거리가 먼 지극히 평범한 인물이다. 모순된 세상을 바꾸어 보겠다는 웅대한 포부도 없고, 딱히 이렇다 하고 내세울 재주나 사

---

1   1958년에 농업 집단화를 위해 만든 대규모 집단농장. 파리 코뮌에서 따온 이름으로 공산주의 사회의 기초단위를 의미한다.

2   1958년부터 1960년 초 자력갱생을 목표로 전국적으로 전개된 급진적 경제성장운동.

회적 지위도 없는, 먹고살기 힘든 시절을 맨몸으로 부딪쳐 살아간 중국의 대다수 소시민이 바로 허삼관이다.

허삼관이라는 지극히 평범한 인물이 지니는 보편성은 이 작품의 배경을 한국으로 바꾸어도 위화감이 크지 않다는 점을 보면 알 수 있다. 하정우가 감독과 주연을 맡은 영화 「허삼관」(2015)은 6.25 전쟁이 끝난 직후인 1953년에서 1964년까지의 충남 공주로 작품의 무대를 옮겨 놓았다. 영화는 중국적 시대상과 사회 비판적 색채를 쏙 빼버리고, 낳은 정과 기른 정 사이에서 갈등하는 한 남자의 성장과 부성애, 가족애에 주로 초점을 맞추었다. 중국적 특색과 사회 비판이 지워진 것은 개인적으로 아쉽지만, 인물과 배경을 한국으로 치환해도 크게 어색함은 없다. 다만 가족 휴먼 코미디로 뒤바뀐 영화도 그 자체로 볼만하지만, 원작의 풍자와 해학을 직접 느껴 볼 것을 권한다.

허삼관이 피를 판 까닭은?

허삼관은 젊은 시절 고향 시골 마을에서 우연히 넷째 삼촌과 어느 모녀의 대화를 듣게 된다. 다음 달에 결혼하기로 한 딸의 정혼자가 일 년이나 피를 팔지 않았으며, 밥을 한 공기밖에 먹지 않는다는 이유로 파혼했다는 것이다. 그는 넷째 삼촌을 통해 이 마을에서는 피를 팔아 보지 않은 남자는 여자를 얻을 수 없으며, 한 번 피를 팔아 받는 돈이 반년 동안 쉬지 않고 땅을 일궈서 받는 돈보다 훨씬 더 많다는 사실을 알게 된다. 그는 호기심 반, 객기 반으로 첫 번째 피를 판다.

허삼관은 처음 피를 팔러 가는 길에 만난 동향 사람 방 씨와 근룡이에게 피를 팔 때의 몇 가지 요령을 배운다. 우선, 피를 팔기 전에는 물을 최대한 많이 마셔서 몸속 피의 양을 늘려야 한다. 그들은 피를 뽑기 전 물을 마시는 행위를 통해 작은 이익을 취할 수 있다고 생각하는데, 이는 과학적인 근거가 없으며 못 배운 자의 무지몽매함을 나타낼 뿐이다. 거대 방광을 자랑하던 방 씨는 훗날 결국 오줌보가 터져 폐인이 되어 더는 피를 팔지 못한다.

또한 피를 팔고 난 후에는 돼지간볶음에 황주 두 냥[3]을 마셔서 보혈과 혈액순환을 도와야 한다. "여기 돼지간볶음 한 접시하고, 황주 두 냥! 황주는 따뜻하게 데워서." 이후로 허삼관은 피를 판 후에 마치 의식儀式처럼 승리반점에 들러 돼지간볶음에 황주 두 냥을 마신다. 물질적으로 결핍되고 모두가 가난하던 시절, 이는 피를 팔아 목돈이 들어왔을 때만 누릴 수 있던 사치였으며, 가난한 자가 고급 식당에서 유일하게 호기를 부릴 기회였다. 시골 사람이 알려 준 근거 없는 민간요법과 이를 신봉하고 따르는 허삼관의 모습은 그들이 피를 팔 수밖에 없는 절실함과 침울한 분위기를 희석하며 작품에 해학적 요소를 더한다.

피를 파는 행위에 대해서는 농촌과 성안(도시) 사람들의 관념이 다르다. 농촌에서는 피를 파는 행위를 건강의 상징으로 여기며, 자신이 피를 팔 수 있다는 사실을 자랑스럽게 생각한다. 이에 반해 성안 사람들

---

3   중국의 현대 도량형에서 열 냥兩은 한 근斤, 즉 500g이다.

5장 미워할 수 없는 소시민 허삼관

에게 피를 파는 행위는 조상을 파는 것과 같으며 자칫하면 목숨을 잃을 수도 있는 위험한 일로, 몸이나 전답은 팔아도 피는 팔 수 없다. 농촌에서 자라 성안에서 사는 허삼관에겐 이 두 가지 관념이 섞여 있는 듯하다. 그는 자신이 피를 팔 수 있다는 사실에 자부심을 느끼는 동시에, 땀을 흘려[일해서] 번 돈과 피를 흘려[피를 팔아] 번 돈을 철저하게 구분하며 후자에 더 큰 의미를 둔다. 설령 몸속의 피가 '퍼내도 마르지 않는 우물'이나 '꽃 대신 돈이 열리는 나무'와 같을지라도 피를 팔아서 번 돈은 절대 허투루 쓸 수 없다고 생각한다.

그는 난생처음 피를 팔아 얻은 목돈을 어떻게 쓸까 고민하다가 아내를 맞이하는 데 쓰기로 한다. 허삼관은 아침에 간이식당에서 꽈배기油條⁴를 파는 허옥란에게 다짜고짜 샤오룽바오小籠包⁵를 사 주겠다며 데이트 신청을 하고, 그녀 아버지의 환심을 얻어 혼인에 성공한다. 그녀에겐 하소용이라는 연인이 있었지만, 허삼관은 자신이 하소용보다 경제적으로 안정되었으며, 같은 '허 씨'이기 때문에 데릴사위가 되는 것과 마찬가지라 허옥란의 집도 대가 끊기지 않는다는 점을 어필했다. 그렇게 얼렁뚱땅 허옥란과 가정을 꾸린 뒤로, 허삼관은 집에 변고가 생길 때마다 피를 팔아 위기를 넘긴다. 허삼관이 파는 '피'는 밑바닥 인생을 살아가는 소시민이 가난에 저항하는 무기이자 가정을 지탱하는 마지막 버팀목이었다.

---

4 유탸오는 중국인이 아침 식사로 즐겨 먹는 밀가루 반죽 튀김으로, 설탕을 뿌리지 않아 담백하다.
5 작은 대나무 찜통인 샤오룽小籠에 쪄 낸 중국식 만두.

종달새 아빠의 어설픈 뒤끝과 웃픈 부성애

허삼관이 피를 파는 것 외에 이 소설의 또 다른 큰 줄거리는 큰아들 일락이가 허삼관의 친아들이 아니라는 사실이다. 허삼관은 허옥란과 결혼해서 아들 셋을 낳았고, 세 아들의 이름을 일락一樂, 이락二樂, 삼락三樂이라 지었다. 이를 두고 옥란은 "내가 분만실에서 한 번, 두 번, 세 번 고통스러울 때, 당신은 밖에서 한 번, 두 번, 세 번 즐거웠다는 거 아니야?"라고 핀잔을 준다.

그중에서도 일락이는 허삼관의 가장 큰 '즐거움'이었다. 열 손가락 깨물어 안 아픈 손가락이 없다고는 하지만, 허삼관은 세 아들 중에서도 의젓하고 유독 자신을 잘 따르는 일락이를 가장 예뻐했다. 그러나 일락이가 아홉 살이 되던 해에 일락이가 허삼관을 전혀 닮지 않았으며 점점 하소용을 닮아 간다는 소문이 동네에 쫙 퍼진다. 허삼관은 처음에 이를 시답지 않게 여기며 일락이가 자신과는 닮지 않았어도 형제끼리 닮았으면 된다고 생각한다. 그러나 일락이가 하소용을 닮았다는 말을 너무 자주 듣다 보니 혹시나 해서 허옥란에게 사실 여부를 묻는데, 푼수끼가 다분한 허옥란이 억울하다고 고래고래 소리를 지르다가 자신도 모르게 하소용과 딱 하룻밤 관계했던 일을 실토하고 만다.

이때부터 허삼관에겐 '자라 대가리'라는 꼬리표가 생기고, 그의 어설픈 '뒤끝'이 시작된다. 중국어에서 '자라'[6]는 오쟁이 진 남편, 즉 다

---

6 소설의 원문은 '우구이烏龜'이며, '왕바王八'도 같은 뜻이다.

5장 미워할 수 없는 소시민 허삼관

른 남자와 간통한 아내를 둔 남편이라는 뜻으로, 무능하고 바보 같음을 조롱하는, 남자가 들을 수 있는 가장 심한 욕 중 하나이다. 이를 한국적 맥락으로 치환하면, 그 모욕적인 정도는 훨씬 덜하지만, 뻐꾸기 새끼를 자기 자식인 줄 알고 기르는 '종달새 아빠'에 비유할 수 있을 것이다. 일락이가 자신의 친아들이 아니라는 사실을 알게 된 후, 허삼관은 등나무 평상에 누워 모든 집안일을 거부하고, 밥상도 따로 차리게 하며, 피를 팔아서 번 돈은 일락이에게 한 푼도 쓰지 않으려 한다. 하지만 그의 뒤끝이 어설픈 이유는 집 안에서 벌인 무위無爲의 시위는 자신의 어리석은 잘못으로 금세 역전되며, 아이러니하게도 일락이를 위해 가장 많은 피를 팔기 때문이다.

일락이는 허삼관이 십 년 만에 두 번째로 피를 팔게 되는 계기를 제공한다. 길에서 새총으로 장난을 치던 삼락이가 동갑내기 아이의 머리를 맞춰 형들 싸움으로 번졌는데, 일락이가 덩치의 열세를 만회하려고 삼각 돌로 상대방의 머리를 내리찍어 큰 상해를 입힌 것이다. 머리가 깨진 아이는 대장장이 방 씨(허삼관에게 피를 파는 요령을 알려 준 동향 사람 방 씨와는 다른 인물이다)의 큰아들로, 상처가 너무 깊어서 감당하기 힘든 치료비가 나오자 방 씨가 허삼관을 찾아왔다. 허삼관은 허옥란에게 자신은 일락이의 친아버지가 아니라 치료비를 내어 줄 수 없으니 하소용을 찾아가서 청구하라고 말한다.

"당신이 하소용한테 가서 이렇게 전해. 당신과 십 년 동안 산 정을 생각해서, 또 일락이가 구 년 동안 날 아버지라 부른 정을 생각해서 일락이를 하 씨 집으로 돌려보내지 않고 앞으로도 내가 키울 거지만, 이번의 이 돈만큼은 하소용이 내야 한다구. 그렇게 하지 않으면 내가 사람들 볼 낯이 없다고 말이야…."

하소용을 찾아간 허옥란은 그의 부인과 한바탕 싸우고 하소용에게 뺨까지 맞아 집으로 돌아온다. 결국, 또다시 일락이가 등이 떠밀려서 직접 하소용을 찾아가지만, 하소용은 일락이를 자기 아들로 인정하지 않는다. 치료비가 급했던 대장장이 방 씨는 하는 수 없이 허삼관의 집으로 일꾼들을 데려와 돈이 될 만한 살림살이를 수레에 모두 실어 간다. 허삼관은 "가져갈 만큼 가져가시오. 단, 내 물건은 안 되오. 일락이가 사고 친 거하고 나하고는 아무런 상관이 없으니까. 알겠소?"라며 쿨하게 선을 긋는다. 그러고는 이들도 손님이라며 차를 대접하고, 짐꾼들을 도와 수레에 물건을 실어서 허옥란을 기가 막히게 한다. 하지만 막상 텅 빈 집 안을 본 허삼관은 십 년의 세월이 고스란히 묻어 있는 물건들을 도로 찾아오기 위해 피를 팔기로 한다.

그로부터 약 2년 후, 대약진운동이 실패하고 홍수에 연이은 가뭄으로 중국 전역에 대기근이 들어, 허삼관의 가족들은 오십칠 일간 멀건 옥수수죽밖에 먹지 못한다. 굶주림으로 얼굴이 누렇게 뜨고 피골이 상접한 모습을 본 허삼관은 승리반점에 가서 온 가족에게 맛있는 저녁 한 끼를 먹이기 위해 피를 팔기로 한다. 승리반점에도 가뭄이 들어서 맛있는 저녁이라고 해 봤자 멀건 물에 간장만 조금 탄 국수 한 그릇이 전부였지만, 그나마도 구 전하던 것이 일 원 칠십 전으로 폭등한 상태라 쉽게 먹을 수 있는 음식이 아니었다. 피를 팔아서 번 돈만큼은 일락이에게 쓰지 않겠다고 다짐한 허삼관은 일락이를 불러 오십 전을 쥐어 주며 혼자 군고구마를 사 먹으라고 한다. 일락이가 자기도 하루만 친아들이 되어 국수를 먹게 해 달라고 애원하지만, "내 목숨하고 바꾼 돈으로 너한테 국수를 사 먹인다면 그 천하에 죽일 놈을 너무 봐주는 것 아니겠냐"라고 타이른다.

일락이는 알아듣겠다는 듯 고개를 끄덕이며 문 쪽으로 걸어갔다. 그러나 문간을 넘자마자 돌아서서 허삼관에게 물었다.
"아버지, 만약에 제가 아버지 친아들이었으면, 국수 먹으러 데려가는 거였죠? 그렇죠?"
"만약에 네가 내 아들이었으면 널 제일 좋아했을 거다."
이 말에 일락이는 입을 쫙 벌리며 활짝 웃고는 왕 털보네 가게로 갔다.

허삼관의 말에 금세 수긍하긴 했지만, 아무리 일찍 철이 들었어도 일락이는 열한 살 어린아이였다. 작은 고구마 하나로는 여전히 배가 차지 않자 결국 참지 못하고 승리반점을 찾아가는데, 가족들은 이미 집으로 돌아간 후였다. 허기가 져서 그날 밤잠을 이루지 못한 일락이는 '그래, 난 당신 친아들이 아니야. 당신 역시 내 친아버지가 아니라구'라고 생각한다. 이튿날 아침 일락이는 하소용을 찾아가 친아버지라고 부르며 국수를 사 달라고 한다. 하지만 욕만 잔뜩 먹고는 그 길로 가출하여 길에서 만나는 사람마다 붙들고 "국수 한 그릇만 사 주면 친아들 노릇을 하겠다"라고 울면서 애걸하는데, 이 소식이 허삼관의 귀에까지 들어간다. 허삼관은 친아버지를 찾으러 갔다는 말에 기분이 상하지만, 날이 어두워져도 일락이가 돌아오지 않자 걱정하며 아들을 찾아 나선다. 집 근처에서 배고픔에 지쳐 울고 있는 일락이를 발견한 허삼관이 일락이를 업고 구시렁구시렁 욕을 하면서 도착한 곳은 승리반점이었다.

피를 팔아서 번 돈은 일락이에게 쓰지 않겠다는 허삼관의 다짐은 이렇듯 번번이 실패로 끝난다. 허삼관은 아내의 과오를 덮어 주고 일락이를 감싸 안을 만큼 포용력이 있거나 대범한 위인이 못 된다. 그렇다고 일락이를 내쫓거나 학대할 만큼 모질지도 못하다. 피를 얽어 둥지를 만들고 지키는 종달새 허삼관의 부성애는 그래서 늘 웃프다.

허삼관에 투영된 아Q의 그림자
— '평등'을 내세운 정신승리

작가 위화餘華는 한국어판 서문에서 『허삼관 매혈기』를 '평등'에 관한 이야기라고 소개한다. 여기서 말하는 '평등'은 자유나 인권 등과 연결되는 정치적·철학적 개념이 아니다. "아주 재수 없는 일을 당했을 때 다른 사람들도 같은 일을 당했다면 괜찮다", "생활의 편리함이나 불편 따위에는 개의치 않지만, 남들과 다른 것에 대해서는 인내력을 잃고 만다"라는 작가의 설명을 통해 우리는 이 '평등'이 못난이의 피장파장의 논리이며, 현실을 왜곡하는 심리적·정신적 자기 위안이자, 부정적인 의미에서의 자기만족이라는 것을 알 수 있다.

　허삼관이 평생 추구했다는 '평등'은 아Q의 비루하고 찌질한 '정신승리'를 떠오르게 한다. 집도 일정한 직업도 없이 시골 날품팔이로 살아가는 아Q는 근자감(근거 없는 자신감)에 빠져 살지만, 아무에게도 인정받지 못한다. 인정은커녕 멸시를 받기 일쑤인데 그는 자신을 놀리는 이들에게 철저하게 '강약약강'의 태도를 보이나 언제나 당하는 쪽은 아Q이다. 하지만 그에게는 패배를 승리로 바꾸는 비장의 무기가 있었으니, 바로 '정신승리법'이다. 가령 동네 건달들에게 두들겨 맞은 후에는 '아들놈한테 얻어맞은 거로 치지 뭐. 요즘 세상은 돼먹지가 않았어'라며 흡족해하는 식이다. 아Q는 이런 생각을 속으로만 하지 않고 말로 내뱉다가 더욱 심한 괴롭힘과 조롱을 받고, 급기야 자기 입으로 정신승리법을 부정해야만 하는 굴욕을 겪는다.

　　"아Q, 이건 자식이 애비를 때리는 게 아니라 사람이 짐승을 때리는 거야. 네 입으로 말해 봐! 사람이 짐승을 때리는 거라고!"
　　아Q는 양손으로 변발 밑동을 틀어쥐고는 고개를 비틀며 말했다.
　　"버러지를 때리는 거야, 그럼 됐지? 나는 버러지라고. 이제 좀 놔줘!"

　하지만 아Q는 십 초도 되지 않아 새로운 정신승리법을 개발한다. 자기야말로 자기를 경멸할 수 있는 제일인자라고 여기며 흡족해하는 것인데, '자기 경멸'이란 말을 제외하면 남는 건 '제일인자'이기 때문이다. 아Q의 정신승리는 자기 학대를 동원해서라도 정신적 위안을 찾는

데서 정점에 이른다. 그는 마을 제삿날 밤 노름판에서 우연히 큰돈을 땄다가 석연치 않은 싸움에 휘말려 흠씬 두들겨 맞고 돈까지 몽땅 도둑 맞는다. 이번만큼은 그도 얼마간 실패의 고통을 맛보았지만, 이내 자신의 뺨을 두세 차례 힘껏 때리고 나서 마치 자기가 남을 때린 것처럼 흡족한 기분을 느낀다.

허삼관에게서도 종종 아Q의 정신승리법을 볼 수 있다. 그는 대장장이 방 씨가 살림살이를 실어 가도록 적극적으로 협조했지만, 막상 텅 빈 집 안을 보자 생각이 바뀐다. 하지만 하소용에 대한 분을 삭이지 못했던 그는 이제 겨우 여덟 살, 여섯 살인 이락이와 삼락이를 불러다 "군자의 복수는 십 년이 걸려도 늦지 않는 법이니, 십 년 뒤 하소용의 두 딸을 겁탈해서 아버지 대신 하소용에게 복수하거라" 당부한다. 아버지로서 차마 입에 담기 힘든 부끄러운 언행이 아닐 수 없지만, 허삼관은 그제야 속이 좀 풀린 듯 껄껄 웃으며 피를 팔러 나선다.

또한, 허삼관은 아내와 하소용의 관계를 알게 된 후, 자신도 임분방과 부정한 관계를 맺는다. 일락이가 자신의 친아들이 아니라는 사실을 알고 허옥란에게 소심한 분풀이를 이어 가던 어느 날, 허삼관은 직장 동료이자 맨 처음 결혼 상대자로 점찍었던 임분방이 다리가 부러졌다는 소식을 듣고 문병을 갔다가 잠자리를 같이한다. 그는 임분방의 집에서 나오는 길에 오랜만에 방 씨와 근룡이를 만나는데, 임분방에게 몸보신할 선물을 사 보낼 겸 그들과 같이 피를 판다. 하지만 누가 봐도 과한 선물을 한 탓에 임분방의 남편에게 외도 사실을 들키게 되고, 허옥란에게 꼬투리를 잡혀서 전세가 역전된다. 그 뒤로 집안일을 떠맡게 된 허삼관은 문득 울화가 치밀어 이렇게 소리친다.

> "오늘부터 나 집안일 안 해! 당신하고 하소용도 한 번이고 나하고 임분
> 방도 한 번인데, 당신하고 하소용 사이에서는 일락이가 태어났지만, 나하
> 고 임분방 사이에서는 사락이가 안 나왔잖아. 당신이나 나나 똑같이 잘못
> 을 저질렀지만, 당신 잘못이 더 크다구."

하지만 불평등에 대한 그의 항의는 본전도 못 찾고 역효과만 불러온
다.

수년 후, 하소용은 길을 가다가 상하이에서 올라온 트럭에 치여 혼수
상태에 빠지게 된다. 이 소식을 들은 허삼관은 기쁜 내색을 감추지 못
하는데, 하소용은 몹쓸 짓을 하고도 반성하지 않아서 벌을 받은 것이
고, 착하게 산 자신은 상을 받아서 피를 팔 수 있을 만큼 건강하며 일락
이도 친아들보다 더 자신을 잘 따른다고 자랑한다. 이처럼 허삼관이 추
구하는 '평등'은 정신적인 위안과 자기만족, 자기 합리화를 위한 것이
며, 그런 점에서 아Q의 정신승리와 일맥상통한다.

한 가지 주목할 것은 루쉰의 붓끝에서는 중국인의 국민성을 통렬하
게 비판하기 위한 수단으로 아Q의 정신승리법이 형상화되었다면, 위
화가 그리는 허삼관의 정신승리법은 보잘것없고 무력한 소시민이 고난
과 역경을 헤치고 살아나갈 수 있는 내적 동력이 된다는 점이다. 그렇
기에 허삼관의 '평등'과 정신승리에는 따스한 인간미가 녹아 있다.

예컨대, 작품에는 문화대혁명 당시 개인적인 원수를 갚기 위해 대자

보가 남용되기도 했다는 언급이 있는데, 누군가 앙심을 품고 허옥란을 화냥년, 기녀라 모함하는 대자보를 붙였고, 이로 인해 그녀는 매일매일 밖에서 온갖 수모와 고초를 겪는다. 허삼관은 붉은 완장을 찬 사람들에게 아내의 결백을 주장하며 정면으로 맞설 용기는 없었지만, 온종일 길에 서서 조리돌려지는 아내에게 맨밥 밑에 반찬을 숨긴 도시락을 가져다주고, 아내가 집으로 돌아오면 부은 발을 뜨거운 물로 찜질해 주는 '스윗함'이 있었다. 하루는 다른 사람의 시선이 두려워서 마지못해 집에서 가족끼리 허옥란에 대한 비판 투쟁 대회를 여는데, 가정 비판 투쟁 도중에 일락이가 "가장 증오하는 사람은 하소용이고 둘째가 바로 허옥란이며, 가장 사랑하는 사람은 모 주석이고 둘째가 허삼관"이라고 말한다. 그러자 허삼관은 자식들에게 자신의 외도 사실을 고백하며, 자신도 똑같은 인간이니 허옥란을 증오하려거든 자신도 증오하라고 말한다.

허삼관의 '정신승리'는 기근이 들었던 해, 자신의 생일을 맞아 가족들에게 말로 요리를 만들어 주는 대목에서 가장 따스함이 돋보인다. 허삼관의 생일날 밤 온 가족이 침대에 누웠을 때, 그는 말로써 삼락이, 이락이, 일락이에게 차례로 훙사오러우紅燒肉[7]를 만들어 주고, 아내에게는 붕어찜, 자신을 위해서는 돼지간볶음을 만든다. 가족들은 상상 속에서 허삼관이 만든 진수성찬을 맛보며 고단한 현실을 잠시나마 잊고 정신적인 만족감을 얻는다.

---

7   살코기와 비계가 반반씩 섞인 돼지고기를 간장과 설탕 베이스 양념에 뭉근하게 졸인 음식.

아버지는 나의 영웅? 아버지는 '늙은 아이!'

『허삼관 매혈기』에서 매혈의 서사는 아들에 대한 아버지의 사랑과 헌신을 나타내는 동시에 소시민 허삼관의 초월적이고 고결한 측면을 드러내는 장치이다. 임분방과 외도했을 때 딱 한 번을 제외하면, 허삼관은 오로지 가정과 가족을 지키기 위해 피를 팔았다. 특히 일락이를 자기 아들로 받아들이고, 또 간염으로 쓰러진 일락이를 살리기 위해 목숨 걸고 무리하게 피를 파는 모습에서는 아버지의 위대함과 숭고함마저 느낄 수 있다. 소설이 여기서 끝났다면 이 글의 주제는 '아버지는 나의 영웅'이 되었을지도 모르겠다. 하지만 그로부터 세월이 훌쩍 흘러 이가 일곱 개나 빠지고 백발이 성성해진 예순의 허삼관은 장성한 자식들을 노심초사하게 만드는 '늙은 아이'가 되었다.

허삼관의 세 아들은 모두 결혼해서 자식을 낳고 자리 잡았으며, 허삼관과 허옥란 부부 역시 경제적으로 여유롭고 건강하다. 걱정거리라곤 없는 초로初老의 허삼관은 웃음이 가득한 얼굴로 동네를 돌다가 승리반점에서 풍기는 돼지간볶음 냄새에 문득 옛 추억을 떠올리며, 난생처음으로 남이 아닌 자기 자신을 위해 피를 팔아야겠다고 마음먹는다. 이제는 돈이 없는 것도 아니었지만, 단순히 돼지간볶음에 황주 두 냥을 사먹기 위해 피가 팔고 싶어진 것이다. 하지만 십일 년 만에 피를 팔기 위해 찾은 병원에서는 막내아들 삼락이보다도 어린 매혈 담당자에게 "늙은이의 피는 살아 있는 피보다 죽은 피가 더 많아서 돼지 피처럼 가구 칠감으로나 적당하다"라는 폭언을 듣는다. 허삼관은 사십 년 만에 처음으로 피를 팔지 못했다는 충격과 자신이 이제는 쓸모없다는 생각에 서글퍼져 하염없이 눈물을 흘리며 집으로 돌아온다. 왜 피를 팔려고 했는지 자초지종을 듣고 핀잔을 주는 세 아들에게 아내 허옥란은 "너희 삼형제는 아버지가 피를 팔아 키웠다"라며 양심도 없는 놈들이라고 꾸짖는다.

아내의 손에 이끌려 승리반점에 가서 돼지간볶음 세 접시와 황주 한 병, 그리고 두 냥짜리 황주 두 사발을 마주하고서야 배시시 웃으며 마음이 풀린 허삼관. 자신을 대신해 젊은 매혈 담당자를 욕하는 아내를 향해 자못 근엄한 표정을 지으며 "거시기 털이 눈썹보다 늦게 나도 자라기는 더 길게 자란다"라고 푸념하는 그의 모습은 미워할 수 없는 매력이 있다.

전쟁의 시대, 보통 사람 김영철의 일생

손애리

17세기 동아시아의 전쟁

16세기 말부터 17세기 중반에 이르기까지 동아시아 지역은 여러 차례 전쟁을 치러야 했다. 우선 1592년 발생한 임진왜란에서 조선, 일본, 명이 싸웠다. 이어 건주의 여진족이 후금을 세우고 명을 공격하는 전쟁을 일으켰다. 이 과정에서 임진왜란 때 명의 도움을 받았던 조선은 명의 요청으로 군대를 파병했다. 1619년 3월 만주 심하^{深河}에서 조·명 연합군은 후금의 군대와 싸워 대패했고, 강홍립이 이끈 조선군은 잇따른 패전으로 후금에 항복했다. 이 전쟁의 승리를 통해 후금은 명실상부하게 명을 대체하는 동아시아의 패자로 부상했다. 동북 지역을 장악한 후금은 국호를 청으로 고치고, 정묘년¹⁶²⁷과 병자년¹⁶³⁶에 조선을 침략했다. 조선을 굴복시킨 청은 이후 명의 남은 세력들을 복속시키기 위해 크고 작은 전쟁을 벌였고, 조선의 군대는 어쩔 수 없이 청을 위해 군대를 파병해야 했다.

조선 시대 홍세태^{洪世泰}(1653~1725)가 쓴 『김영철전』의 주인공인 김영철의 생애는 이 시기를 관통한다. 1600년에 평안도 영유현 중종리에서 태어난 김영철은 임진왜란 직후 남쪽 지방의 참상과 혼란을 소문으로 들으면서 자라고, 당시 요동치던 대륙의 판세에 불안의 시기를 보냈을 것이다. 19세가 되었을 때는 걱정하던 일이 현실이 되어 외국의 전쟁에 참전하기 위해 고향을 떠나야 했다. 김영철이 그의 작은할아버지와 함께 출병하는 소설의 첫 장면은 위의 1619년의 심하전투를 위한 것이었다. 이 전투에서 그는 포로로 잡혔다가 죽을 고비를 넘기고 후금인의 집에서 종살이를 한다. 도중에 가족을 꾸리기는 했으나 조선으로 돌아가야 한다는 생각에 탈출을 거듭했다. 우여곡절 끝에 13년 만에 집으로 돌아올 수 있었지만, 또다시 청나라를 위해 몇 차례 출병해야 했고, 돌아와서는 변방의 성을 쌓고 지키는 일을 하면서 무력한 생을 마감한다.

간략한 줄거리를 통해서도 알 수 있듯이 김영철은 전쟁을 지휘하는 장군도 아니고, 전투를 승리로 이끈 용맹한 군인도 아니다. 전쟁을 배경으로 한 대부분의 소설이 비범한 능력을 가진 장군을 주인공으로 하는 것에 반해, 『김영철전』의 김영철은 어디서나 볼 수 있는 평범한 필부이다. 집안이 대대로 무과 급제자를 배출했다고는 하지만, 조부나 부친이 괜찮은 관직을 했다는 얘기는 없다. 그는 위세 있는 집안과는 거리가 먼 평안도의 한미한 집안 출신으로 말타기와 활쏘기를 좋아하는 평범한 하급 무관이었다. 영철이 출정을 위해 집을 떠날 때 그에게 요구된 것도 전쟁에서 영웅적 용맹을 발휘해 공을 세우고 돌아오라는 당부가 아니라, 돌아오지 못하면 집안의 대가 끊어지니 꼭 돌아와 대를 이으라는 할아버지의 소박한 부탁이었다.

전쟁의 소용돌이에 끝없이 휘말리다

1619년 기미년 봄 2월, 영철이 속한 부대는 심하에서 명나라 군대와 합류했다. 전투가 시작되었을 때 명나라 부대가 맨 먼저 격파되고 이어 그 뒤에 선 좌영이 공격을 당했다. 좌영장 김응하가 강홍립 도원수에게 구원을 요청했지만, 강홍립은 출병 전부터 소극적으로 대응하라는 밀지를 받은 터라 전투에 적극적으로 임하지 않았다. 결국 영철이 속한 좌영의 김응하는 전사하고, 강홍립과 김경서는 오랑캐에 투항한다. 전쟁 장면 묘사에서 등장하는 강홍립, 김경서, 김응하 등은 모두 역사상의 실제 인물이며, 전투 과정에서 강홍립이 소극적으로 대응하고 왕으로부터 받은 것 같은 밀지를 꺼내 보이는 것도 익히 알려진 이야기이다. 당시 후금이 힘을 키워 명을 능가하고 있다는 것을 파악한 광해군은 이 전쟁에 섣불리 개입한다면 향후 후금으로부터 보복을 당할 것이라 예상하고 대장 강홍립에게 형세를 보아 향배를 정하라고 비밀리에 밀지를 준 것이다. 이러한 사전 계획을 알지 못했던 김영철을 비롯한 일반 군사들은 우왕좌왕할 수밖에 없었다. 이 때문에 1만 3,000명의 조선 군대 중에서 8~9천 명에 이르는 전사자가 발생했고, 남은 사람들은 포로가 되었다. 포로들 일부는 살해되거나 현지에 남았고 또 일부는 탈출을 시도했다.

영철은 포로가 되었다. 그가 포로 생활을 하던 중 함께 간 왜인들의 반란 시도가 발각되는 일이 있었는데, 더 큰 반란을 두려워한 누르하치는 조선인 포로 중에 출중한 사람 400명을 골라 참수시키도록 했다. 이 과정에서 영철의 작은할아버지가 먼저 죽음을 맞이했고, 영철의 차례가 되었다. 이때 영철의 얼굴을 본 오랑캐 장수 아라나가 영철이 자신의 죽은 동생과 닮았다며 자신에게 달라고 요청하여, 영철은 극적으로 목숨을 건질 수 있었다. 아라나는 전유년이라는 명나라 투항자 등과 함께 영철을 자신의 집에 데려가 집안일을 돌보게 했다. 영철은 아라나 덕분에 죽을 뻔한 위기를 넘겼지만, 오랑캐라 부르며 적으로 여겼던 사람들과 여기서 계속 살고 싶은 마음이 없었고, 할아버지의 당부도 계속 귀에서 맴돌았기 때문에 아라나 집에서 탈출을 감행한다. 그러나 번번이 실패하고 결국 아라나의 제수와 결혼해 가족을 꾸리며 득북과 득건 두 아들도 얻었다.

고향을 떠난 지 7년이 다 되어 가는 1625년, 아라나와 다시 전쟁에 참여하기로 한 영철은 출전을 앞두고 사람들과 송별 모임을 하다가 갑작스럽게 탈출을 결심한다. 함께 종살이하던 명나라 포로 중에 등주 사람 전유년이 이곳 건주에서 자신들이 기르던 말을 타고 달리면 4~5일이면 등주에 도착할 수 있으니 함께 도망가자고 제안한 것이다. 조선의 사신들이 등주에서 북경으로 가므로, 자신과 함께 가면 조선으로 돌아갈 길이 열린다는 말이 영철의 귀를 솔깃하게 했다. 아라나의 은혜와 회유, 그리고 아내와 두 아들과 함께 꾸린 가정이 마음에 걸렸지만, 영철은 그곳을 떠나기로 마음먹는다. 탈출은 쉽지 않았다. 파수병에게 발각되어 일행 네 명과 다섯 마리의 말이 늪에 빠져 죽었고, 먹을 것이 없어 주인 잃은 말을 잡아먹으며 연명했다. 요동을 벗어나서도 오랑캐 복장 때문에 죽을 고비를 넘기지만, 마침내 등주에 도착했다. 이곳에서 영철은 전유년의 누이와 결혼해 다시 가정을 꾸리고, 두 아들 득달과 득길을 낳았다. 이곳은 오랑캐 땅이 아니라 명나라 사람들이 사는 곳이니 한결 마음이 편했다. 사람들과 교류도 잦아지고 재산도 불었다. 그러나 여전히 할아버지의 말이 맴돌았다. 그러던 차에 조선 사신의 배가 등주에 잠시 정착한 틈을 타서 그 배를 몰래 훔쳐 타고 조선으로 돌아갈 수 있었다.

드디어 13년 만에 조국에 돌아와 가족과 상봉했지만, 행복한 결말이 아니었다. 가족은 뿔뿔이 흩어져 있었고 먹고사는 일도 문제였다. 더 큰 문제는 김영철을 전란으로 몰아넣은 이웃 나라의 전쟁이 끝나지 않은 것이다. 1640년 청이 개주를 치기 위해 조선에 파병을 요청하자, 파병군 대장인 임경업은 두 나라 사정에 밝고 만주어와 중국어에 능통한 김영철을 데려갔다. 1619년의 첫 참전은 명을 위해 후금(청)과 싸우기 위한 출병이었다. 20여 년이 지난 후의 출병은 청을 위해 명과 싸우기 위한 것이었다. 임경업은 명나라를 치라는 청의 요청에 거짓으로 응하였다. 조선의 군대는 총알 없는 총을 쏘고, 명나라 군대는 화살촉 없는 화살을 쏘았는데, 이는 임경업이 영철을 시켜 사전에 명과 약속했기 때문에 가능했다. 영철은 이듬해 1641년의 금주 전투에도 유림 장군을 쫓아 또 종군해야 했다. 1644년 누르하치가 명 내부의 반란군인 이자성을 물리치고 북경에 입성해 중국을 통일해서야 조선 평안도 영유현 중종리에 사는 하급 군인 영철의 전쟁은 끝이 났다.

현실의 전쟁은 끝났지만, 전쟁의 트라우마가 영철을 괴롭혔다. 열아홉 살 이래 20년 넘게 출병을 반복했던 영철은 언제 또 출전하러 나가야 할지 모른다는 불안감에 시달렸다. 또한 조선에서 얻은 네 명의 아들도 자신처럼 전쟁터에 끌려가는 삶을 반복할지 모른다는 공포를 안고 살아야 했다. 참전과 포로 생활, 오랜 이산의 경험이 그를 힘들게 했지만, 앞으로도 그런 일이 반복되어 자신의 자식들도 그와 같은 전쟁을 경험할지도 모른다는 사실이 그를 더욱 고통스럽게 만든 것이다. 세상의 내로라하는 영웅들이 벌인 전쟁에, 그것도 자기 나라의 전쟁도 아닌 남의 나라 전쟁에 휘말려 자신의 인생을 다 소진했지만, 필부 영철은 누구를 탓해야 하는지 알지 못했다. 그는 환갑이 가까워진 때에 평안도의 자모산성을 개수하는 일에 참여하면 군역이 면제된다는 사실을 알고 네 아들과 함께 그곳에 지원한다. 그리고 20여 년간 성을 쌓고 지키는 일을 하면서 회한의 생을 마감한다.

미래의 가족을 위해 지금의 가족을 버리다

심하전투에서 포로가 되었다가 극적으로 살아남은 영철은 고국으로 돌아오지 못하고 13년간 중국에 거주하면서 건주에서 만주 여성과,

금주에서 명나라 여성과 결혼해 각각에서 두 아들을 얻는다. 두 차례나 가정을 꾸렸음에도 불구하고 영철은 고향 땅의 가족을 만나러 돌아가는 것을 포기하지 않고 끝내 중국을 탈출해 집으로 돌아왔다. 고국에 대한 애정과 귀환을 향한 집념에 박수를 보내면서도 영철이 '그곳에서 꾸린 가정을 버리고 탈출에 탈출을 거듭하며 기어코 조선으로 돌아와야 했을까'라는 의문이 드는 것도 사실이다. 즉 영철이 말을 훔쳐 타고 건주를 탈출할 때, 또 몰래 배에 숨어 등주를 탈출할 때 영철의 무사 귀환을 바라면서도 동시에 '남은 가족은 어떻게 되는 걸까'라는 걱정이 드는 것은 어찌할 수 없다. 영철의 귀국 후의 삶이 행복하지 않았기에 더욱 그러하다.

왜 그렇게까지 해야 했을까? 1618년 조선을 떠나오면서 할아버지로부터 집안의 대를 잇기 위해 반드시 살아 돌아와야 한다는 당부의 말 때문이었을까? 그는 고향으로 돌아가기 위해 죽을 뻔한 고비를 수차례 넘겨야 했지만, 무엇보다도 아직 만들어지지 않은 미래의 가족을 위해 현재의 가족을 버렸다는 비난을 벗어날 수 없다. 고국으로, 고향으로, 집으로, 가족의 품으로 돌아왔지만, 동시에 집과 가족을 떠나온 것이라는 역설적 상황에 부닥친 것이다. 그가 중국의 가족들과 함께 살면서 13년 내내 고국으로 돌아갈 것만을 다짐했다고 말하기는 어려울 것이다. 처음에 '오랑캐 땅' 건주에서는 귀국만을 꿈꾸었고 그래서 두 번의 탈출을 감행하여 월형까지 당했지만, 이후 아라나의 주선으로 결혼해 정착하고 나서는 이를 포기하고 그곳에 살 수도 있다는 생각을 했을 것이다. 그가 건주를 떠난 것은 거의 우발적이었다. 전쟁에 참여하기 전에 사람들과 석별의 정을 나누는 회식 자리가 모처럼 보름이었고, 자연스레 사람들과 고향 애기를 하면서 울컥한 마음이 들었다. 이때 전유년의 제안으로 갑작스럽게 탈출이 시도된 것이다.

두 번째로 정착한 등주에서도 마찬가지이다. 함께 떠나온 전유년의 누이와 결혼해 자식을 낳고 살게 되었다. 더구나 이들은 오랑캐도 아니고 중국인이라 마음을 붙이기 좀 더 수월했다. 장사도 잘되어 집의 재산도 불어나고 모든 것이 안정되고 있었다. 이곳에서의 생활에 익숙해질 무렵 1630년 초겨울, 조선의 사신을 태운 배가 등주에 정박한다. 뱃사공은 영철과 같은 마을 사람이었다. 뱃사공 연생으로부터 아버지가 전사했고 조부와 어머니는 간신히 다른 친척에 의탁해 살고 있다는 소식을 듣게 된다. 자신이 죽을 고비를 넘기며 오랑캐 땅을 탈출해 왔지만, 아직도 고향에 돌아가지 못하고 있다며 통곡하자 그는 영철의 귀국을 돕기로 약속한다. 등주의 아내와 아이들에게 마음이 흔들렸지만, 이번이 아니면 고향으로 돌아갈 수 없을 거라는 생각에 영철은 가족이 잠든 틈을 타서 친구의 배로 갔다. 연생은 갑판의 판자를 뜯어내 영철을 숨겨 주고 다시 그 위에 못질했다. 새벽에 아내가 사람들을 데리고 와서 배 안을 뒤졌지만 찾을 수 없었다. 함께 살아온 아내에게 자신의 도망을 들키지 않으려고 갑판 밑에 숨은 채 울고 있었을 영철과, 조선인 남편이 자신과 자식을 버리고 조선으로 돌아갈까 전전긍긍하며 남편을 찾아다니는 아내의 모습이 눈에 선하다.

고향으로 돌아가는 것이 절대적인 과제로 그려지기도 하지만, 실제 건주와 등주를 탈출하는 결정은 이처럼 갑작스러운 상황에서 이루어졌

6장 전쟁의 시대, 보통 사람 김영철의 일생

다. 그가 건주와 등주의 가족은 나 몰라라 하고 무조건 고향으로 돌아가려 했다고 볼 수는 없다. 그의 탈출과 귀환은 내적 갈등과 고민이 없는 유일무이한 선택지라기보다는 마음에 돌덩이를 하나씩 매다는 일이었을 것이다. 비록 오랑캐이고 이국의 아내이지만 자신을 믿고 의지하는 아내와 자식을 버리는 것은 쉬운 일이 아니다. 영철은 곳곳에서 갈등하고 있었다. 아내들도 마찬가지다. 남편 영철이 떠날까 전전긍긍했다. 건주의 아내도 그랬지만, 등주의 아내는 특히 영철에게 지극정성을 보였다. 영철이 귀환한 이후에도 등주의 가족은 조선 배가 들어오면 영철의 소식을 확인하기 위해 백방으로 뛰어다녔다.

조선에 돌아와 할아버지가 원하는 대로 결혼해 네 아들을 두어 대를 이었지만, 마음은 늘 불편했다. 다시 출병하여 간간이 건주와 금주의 소식을 듣곤 했다. 개주전투에서는 전유년을 만나 명나라 장수로부터 받은 선물을 아내와 자식에게 전해 달라고 부탁했다. 또 금주전투에서는 건주에 두고 왔던 득북과 상봉한다. 득북과 영철은 마주 보고 눈물을 흘렸고, 득북은 매일 음식을 가져와 영철을 대접했다. 영철이 할 수 있는 일은 홍타이지에게 받은 노새를 득북과 득건을 위해 선물로 주는 일뿐이었다.

그는 돌아가기를 꿈꾸었던 고국에서 남은 평생 건주와 등주에 남겨진 가족을 그리워하고 미안해하며 살아야 했다. 중국에서 조선의 가족을 그리워했던 것처럼, 조선에서는 건주와 등주에 두고 온 가족 때문에 가슴 아팠다. "영철은 가난 속에서 하릴없이 늙어 가며 가슴속에 불평하는 마음이 일어날 때마다 성 위에 올라가 북쪽으로는 건주를, 남쪽으로 등주를 바라보았다. 그러고 있노라면 서글픈 생각에 눈물이 떨어져 옷깃을 적셨다." 건주와 등주에 두고 온 처자식이 있는 한 완전한 귀환은 결코 이루어질 수 없는 불가능한 일이었던 셈이다.

나라가 있지만, 기댈 곳은 없어

영철이 그렇게 의미를 부여했던 고국은 영철을 위해 무엇을 해 주었을까? 영철은 스무 살부터 나라의 명령으로 남의 나라 전쟁에서 싸워야 했고, 포로가 되어서도 나라의 도움은 없었다. 운이 좋게 포로에서 풀려났지만 이국땅에서의 탈출은 온전히 영철의 몫이었다. 귀환 후에는 어떤가? 영철이 만주어와 중국어에 능통하다는 이유로 전투가 있을 때마다 차출되었다. 병자호란 때에는 영유현의 현령을 도와 가도에서 청나라 말을 통역했고, 1640년에는 개주에서 임경업 장군을 도와 명에게 몰래 사전 정보를 제공하는 임무를 수행했고, 1641년에 금주에서도 유림 장군을 따라 종군해 청의 홍타이지에게 승전 축하 인사를 하기도 했지만 그를 위한 보상과 예우는 특별히 없었다.

영철은 통역관으로 참전하던 중 말을 훔쳐 도망했던 건주 시절의 사람들과 아라나를 만나 그 대가로 말값을 물어 주어야 했고, 또 담뱃잎 200근을 속전으로 바쳐야 했다. 이 때문에 영철은 함께 간 사람들에게 돈을 융통해야 했고, 귀국 후 현령과 호조는 영철에게 이 돈을 갚도록 명했다. 애초 그의 참전과 포로 생활, 탈출 과정은 국가의 결정과 명령 때문에 생겨난 것이었다. 원하지 않았지만, 국가가 부과한 의무 때문에 만주까지 싸우러 나간 것이다. 그러나 일개 하급 군사인 영철은 국가에 의해 버려지고 잊혔다. 그래서 혼자 힘으로 탈출해 고향 땅으로 돌아왔지만, 탈출 과정에서의 일 때문에 뒤늦게 벌금을 물고 이를 갚기 위해 오랜 시간 고생했다. 자신을 버리고 간 국가로 돌아왔지만, 국가는 그에게 돌아오는 데 지출한 비용까지 받아 간 셈이다.

영철은 태어날 때부터 '백성'으로서 져야 하는 의무를 다했지만, 국가는 영철을 지켜 준 적이 없다. 그는 양인의 의무를 수행하기 위해 출병했다. 또 자신이 태어난 나라에서 조상의 대를 이으며 살아가는 삶이 좋은 삶이라는 지배층의 유가적 이념에 충실하기 위해 현지의 가족을 버리고 수차례 탈출을 시도했다. 그러나 이후의 삶을 보면 과연 영철이 가족을 버리고 귀국한 것이 좋은 선택이었는지, 중국 땅에서 꾸린 가정을 충실히 지키며 살아가는 것이 더 낫지 않았을까 하는 의문을 계속 가질 수밖에 없다. 금주 전투에서 만난 홍타이지의 말은 그동안 보통 사람 영철이 조선으로 돌아가기 위해 목숨을 건 탈출을 감행한 것이 무엇을 위한 것이었는지 다시 생각하게 해 준다.

"영철은 본래 조선 사람인데, 8년 동안은 우리 백성이었고 6년 동안은 등주 백성이었다가 이제 다시 조선 백성이 되었다. 조선 백성 또한 우리 백성이다. 더구나 큰아들이 우리 군중에 있고 작은아들은 우리 건주에 있으니, 부자가 모두 우리 백성인 셈이다. 저 등주라고 해서 어찌 우리 백성이 되지 않겠느냐? 내가 천하를 얻음이 이로부터 시작되리니, 이 사람이

온 것이 어찌 하늘의 뜻이 아니겠냐?"

조선, 후금, 명을 떠돌았던 영철에게 세 나라는 엄연히 다른 나라이고, 어느 나라에 사는지는 너무나 중요한 문제였다. 그런데 영철이 만난 청나라 황제 홍타이지는 영철이 삼국을 떠돈 삶이 자신이 꿈꾸는 제국에서의 삶의 표본이라고 치켜세운다. 병자호란으로 조선은 청나라의 세력권이라 간주되었고, 등주는 곧 청나라에 복속될 것으로 기대되었다. 삼국이 어차피 자신에게 속해 있다고 여기는 청 황제로서는 조선 출신인지, 건주 출신인지, 등주 출신인지는 전혀 중요하지 않은 셈이다.

국경 없는 삶에 대한 이상이 홍타이지 자신이 천하를 소유했다는 발상에서 비롯된 것이니 긍정적으로 바라볼 수만은 없다. 국적과 국경을 침략자의 관점에서 무력화시키는 것은 문제가 있지만, 개인의 삶의 터전을 확장해 준다는 측면에서 국적과 국경을 본질적인 것으로 간주하지 않는 것은 또 다른 가능성을 열어 줄 수 있다. 영철은 이미 건주에서 여진족 여인과 결혼해 득북과 득건을 낳았고, 또 등주에서 명나라 여인과 결혼해 득달과 득길을 낳아 네 명의 아들을 두었지만, 대를 이었다고는 생각할 수 없었다. 영철의 할아버지가 살아 돌아와 가문의 대를 이어야 한다는 말은, 조선인과 결혼해 조선인 아이를 낳으라는 말이기 때문이다. 유교 국가가 쳐 놓은 강고한 관념의 덫에 걸린 필부 영철은 국적을 포기하려 하지 않았고 국경을 초월하지 못했다. 그래서 건주와 등주에 정착하고서도 가족에게 돌아오기 위해 가족을 버리는 모순

6장 전쟁의 시대, 보통 사람 김영철의 일생

된 행동을 할 수밖에 없었다.

영웅들이 벌인 전쟁 뒤에 남은 것

자신이 태어난 나라에서 부모님을 봉양하면서 집안의 대를 이으며 사는 것은 보통의 사람들에게 너무도 당연한 일이다. 동시에 처자식을 부양하고 단란한 가정을 꾸려 함께 살아가는 것도 모든 필부가 꿈꾸는 삶이었다. 두 영역이 충돌한다면 어떤 것을 중심에 두고 선택해야 할까? 선택의 기준은 무엇이 되어야 할까? 보통 사람 영철에게는 유교 국가가 주조한 이념이 더 중요했던 듯하다. 고향 땅에서 대를 이어야 한다는 당시의 지배적인 습속이나 관념을 뛰어넘을 수 없었다. 그러한 선택의 결과 그는 남은 평생을 회한 속에서 살아야 했다. "처자는 나를 저버리지 않았는데 내가 처자를 저버렸소. 건주와 등주의 처자들은 죽을 때까지 나를 원망할 터이니 지금 나의 곤궁한 신세가 이런 지경에 이른 것이 어찌 천벌이 아니겠소. 그렇지만 이국에 있다가 끝내 부모의 나라에 돌아왔으니 또한 무슨 한이 있겠소?" 영철의 회한은 건주나 등주에 남았든, 조선에 돌아왔든 결코 해소 불가능한 것일지도 모른다.

1619년의 전투에 영철은 왜 명나라를 위해 참전해야 했을까? 1637년의 병자호란, 1641~1642년에 개주와 금주의 전투에 청나라를 위해 꼭 차출되어야 했을까? 영철이 하급 군인이 아니었다면, 영철이 북방 지역 사람이 아니었다면, 영철이 1600년이 아니라 한 세대 뒤인 1630

년에 태어났다면 연이은 전쟁의 소용돌이에 휘말려 젊은 시절을 보내지 않을 수도 있었을 것이다. 그러나 이렇게 말한다면 영철의 모든 불행이 그가 시대를 잘못 타고 태어난 까닭이라고 말하는 것이 된다. 개인적 출신과 시대를 탓한다면 영철의 불운이 설명되는 것일까? 그 시대 영웅적 존재들의 구상과 결정은 필부 영철의 삶을 송두리째 뒤흔들었다. 영철은 자신의 방식으로 이 소용돌이에서 빠져나오고자 했지만, 실패할 수밖에 없었고 남은 것은 회한뿐이었다.

약 300년 뒤에도 이런 일은 반복되었다. 식민지 조선인은 일본이 일으킨 전쟁에 차출되어 일본을 위해 싸워야 했다. 나라가 독립한 이후에도 두 강대국 간의 이념적 대립의 한 축에 서서 싸워야 했고, 다시 또 베트남에서 벌어지는 전쟁에 참전해야 했다. 1619년의 심하전투, 1636년의 병자호란, 1640~1641년의 개주와 금주 전투에 참여한 17세기의 필부 김영철은 1941년의 태평양전쟁, 1950년의 한국전쟁, 1960년의 베트남전쟁에 참여한 20세기의 그 누구일 것이다.

7장

나라를 무너뜨린 악녀였을까,
복수를 꿈꾼 영웅이었을까
─ 달기 이야기

박선영

오나라를 망하게 한 서시, 은나라를 망하게 한 달기

**춘추시대를 대표하는
미인 서시**

경호鏡湖라 삼백 리에

연꽃이 꽃망울 터뜨리고

오월에 서시西施가 연밥을 따니

사람들이 그 모습 보려 약야계若耶溪를 메우는데

달 뜨기 기다리지 않고 배를 돌려

월나라 왕에게 시집갔다네

이 시는 당나라 시인 이백李白이 지은 「자야사시가子夜四時歌」이다. 이
백이 시를 지어 노래할 만큼 서시는 춘추시대를 대표하는 미인이었다.
서시의 외모가 얼마나 뛰어났으면 호수의 맑은 물에 비친 그녀의 모습을 본 물고기가 헤엄치는 것조차 잊고 그녀의 아름다움에 취해 있다가 강물 속으로 가라앉아 버렸다는 이야기가 전할 정도이다.

이처럼 아름다웠던 서시는 어떤 삶을 살았을까? 이백의 시 마지막 줄에 따르면 월나라 출신이었던 그녀는 자신이 살던 고국 월나라의 왕에게 시집을 간 것이 된다. 여기서 말하는 월왕이란 바로 와신상담^{臥薪嘗膽}의 고사로 유명한 월왕 구천이다.

그런데 그녀에 대해서는 더욱 흥미로운 이야기가 많이 전해진다. 월왕 구천이 복수를 위해 그녀를 잘 훈련한 뒤 오왕 부차에게 보냈다는 것이다. 오왕 부차가 고소대^{姑蘇臺}라는 화려한 누대를 짓고 향락을 즐긴다는 이야기를 전해 들은 월왕 구천은 신하인 범려^{范蠡}의 조언에 따라 은밀하게 미인을 구한다. 그렇게 하여 수많은 미인 중에 뽑힌 여인이 바로 서시였다. 월왕 구천은 서시에게 왕을 모시는 데 필요한 예의범절은 물론 노래와 춤, 걸음걸이까지 철저히 가르쳤다.

그렇게 무려 3년 동안의 훈련을 마친 뒤, 드디어 범려가 오나라로 서시를 데려가 오왕 부차에게 바쳤다. 오왕 부차의 신하 오자서^{伍子胥}는 서시를 받아들이지 말 것을 간청했지만 왕은 거부했다. 서시의 아름다운 외모에 마음을 빼앗긴 오왕 부차는 그녀를 총애하며 며칠이고 몇 달이고 고소대를 떠날 줄 몰랐다. 그렇게 오왕 부차가 화려한 누대에서 서시와의 향락에 빠져 있는 동안 마침내 월왕 구천이 오나라를 무너뜨린다.

미인의 대명사 서시는 바로 이처럼 월나라가 오나라를 무너뜨리기 위해 오랜 시간 치밀하게 길러낸 킬러였으며, 그녀의 아름다운 외모에 오왕이 마음을 빼앗기면서 결국 한 나라의 운명이 기울게 되었다는 이야기이다.

그런데 아름다운 여인으로 인해 나라가 무너지게 되었다는 이야기의 원형은 이보다 훨씬 더 오랜 옛날로 거슬러 올라간다. 오자서는 서시를 받아들이려는 오왕 부차를 말리며 이렇게 말했다. "신이 듣건대 하나라는 말희妹喜 때문에 망했고 은나라는 달기妲己 때문에 망했으며 주나라는 포사褒姒 때문에 망했다고 합니다. 무릇 아름다운 여자란 나라를 망치는 요물입니다. 왕께서는 부디 저 여인을 받아들이지 마십시오."

은나라를 망하게 했다는 달기. 그녀의 이야기에 대해 조금 더 자세히 살펴보려 한다.

공식 역사가 기록하는 희대의 악녀, 달기

오자서의 말에서도 알 수 있듯 은나라 주왕의 총희였던 달기는 하나라 걸왕의 총희였던 말희, 주나라 유왕의 총희였던 포사와 함께 나라를 무너뜨린 대표적인 악녀로 꼽힌다. 한나라 이후 여러 공식적인 역사 기록은 달기 때문에 은나라가 망하게 되었다는 이야기를 반복한다. 그녀의 이야기는 한자 문화권의 수많은 역사서 속에 끊임없이 등장하며 경계의 대상이 되어 왔다.

사마천의 『사기』에서는 달기에 빠져 향락을 일삼다가 끝내 망국의 운명을 맞이하게 된 은나라 주왕에 대해 이렇게 기록한다.

"은나라 주왕은 대단히 민첩하고 뛰어난 자질을 타고났다. 힘도 남달라 맨손으로 맹수와 싸울 정도였다. 그의 지식은 주변의 충고를 물리치고도 남을 정도였고, 말재주는 잘못을 감추고도 남을 정도였다. 그는 신하들에게 재능을 과시하길 좋아했고, 천하에서 자신의 명성이 누구보다도 높다고 생각하여 모든 사람을 자기 밑이라 여겼다. 술과 음악에 빠졌으며 특히 여색을 밝혔다.

주왕은 달기妲己를 총애하여 달기의 말이라면 무엇이든 다 들어주었다. 악사에게 음란한 곡을 작곡하게 하였고 저속한 춤과 퇴폐적인 음악에 빠졌다. 술로 연못을 채우고 고기를 매달아 숲을 이루어 놓고는 벌거벗은 남녀로 하여금 그 사이를 서로 쫓아다니게 하면서 밤새 술을 마시고 놀았다.

주왕은 갈수록 음란해져 그칠 줄 몰랐고, 마침내 주나라 무왕이 제후를 거느리고 그를 토벌하러 나섰다. 주나라 군대에 패한 주왕은 스스로 불 속으로 뛰어들어 죽었다. 무왕은 주왕의 목을 베어 깃발에 매달았고, 달기를 죽였다."

주왕을 폭군으로 만들어 결국 은나라를 망하게 했다는 달기의 이야기가 경계의 대상으로 이어져 내려온 것은 중국뿐만이 아니었다. 『조선왕조실록』에 전해지는 다음 이야기를 한 번 살펴보자.

효종이 신하들과 함께 공부하며 사람의 본성에 대해 논의하던 중 은나라 주왕이 화제에 오르게 되자 신하들에게 물었다. "은나라 주왕은 잔인

7장 달기 이야기

하여 그 본성이 다른 사람들과는 같지 않았다. 사람을 달궈 죽이는 포락의 형벌을 어떻게 차마 행했단 말인가."

신하 한 명이 이렇게 답했다. "사람의 마음이라는 것이 참으로 어려운 것이어서 잠깐만 살피지 않으면 이런 지경에 이르게 됩니다."

그러자 효종은 다시 말한다. "주왕이 잔인하기도 했지만 달기가 이런 형벌을 보기를 좋아했기 때문에 그래서 그렇게 했던 것이다."

이처럼 여러 역사서 속에서 전하는 달기는 그야말로 은나라 주왕의 지혜를 어지럽히고 향락에 빠지도록 몰아가 끝내 그를 폭군으로 만들고 나라를 망하게 한 희대의 악녀라 할 수 있을 것이다.

소설이 그려 내는 지방 백성들의 영웅, 달기

그런데 흥미롭게도 민간에 전해지는 이야기 속에서는 달기를 묘사하는 방식이 조금씩 변화하고 있었다. 그중에서도 대표적인 것은 주나라 무왕의 은나라 주왕 정벌이라는 역사적 사실을 바탕으로 상상력을 더해 창작된 장편의 장회소설 『봉신연의封神演義』이다.

『봉신연의』는 송·원대부터 민간에 널리 퍼져 있던 '무왕벌주평화武王伐紂平話'에 근거한 작품으로 명나라 때의 허중림許仲琳이라는 사람이 지은 것으로 알려져 있다.

소설은 은나라 주왕이 여와궁에 헌향을 할 때 음탕한 시를 지어 여와를 모독하자, 여와가 세 요괴에게 은나라의 천자를 미혹하여 망하게 하고 주나라를 도우라고 명하는 것으로 시작한다. 여와의 명령을 받은 세 요괴 중 하나가 주왕의 후궁으로 바쳐져 왕성으로 이동하던 달기를 죽이고 그녀의 몸을 빼앗는다. 그렇게 달기의 몸에 들어간 요괴가 주왕을 유혹하여 은나라를 망하게 하였다는 것이다.

이렇게 보면 소설 『봉신연의』 속 달기는 월왕 구천이 오나라를 무너 뜨리기 위해 보냈던 서시처럼 은나라를 무너뜨리고 새로운 천하를 세우기 위해 보내진 킬러가 되는 셈이다. 더구나 여기서 처음에 요괴를 내려보낸 것은 바로 인간이 아닌 신이었으니, 주왕이 달기의 모습을 한 요괴에게 빠져 온갖 폭정을 일삼게 된 것도 어느 정도는 왕조 교체를 염두에 둔 하늘의 뜻이었다고 할 수 있을 것이다.

현대에 와서도 소설 『봉신연의』는 드라마로 20여 차례, 영화로 10여 차례 제작될 만큼 인기 있는 이야기 소재가 된다. 소설 속에 등장하는 신과 요괴들이 다양한 무기와 능력을 가지고 대결하는 장면이 생생하게 시각화된 모습을 살펴보는 것도 영화나 드라마를 보는 큰 즐거움이지만, 더욱 흥미로운 점은 바로 달기를 그려 내는 방식의 변화에 있다.

2019년 총 65화 분량으로 방영된 드라마에서 달기는 기주冀州 지방의 제후였던 소호蘇護의 착하고 아름다운 딸로 등장한다. 흉년이 들면 달기는 굶주린 기주 백성들에게 앞장서 먹을 것을 나누어 주었고, 백성들은 그런 달기에게 감사해하며 그녀를 아끼고 존중했다. 그러던 어느 날, 평소 백성들의 신망을 얻던 소호를 못마땅하게 여긴 간신들의 모함으로 인해 소호는 주왕의 분노를 사게 되고, 달기를 바치지 않으면 기주를 무너뜨려 버리겠다는 협박을 받게 된다. 모든 상황을 알게 된 달기는 스스로 주왕에게 바쳐질 것을 자청하고 이를 말리는 부모에게 눈물을 흘리며 말한다. "비겁하게 사느니 차라리 입궁하겠습니다. 저 때문에 죄 없는 백성들이 죽는다면 제가 살아남은들 마음이 편하겠습니까?"

결국 달기는 주왕이 있는 왕궁으로 향한다. 그러나 왕궁에 도착할 무렵, 그녀는 주왕이 원래의 약속과 달리 그녀가 왕궁으로 출발한 뒤 부모는 물론 기주성의 백성들까지 잔인하게 죽음으로 몰고 갔다는 사실을 알게 된다. 이를 알게 된 달기는 주왕에 대한 복수와 은나라의 멸망을 꿈꾸게 되고, 그 목적을 완수하기 위해 구미호와 계약을 맺어 주왕을 유혹하는 것으로 그려진다.

이후 드라마의 주요한 줄거리는 소설과 비슷하게 흘러가지만 달기가 맞이하게 되는 결말에 있어 또 한 가지 중요한 차이점이 등장한다. 원작 소설에서는 주나라 무왕의 은나라 정벌을 도운 강태공이 결국 달기의 몸을 한 요괴의 악행을 꾸짖고 직접 그녀를 죽이는 것으로 묘사된다. 은나라가 무너지고 주나라가 일어나게 되는 것 자체는 비록 하늘의 뜻이지만, 그 과정을 돕기 위해 보내진 요괴가 주왕을 미혹하여 지나친 폭정을 일삼게 하면서 너무나 많은 죄 없는 사람들을 괴롭혔다는 것이 그 이유였다.

이와 달리 드라마 속에서는 달기가 죄 없이 죽어 간 기주 백성들의 복수를 위해 주왕의 잔인한 짓을 부추기면서도 끊임없이 괴로워하는 모습이 부각된다. 마지막 순간 달기의 죽음 역시 강태공에 의한 것이 아니라 그녀 스스로 목숨을 끊는 것으로 그려진다. 주나라 무왕이 은나라 주왕을 죽이는 순간을 보며 달기는 자신의 삶 역시 마무리한다. 달기가 죽고 난 후 강태공은 그녀를 은나라 정벌 과정에서 공을 세운 다른 여러 인물과 함께 신으로 봉해 주려 하지만 달기의 영혼이 이를 거부한다. 살아있는 동안 가족과 백성의 원한을 갚기 위해 자신이 짓게되었던 수많은 죄에 대한 죗값을 치르기를 원했기 때문이다.

달기를 떼어 놓고 본 주왕은 어떤 왕이었는가?

아름다운 외모로 일국의 왕을 미혹하여 마침내는 나라를 무너뜨리는 폭군이 되게 만들었다는 달기. 그러나 민간에 전해지고 현대로 계승되며 재창작된 이야기 속에서 달기는 그녀가 저지른 악행에 정당성을 부여받기도 하는가 하면, 더 나아가 때로는 독자나 시청자가 감정을 이입하게 되는 힘없는 다수의 영웅으로 묘사되기도 하였다.

달기의 이야기를 그려 내는 방식에 이와 같은 변주가 존재한다는 사실은 무엇을 의미할까? 주왕이 폭정을 일삼아 나라를 망하게 만든 책임을 정말로 달기에게 돌릴 수 있을 것인가라는 질문으로부터 출발하여, 달기의 이야기를 묘사하는 초점과 각도의 차이를 설명할 수 있는 하나의 가능성을 찾아보려 한다.

이를 위해서는 먼저 역사 속 기록으로 돌아가 관찰할 필요가 있다. 앞서 함께 살펴본 『사기』의 기록으로부터 우리는 주왕이 '민첩한 자질과 남다른 힘, 뛰어난 지식과 말재주를 가지고 있었지만, 바로 그러한 능력을 주변의 충고를 물리치고 자신의 잘못을 감추는 데 사용했다'는 사실을 읽어 낼 수 있다. 그런 그는 '온 천하에서 자신의 명성이 누구보다도 높다고 생각하였으며, 모든 사람이 자신의 밑에 존재한다고 여겼고, 술, 음악, 여색을 좋아하였던 인물'로 기록되고 있다. 사실상 역사 속에 기록된 주왕은 달기의 존재와 상관없이 그 자체로 이미 거만하고 자기중심적이며 향락을 즐기는 인물이었던 것이다.

소설 『봉신연의』 속에서는 자기중심적이고 여색에 대한 탐욕이 강한 주왕의 모습이 한층 더 생생하게 드러난다. 나라를 위한 제사를 올리기 위한 목적으로 방문한 여와궁에서 여와 신의 상서로운 광채가 어른거리는 것을 보자 주왕은 불현듯 음탕한 마음이 생겨났고, 곧바로 다음과 같은 시를 적어 내려갔다.

빛 속의 배꽃은 고운 자태를 다투고
안개 속의 작약은 아름다운 단장을 뽐내네
요염한 자태로 거동에 능한 이를 얻어
데리고 돌아가 오랫동안 군왕을 모시게 하려 한다네

주왕의 시를 본 신하들이 깜짝 놀라 신에 대한 모욕이 될까 우려된다는 간언을 올렸지만, 주왕은 당당하게 대답한다. "내가 여와 신의 모습을 보니 절세의 자태가 있는지라 시를 지어 찬미한 것뿐이지 어찌 다른 뜻이 있겠는가? 더는 말하지 말라. 더구나 나는 천하에서 가장 존귀한 사람인데 백성들로 하여금 여와 신의 절세 미모를 보게 하고 내가 남긴 필적을 보게 할 수도 없단 말인가?" 주왕이 이렇게 나오자 신하들은 더는 나서지 못했고, 결국 진노한 여와가 요괴를 불러 은나라의 멸망을 재촉하게 되었다는 것이다.

소설 속 이야기는 허구적 요소를 통해 흥미를 자극하는 내용이 상당수 포함되는 것이 사실이다. 그러나 『봉신연의』에서 상상력을 가미하여 그려 내는 위 장면 속에는 공식 역사서가 기록하는 주왕의 모습과 부합하는 지점이 분명히 존재한다. 그것은 바로 여색에 대한 탐욕과 스스로에 대한 우월감이 강하며 이에 대한 주변의 조언을 능변으로 물리칠 수 있었던 인물이라는 점이다. 그렇다면 달기를 만난 이후 주왕의 탐욕과 무도함이 더욱 심해졌다는 것이 역사적 사실이라 할지라도, 이것이 달기를 만나기 전의 주왕은 어질고 지혜로운 인물이었다는 사실을 의미한다고는 결코 말할 수 없을 것이다.

왕조나 국가 교체의 역사는 언제나 이에 대한 정당성을 부여할 수 있을 만한 강력하고 결정적인 서사를 필요로 했다. 『조선왕조실록』 속 효종이 말했듯 주왕이 애초에 다른 사람들에 비해 잔인한 면모가 있었던 것이 사실이라 할지라도, 그것만으로는 그가 끝내 나라를 무너뜨릴 만큼의 폭정을 일삼게 되었다는 점을 설명하기에 부족했다.

주왕이 그토록 잔인해질 수 있었던 이유를 효과적으로 설명하고, 그런 그에 대한 정벌을 정당화하며, 추후 동일한 일이 반복되는 것을 막기 위한 대비책을 제시하기 위해서는 보다 명확한 외부적 원인이 존재해야만 했다. 이때, 아끼던 총희인 달기가 원하고 부추겼기 때문에 주왕이 이처럼 잔인하고도 포악한 행위를 계속하게 되었다는 설명은 효과적으로 주왕의 타락을 설명할 수 있고, 주왕을 정벌할 충분한 정당성을 제공할 뿐 아니라, 후대의 군주들에게 훌륭한 경계로 작용할 수 있을 만한 매력적인 서사로 받아들여졌을 것이다.

경국지색?! 한 걸음 멀어지면 비로소 보이는 것들

수많은 역사서는 주왕이 달기가 기뻐하는 것을 보기 위해 잔인한 형벌을 만들고 죄 없는 사람들을 죽음으로 몰고 갔다고 기록한다. 이러한 기록이 분명히 존재하는 한 역사 속 실존 인물 달기를 곧바로 소설이나 드라마에서 묘사된 긍정적인 인물 형상으로 대체해버릴 수는 없을 것이다. 즉 허구는 허구일 뿐, 실존 인물 달기를 드라마 속 주인공과 동일시하여 가족과 백성의 복수를 이루어낸 영웅으로 이해하는 것은 위험할지 모른다.

그럼에도 오랜 세월 수없이 재탄생되어 온 달기에 관한 이야기 속 그녀를 바라보는 다양한 시각의 변화는 적어도 우리로 하여금 경국지색傾國之色이라는 말에 함축된 의미에 대해 다시 돌아볼 기회를 제공해 준다.

나라를 기울게 한 미인. 경국지색이라는 것은 어쩌면 권력을 장악한 이들의 필요 때문에 의도적으로 부각된 역사 서술 방식이었을지 모른다. 이와 달리 민간 속에 전해진 이야기는 경국지색 달기를 다른 시각에서 그려 내고 있었다. 특히 은나라라는 중앙 권력과 기주성이라는 지방 권력의 충돌 속에서, 부패하고 타락한 중앙 권력의 질투와 견제로 인해 능력 있고 백성을 위할 줄 알았던 지방 권력이 희생되는 서사 전개 방식이 존재한다는 사실은 분명히 주목할 만하다.

달기의 이야기를 살펴보기 전 우리는 서시에 관한 이야기를 먼저 살펴보았다. 한 나라의 왕이 아름다운 미녀에게 빠져 향락을 즐기다가 결국 나라가 망하게 되었다는 이야기의 흐름은 달기의 경우와 크게 다르지 않다. 그러나 서시의 이야기에서는 충신 오자서의 조언을 무시한 오왕 부차의 어리석음에 주로 무게가 실린 한편, 서시 본인에 대해서는 오히려 월나라의 복수를 위해 그녀가 어떻게 매력과 능력을 키워 왔는지가 흥미롭게 부각되어 서술된다. 오나라와 월나라 지방의 역사서인 『오월춘추』나 『월절서』에서 기록하는 서시의 모습이 통일 왕조인 한나라의 『사기』에서 그려 내는 달기에 비해 훨씬 우호적이었다는 사실은 무엇을 의미할까? 어쩌면 그것은 오나라나 월나라 중 어느 한쪽도 결코 절대적 선이나 절대적 권력을 의미하지 않았기 때문에 가능했던 서술 방식일지도 모른다.

다음과 같은 질문으로 달기의 이야기를 마무리해 보려 한다. 그녀의 이야기에서 우리는 무엇에 주목할 것인가? 주왕이 달기에게 빠져 음란하고 잔인한 짓을 갈수록 즐겨 하게 되면서 결국 은이라는 나라가 멸망했다는 서사에 주목할 것인가? 혹은 은나라의 지배를 받던 기주라는 한 지역으로부터 왕실에 바쳐졌다는 그녀의 출신 서사에 주목할 것인가? 정답은 없을 것이다. 그러나 적어도 나라를 무너뜨린 희대의 악녀라는 고정된 프레임을 벗어나는 순간 우리는 훨씬 더 다양한 질문을 던져 볼 수 있게 된다.

세상과 맞춰 가며 사랑을 찾았는데, 그만…

─ 나탈리 Z. 데이비스의 『마르탱 게르의 귀향』

윤광언

미시사, 반영웅들의 이야기

2021년 2월 26일, 보건소와 의료 기관 등의 종사자를 필두로 대한민국에서 백신 접종이 이루어지기 시작한 후 9달이 지났다. 감기, 독감과 마찬가지이기를 희망하며 코로나와 함께 사는 시대를 맞이하게 된 개인은 몇 차례 모험을 거쳐야만 했다. 안타까운 사태를 맞는 경우는 수치상으로 미미했다. 하지만 개인은 득이 실보다 크다는 믿음과 함께 접종 행렬에 동참해야만 했다. 개중에는 찜찜하지만, 나라에서 주사를 맞으라고 하니 맞았고, 맞고 좀 지나니 그래도 괜찮은 것 같은 느낌이 들었던 사람들도 많았다. '찜찜하니까 남들은 맞지만 나는 맞지 않겠다'는 사람들도 있었고, 접종하고 겪은 부작용 때문에 2번 이상 맞지 않은 예도 있었다. 이들의 한 치 앞을 모르는 모험은 훗날, 백신 완전 접종

00%라는 통계만으로 공식 역사에 전하게 될 운명이었다.

그런데 역사를 연구하는 방법론 중에는 주어진 체제에서 살아가며 때로는 순응하고 때로는 저항했던 보통 사람들, 잊힌 사람들의 삶을 다시 발굴해 내려는 것도 있다. 바로 신문화사 중 미시사가 그것이다. 신문화사는 '국가', '민족' 혹은 '사회'를 역사의 주체로 전제하고 과거의 상을 구축해 온 기성 역사학에 반기를 들며 등장한 학풍이다. 그중에서도 미시사적 접근은 특정 시기 좁은 지역이나 작은 집단을 집중적으로 분석하여 과거에 살았던 보통 사람들의 모습을 묘사함으로써, 통계 처리와 일반화 과정에서 지워진 과거의 사람 사는 모습과 문화, 분위기와 관계망을 생생하게 전달하는 것을 목표로 한다.

미시사가들이 보여 주고자 하는 것은 과거에 있었을 법하지만 잊히고 사라진 이야기이다. 미시사가들이 좁고, 구체적이며, 사소한 사례들을 부각하는 이유는 연구 대상이 당시 시대나 국가, 혹은 지방을 대표하거나 압축적으로 표상하고 있기 때문이 아니다.[1] 미시사가들이 주목한 이야기의 당사자들은 글을 모르거나 기록을 보존할 힘이 없어서 자신들의 목소리를 후대에 전하지 못했던 사람들이었다. 그동안 역사가들이 이러한 이야기를 조명하지 않았던 이유 중에는 당사자들이 직접 남긴 사료가 적었던 것도 있지만, 당대인들이 자신들의 이야기를 너무나 일상적이라고, 혹은 특이하다고 여겨서 파편적으로만 간접 사료가 남았던 탓도 있었다.

---

1   견해에 따라 미시사의 의의를 주목한 사례에 대한 치밀한 묘사를 통해 그 사례에서 드러나는 그 시대의 일반성을 밝히는 것으로 보는 연구자도 있다.

오늘날 동료, 지인, 가족과 보내는 하루하루가 공식 역사로 남진 않아도 똑같이 흘러가는 날이 없이 역동적인 나날로 이어지듯, 사료가 많이 전하지 않는다고 하여 과거의 보통 사람들이 늘 잔잔하고 평화로운 삶을 살았을 것이라고 말할 수 없음은 누구나 쉽게 짐작할 수 있을 것이다. 삶을 곧 자신을 둘러싼 크고 작은 사회와 다양한 작용을 이어가며 자신의 여러 목표를 이루려고 노력하는 과정이라고 거칠게나마 정리한다면, 시스템과 충돌해 소속된 집단에 균열을 일으키면서도 끝내 집단으로 복귀하는 미시사의 고전 속 주인공들은 문학 개념인 반영웅, 그리고 온갖 사건·사고를 겪으며 오늘을 열심히 살아가는 보통 사람인 우리와도 통하는 부분이 있다. 바로 그래서, 이 글에서는 16세기 중후반 프랑스 남부에 살았던 베르트랑드 드 롤스Bertrande de Rols(이하 베르트랑드)와 그녀의 남편 마르탱 게르Martin Guerre(이하 마르탱)를 반영웅 중 한 사례로 두며, 이들 부부의 이야기를 다룬 미시사의 대표적인 고전 『마르탱 게르의 귀향』을 간략히 소개하고 독자들과 함께 베르트랑드의 반영웅적 요소를 재고해 보고자 한다.

알았을까, 몰랐을까.
두 남편을 두었던 현숙한 베르트랑드의 이야기

나탈리 Z. 데이비스Natalie Z.Davis(이하 N. Z. 데이비스)의 『마르탱 게르의 귀향The Return of Martin Guerre』을 요약하면, 남편을 흉내 낸 사기꾼의 정체를 법정에서 밝혀내는 과정에서 기술된 아내의 이중적인 행위를, 저자가 시대적 배경을 고려하면서도 아내의 행동에 사랑 추구라는 적극성을 부여하여 재구성한 연구 성과라고 할 수 있다. 이 사건은 가출한 남편과 똑같이 생긴 사람이 남편 행세를 하며 아내와 살다가 피소되었는데, 진위를 결정하는 법정에서 승소하기 직전에 진짜 남편이 나타나는 바람에 정체가 폭로되며 사형에 처해졌다는 실제 사건을 바탕으로 한다. 있을 수 없는 일이 실제 일어났다는 사건의 특이성 때문에 사건이 벌어졌던 당대에서부터 이미 유명했지만, 조선에서 있었던 유사한 사례를 소개한 책들(2021)을 읽었거나, 프랑스에서 16세기의 남프랑스를 사실적으로 묘사하려고 했던 조류의 영향 아래에서 한 차례(1982), 미국에서 남북전쟁을 배경으로 각색하여 「써머스비 Sommersby」라는 이름으로 한 차례(1993) 만들어졌던 영화를 보아 몇몇 독자들도 한 번쯤 그 이름을 들어보았을지 모르겠다. 다만 N. Z. 데이비스는 서문에서 『마르탱 게르의 귀향』의 저술 동기를 자신이 이 작품의 프랑스 영화 제작 시 고문으로 참여할 때 영화가 충분히 사실적이지도 않았고, 영화 촬영 중 마르탱 게르의 기록을 재검토하며 적지 않은 '아마도'를 발굴해 내었기 때문이라고 말한 바 있었다.

베르트랑드와 마르탱 부부가 직접 남긴 사료가 전하는 것도 아니지만, 이들은 자신들의 이야기를 직접 남기지도 않았고, 남길 수도 없었다. 그 때문에 N. Z. 데이비스는 우선 툴루즈 고등법원의 형사 재판소에서 이들 부부의 재판장 중 한 명이었던 장 드 코라스 Jean de Coras 가 남긴 「잊을 수 없는 판결 Arrest Memorable」과 르 쉬에르 Le Sueur 의 「이야기 Historia」에 기록된 인적 정보와 재판 과정, 전해 오던 일화를 치밀하게 분석했다. 이어서 N. Z. 데이비스는 당시 아르티가 일대의 사회, 경제적 배경과 문화, 현전하는 고문서 등을 종합한 연구를 토대로, 사료는 전하지 않지만, 충분히 있었을 법한 1560년 남프랑스 아르티가에 살던 여성들의 생활과 이 중 한 여성의 소송 체험을 묘사해 내었다. N. Z. 데이비스의 연구 성과가 『마르탱 게르의 귀향』일 뿐, 1560년부터 동일한 이름의 사료가 전해져 온 것은 아니었던 것이다.

마르탱의 가족들은 본래 프랑스령 바스크 French Basque 지방의 앙다이 Hendaye에 살았지만, 1527년에 푸아 Foix 지방의 아르티가로 이주했다. 이들은 새로 정착한 땅에서도 기와 생산 Tileworks으로 생계를 꾸려 나갔으며, 이 사업이 번창했던 것은 마르탱과 베르트랑드의 결혼 성사에도 영향을 주었던 것으로 여겨진다. 베르트랑드의 집안은 본래 아르티가에 살던 부유한 집안이었는데, 집안 간의 결혼 계약서가 남아 있지 않아 명확한 사유는 알 수 없지만 1539년에 14살 전후의 마르탱과 그보다 조금 더 어린 베르트랑드의 결혼이 이루어졌다.

N. Z. 데이비스는 혈기가 넘치는 나이였던 마르탱 게르에게 아르티가에서의 생활은 무료하고 괴로웠을 것이라고 보았다. 8년간 '마녀의 마법에 걸려' 남편 노릇도 못 했던 결혼 생활도, 9년 만에 보게 된 아들도, 아버지로부터 이어받을 고되고 재미없는 가업도 마르탱에게는 매력적이지 않았던 것으로 추측되는데, 결국 그는 아들이 태어난 지 몇 달 후, 아버지의 창고에서 약간의 곡식을 훔쳐 도주함으로써 가정을 버리고 떠나는 선택을 하였다. 16세기 후반, 절도는 바스크 지방에서 타

락의 증거로 여겨지고 있었으며, 가정 내에서의 절도는 그중에서도 용서받을 수 없는 범죄였기에 그의 귀향은 요원한 것으로 여겨졌을 것이다. 그 이후 마르탱의 이동 경로는 명확하지 않다. 다만 마르탱은 스페인 부르고스Burgos의 추기경 관저에서 일하게 되었고, 어느 해부터인가 펠리페 2세의 부대에 소속되어 프랑스군과 싸우기 시작했지만, 마르탱의 이러한 소식은 아르티가에 전해지지 않았다.

한편 아르티가에 남아 있던 베르트랑드는 아들을 돌보며 행실이 정숙하다는 평판을 끌어냈고, 얼마 지나지 않아 어머니의 가정에 들어와 함께 살게 되었다. N. Z. 데이비스는 베르트랑드의 이사 및 마을에서의 생활에 이 지역의 관습도 영향이 있었겠지만, 중세 후기 농촌 사회에서 남편 없이 어린 아들을 양육해야 하는 여인의 생존과 훗날의 여유로운 생활을 위한 베르트랑드의 전략적 판단이 기저에 있었을 것으로 보았다. 마르탱 게르의 부모가 사망한 후, 베르트랑드는 "실종된 남편을 둔 아내는 남편이 사망했다는 명확한 증거가 없는 한 재혼할 수 없다"라는 당시의 관습법에 따라 재혼할 수 없었기 때문에 게르 집안에서 나올 수 없었다. 그럼에도 암암리에 재혼하는 사람들도 있었지만, 베르트랑드에게 재혼은 마르탱의 집안에서 아들의 이름으로 언젠가 받을 재산을 포기하는 행위이기도 했다. 그 때문에 재혼은 자유분방하게 살아온 다른 농민들과 달리 어려서부터 마르탱의 아내로 마을에서 보낸 베르트랑드가 고려할 법한 선택지가 아니었을 것이다. 오히려 베르트랑드는 당시 사회적으로 권장되었던 정숙이라는 덕목을 무기로 게르 집안에서 자신의 위치를 다지려 했을 것으로 보인다. 1550년대 초에 이르면 과부로 지내던 베르트랑드의 어머니는 마르탱의 숙부 피에르 게르와 재혼을 하게 되는데, N. Z. 데이비스는 이 결혼으로 게르 집안과 롤스 집안이 헤이해진 결속을 다시 다지는 한편, 피에르 게르가 베르트랑드와 그녀의 아들을 부양하겠다는 약속을 명문화하는 효과도 있었을 것으로 추측했다. 그 결과 어머니와 다시 한 지붕 아래서 살게 된 베르트랑드는 어린 나이에 마르탱과 결혼하는 바람에 축제에서 다른 남성을 만나 본 경험도 없었고, 마르탱이 '저주에 걸려 있었던' 기간에 이혼하지 않고 게르의 집안에 남아 있었으며, 이유는 차치하고 결과적으로는 남편이 실종되었음에도 다른 평민들과 달리 재혼하지 않았던 이력을 바탕으로 마을에서 정숙한 여인이라는 평판을 만들어 낼 수 있었다. 그녀가 의도했을지는 알 수 없지만, 이 평판은 후일 재판에서 그녀와 '마르탱 게르' 사이에서 난 아이들이 사생아로 전락하는 것을 막는 데 도움이 되었다.

1558년의 어느 날, 아르티가에 마르탱이 돌아왔다는 소식이 전해졌다. 돌아온 마르탱은 아르티가의 이웃 마을에 머물며 자신의 여동생들과 숙부를 차례로 만나고, 이어서 아르티가에 귀환해 베르트랑드를 만났다. 돌아온 마르탱이 마을에 들어올 수 있었던 것은, 사망한 그의 부모가 그의 죄를 용서하고 재산의 상속자로 지명한 덕분이었다. 외모도 풍채가 좋게 바뀌고, 어린 시절에 쓰던 바스크 어를 어눌하게 발음하긴 했지만, 얼굴에는 어릴 때의 모습이 남아 있고, 아주 사소하고 내밀한 이야기까지 정확하게 기억을 되살려 낸 그의 모습에 이웃은 물론 피붙이들마저 그에 대한 의심을 거두고 그를 받아들일 수밖에 없었다. N.

Z. 데이비스에 따르면 단 한 명, 베르트랑드를 제외하고 말이다. N. Z. 데이비스는 다음과 같이 설명한다.

베르트랑드 드 롤스는 어땠을까? 그녀는 새 마르탱이 8년 전에 자신을 버린 그 사람이 아니라는 것을 알았을까? 아마도 처음에, 즉 그가 도착해 자신의 '표시들'과 증거를 제시하던 그때에는 몰랐을 것이다. 그러나 고집 세고 정조를 지닌 베르트랑드라면 아무리 팡세트('마르탱'을 가리킨다 – 저자)처럼 매력 있는 사람이라 해도 그렇게 쉽게 속아 넘어갈 여자로는 보이지 않는다. 그를 침대에 받아들였을 때쯤 그녀는 분명히 차이를 깨달았을 것이다. 아르티가의 모든 아내가 동의하는 것처럼 "아내에 대한 남편의 손길"을 착각할 수는 없다. 명백한 동의에 의해서든 암묵적인 동의에 의해서든, 그녀는 그가 남편이 되는 것을 도와주었다. 베르트랑드가 새 마르탱에게서 발견한 것은 자신의 꿈이 실현되리라는 것이었다. 그것은(16세기의 가치를 인용하자면) 평화롭고 화목하게, 그리고 열정을 가지고 함께 살 수 있는 남자였다. (…) 새 마르탱과 베르트랑드의 관계를 보여 주는 증거는 3년간의 이 평화로운 시기가 아니라 창안된 결혼이 의심을 받게 된 그때 발견된다. 그가 연극을 하고 있던 그 아내와 사랑에 빠졌고 그녀 역시 자신을 불시에 차지해 버린 남편에게 깊은 애정을 품었음을 보여 주는 증거들은 수없이 존재한다. 그가 이후의 분쟁 중에 감옥에서 풀려났을 때, 그녀는 그에게 흰 셔츠를 주고 발을 씻어 주었으며 다시 자신의 침대에 맞아들였다. 다른 사람들이 그를 죽이려고 했을 때 그녀는 자신의 몸으로 그를 보호했다. 법정에서 그는 그녀를 '부드럽게' 불렀다. 그녀가 그를 남편이 아니라고 맹세한다면 "천 번의 가혹한 죽음"도 달게 받겠다고 말함으로써 그는 자신의 생명을 전적으로 그녀에게 맡겼다.

N. Z. 데이비스는 베르트랑드가 돌아온 마르탱(이하 '마르탱')이 떠났던 마르탱이 아님을 오래 지나지 않아 눈치챘지만, 둘 사이에 진실한 사랑이 이루어졌다고 보았다. 즉 N. Z. 데이비스는 베르트랑드가 평소 꿈꿔 왔던, 평화롭고 화목하며 사랑이 넘치는 결혼 생활을 위해 '마르탱'을 그녀의 남편으로 받아들였으며, '마르탱'도 그녀를 연기의 대상이 아니라 사랑하는 아내로 대했다고 이해했다. '마르탱'은 베르트랑드에게 친절했으며, 남편으로서 집 안팎에서 해야 할 도리를 훌륭하게 해냈다. 이들은 이웃이 보기에도 이상할 것이 없을 정도로 부부와 같은 모습을 보였고, 재판이 열리기 전까지 3년 동안 두 딸이 태어나기도 했다. 베르트랑드의 '마르탱'에 대한 사랑은 이후 재판이 진행되는 과정에서 '마르탱'이 시숙부인 피에르 게르와 그의 사위들에게 구타당할 위험에 처하자 몸으로 구타를 막아 내었다는 점에서도 드러난다.

N. Z. 데이비스는 두 사람이 사랑에 빠져 그들만의 '창안된 결혼invented marriage'을 했다고 볼 수 있는 시대적 정황으로 두 가지를 들었다. 첫째, 가톨릭교회법의 엄금과 달리, 당시 지방에서는 평민들이 사실혼 관계를 맺고 두 당사자가 동의의 징표를 교환했다면 사회적으로 결혼 관계가 인정되었다. 둘째, 마침 아르티가 인근의 여러 도시에 프로테스탄티즘이 유행했는데, 주지하듯이 프로테스탄티즘에서는 신과 인간 사이의 중재자가 필요 없다는 인식을 전파하고 있었다. 즉 N. Z.

데이비스는 베르트랑드와 '마르탱'도 당시 유행하던 이 이야기를 듣고 인간인 중재자 없이도 신 앞에서 '결혼'이라는 성스러운 일을 맹세하고 부부로 지낼 수 있었을 것이라고 보았던 것이다.

파국은 '마르탱'과 숙부 피에르 게르 사이에 재산 분쟁이 발생하며 비롯되었다. 피에르 게르는 바스크의 관습과 달리 '마르탱'이 가족 소유지를 임대하거나 팔기 시작했을 때 '마르탱'의 정체를 의심하기 시작했다. 피에르 게르는 '마르탱'이 가짜임을 밝히기 위한 증언을 마을에서 모으는 한편, '돌아온 마르탱 게르는 가짜'라는 이미지를 만들어 내기 시작했다. 스페인에서 여행을 떠나 마침 아르티가를 지나던 한 군인이 "마르탱 게르는 오래전에 다리에 총을 맞아 다리를 잘라내고 의족을 달았다"라고 한 말은 그의 정체를 의심하는 이들에게 결정적인 증거가 되었다. '마르탱'은 피에르 게르의 공작에 대항해 마르탱 본인이 아니면 기억하지 못할 마을 사람들과의 옛날이야기를 읊음으로써 사람들의 믿음을 구하기에 힘썼다. 이 와중에 '마르탱'은 라누^{Lanoux} 지방의 영주 장 데스코른뵈프^{Jean d'Escornebeuf}의 농가에 불을 질렀다는 혐의를 받아 리으에 수감되었는데, 피에르 게르는 이 틈을 타서 베르트랑드의 동의를 받아 그녀를 원고로 세우는 데 성공했다. 사유는 '마르탱'이 마르탱을 사칭한 사람이라는 것이었다.

재판은 1560년 리으에서, 이어서 툴루즈에서 진행되었다. 사칭은 16세기 프랑스에서 중대한 범죄로 여겨졌는데, 피고는 벌금 이상, 최대 사형을 구형받을 수도 있었다. 법정에서는 증인들의 목록을 작성한 후 각 증인의 증언을 듣고, 증언 심문관들이 이를 되읽은 후 증인들에게 수결手決을 받았다. 검사들이 이 증언을 검토한 후에는 리으에서 심리 공판이 열려 피고와 원고의 진술과 대질신문이 이어졌다. 보통 판결이 명백할 때는 대질신문 이후 소송이 종결되었지만, 이 경우에는 판사가 피고 '마르탱'을 변호할 다른 증인들을 모으도록 하였다. 그렇게 해서 모인 증인들의 증언으로도 '마르탱'이 사기꾼 아르노 뒤 틸Arnaud du Tilh인 지 가릴 수 없었다. 증인 중 마을의 구두장이를 포함한 45명가량은 피 고가 사기꾼이라고 증언했으며, 마르탱 게르의 누이를 비롯한 40여 명 은 그가 마르탱 게르라고 증언했다. 피고의 구두 크기는 가출할 때와 달랐지만, 턱에 덧니가 있거나 이마에 흉터, 오른손에 사마귀 등이 있 는 피고의 신체 특징은 마르탱이 가지고 있었다고 전해지던 점들과 같 았다. 약 60여 명은 피고의 정체를 증언하는 것을 거부하였는데, 이 당 시 소문을 들은 다른 지역의 사람들은 소송 후 보복이나 충돌을 두려워 해서 증언을 거부했을 것으로 생각했다. 이 과정에서 원고로 나선 베르 트랑드는 '마르탱'의 정체를 폭로하거나 부정하는 발언을 하지 않았으 며, '마르탱'은 변론 중 줄곧 베르트랑드가 숙부의 충동질과 위협으로 법정에 서게 되었음을 자신이 충분히 이해하고 있다고 하였다. 리오 법 정에서 검사는 사형을 요구하였으나, 판사는 피고에게 베르트랑드의 용서를 구한 후 재판 비용과 2천 리브르를 지급하라고 판결을 내렸다. 피고는 툴루즈 고등 법원에 즉시 항소하였다.

「잊을 수 없는 판결」의 저자 장 드 코라스가 마르탱 게르와 '마르탱 게르'를 만나게 된 것도 툴루즈 고등 법원이었다. 코라스 또한 이 사건 에 당혹스러워했던 것으로 보인다. 그는 베르트랑드처럼 정숙한 여인이 3년이 넘도록 피고와 함께 지내며 가짜를 못 알아보았을 것으로 생각하기 어려우며, 그녀가 오랫동안 마을에서 피고를 변호해 왔고, 피에르 게르가 그의 사위들과 '마르탱'을 살해하려 했던 전적도 있었던 점을 고려할 수밖에 없었다. 마르탱이 가출 직전에 남긴 아들이 '마르탱'과 닮지 않았던 것은, 오히려 누이들이 '마르탱'을 닮았기 때문에 진위 판별에 도움이 될 수 없었다. '마르탱'이 사칭범이라는 명확한 증거가 없는 상황에서, 정황은 '마르탱'이 무고를 당했다는 판결을 끌어내기에 충분했다. 바로 이때 나무 의족을 단 마르탱이 법정에 나타났다.

아르티가에서 누이들을 만난 마르탱은 소송 소식을 듣고 툴루즈로 이동했던 것으로 보인다. 그런데 법정에서의 마르탱은 오히려 옛이야기들을 '마르탱'보다 구체적으로 기억해 내지 못했는데, 그럼에도 불구하고 숙부와 누이들, 아내가 그를 한눈에 알아보고 증언함으로써 본인이 맞음을 인정받았다. 피고에게는 사형이 구형되었으며, 형은 4일 후 집행되었다. 마르탱은 사기꾼을 알아내지 못했다는 이유로 아내를 비난했지만, 폐정 이후 아내와 아르티가로 귀환하고 여생을 보냈다.

'진짜 남편'을 가려낸 반영웅
– 사랑의 좌절인가, 전략적 선택인가

일반적으로 『마르탱 게르의 귀향』은 중세 후기 프랑스 남부의 사회상에 대한 깊은 이해를 기반으로 베르트랑드라는 특이 사례를 재조명함으로써, 아르티가에 살았던 여인들의 생활을 그리는 한편, 기록상으로는 일실되었지만 당시 여성들도 주체적인 사랑 쟁취와 마을에서의 이미지 구축을 위해 전략적으로 노력했을 가능성을 재발굴해 보였다는 평가를 받는다. 현전하는 사료의 서술을 중심으로 하는 전통적인 연구 방법론은 장 드 코라스의 「잊을 수 없는 판결」에서 묘사하는 순종적이고 무지하며 정숙하기만 한 이미지로서의 여성상만을 읽어 낼 뿐이라는 것이 N. Z. 데이비스의 문제의식이었다. 견해에 따라서는 N. Z. 데이비스의 연구가 연구의 주안점이 되는 "베르트랑드의 전략, 자기 형성 self-fashioning 을 감행하는 평민들의 심리, 갈등하는 재판관 등은 어떤 문서 기록에도 남아 있지 않기" 때문에, 역사가의 창작물에 지나지 않는다고 평가하기도 한다. 하지만 혹평을 가하는 연구자들마저도 『마르탱 게르의 귀향』이 "평민들의 생활에 대한 묘사, 공동체적 가치와 편견의 포착, 엘리트 계급 주변에 있는 민중에 대한 공감, 여성의 중심적 역할에 대한 강조, 유려한 문체 등 풍부한 장점이 있다"라는 점은 인정하고 있다.

16세기 후반 프랑스 아르티가에서 살았던, 혹은 정말 속았을지도 모르고 혹은 사랑했던 사람을 교수대로 보냈을지도 모르는 여인의 이야기는 그녀가 남편을 선택하고 받아들이는 것으로 마무리된다. 마르탱의 귀향에 따라 베르트랑드가 '마르탱'을 교수대로 몰아내었다는 결말을 생각해 보면, N. Z. 데이비스가 부각하려 했던 베르트랑드의 적극성은 마르탱의 부재 상황에서만 가능했던 제한적인 것이었다고도 할 수 있을 것이다. 이를 두고 독자에 따라서는 억압적이었던 중세 후기에

8장 나탈리 Z. 데이비스의 『마르탱 게르의 귀향』

찾아볼 수 있었던 자유의 태동이라고 해석하거나, 시대착오적 평가를 경계하면서도 그 당시를 고려하면 베르트랑드가 나름대로 주체적이었다고 의미를 부여하거나, 혹은 '마르탱'과의 결혼을 이어 가지 못한 베르트랑드의 실패에 주목할 수도 있겠다. 다양한 감상은 어디까지나 독자의 몫이다. 하지만 기억도 더 불완전하며, 법정에서 만나자마자 그녀에게 정절을 잃고 다른 남자를 만났다며 분노만을 표했던, 나무 의족을 단 사내를 남편으로 인정했던 그녀의 속내는 무엇이었을까. 3년간 '마르탱'이 마르탱 행세를 하며 지냈으며 법정에서조차 혈육들마저 두 사람을 구별하기 어려웠음을 감안하면, 코라스나 N. Z. 데이비스가 서술한 것처럼 정말 법정에 나무 의족을 한 남자가 나타나자 모든 사람이 한눈에 마르탱을 알아보았을 것으로 생각하기는 어렵다. 그렇다면, 베르트랑드는 3년간 사랑하는 사람과 지내다가 나무 의족을 한 사내를 보고서는 진짜 남편과 가정을 이루어야 한다는 사회적 규제를 떠올리고 순식간에 사랑하는 사람을 버렸던 것일까? 아니라면, 베르트랑드는 고향에서 계속 살아가기 위해 정숙함이라는 사회적 덕목을 무기로 아들 앞으로 예정된 게르 가문의 재산을 노리는 한편, 법정에서 원고로 임하면서도 도덕적 책임을 피하며, 늦게 본 딸들도 성직자에게 인정을 받는 정식 자식으로 올릴 명목을 찾던 베르트랑드 부부의 사건에 관해 공식 기록으로 현전하는 코라스와 쉬에르의 기술에서마저 베르트랑드를 정숙한 부인 이외의 상을 상상하기 어렵게 묘사를 한정 지었으면서도, '마르탱'과 베르트랑드 사이에서 태어난 두 딸이 정식 결혼에서 태어난 자식들로 후일 교회 기록에 기재되었던 점은 베르트랑드의 행실에 해석의 여지를 남기는 것이 사실이다.

분명한 점은 『마르탱 게르의 귀향』의 베르트랑드를 특이 사례가 아닌 반영웅으로 이해함으로써 우리는 16세기 후반 프랑스 아르티가에서의 생활을 중세 후기 남프랑스 시골 마을에서의 획일적인 삶 중 한 돌연변이가 아니라, 후대인이 고정화한 관념 틀 안에서도 보다 다양한 가능성을 모색했던 모습을 남긴 당시 인물의 흔적으로 새롭게 바라볼 수 있다는 것이다. 혹자는 파편으로라도 전하는 공식 사료보다, 있었을 법한 이야기가 과연 역사 이해에 도움이 되겠냐는 근본적인 회의를 표할지도 모르겠다. 그러면 시대와 장소를 다시 전환하여, 수백 년 후의 역사가가 2020년대 초반의 대한민국을 연구한다고 상상해 보자. 어떤 사이트라도 서비스를 종료하면 개인이 자유롭게 게시했던 글들이 모두 사라지는 2020년대인 만큼, 안타깝게도 수백 년 후에는 다이어리나 블로그 등의 개인 자료가 모두 소실되고 뉴스 기사들만, 혹은 정부 편찬 기록들만 전승될지도 모를 일이다. 언론 기사와 정부가 남긴 사료만을 바탕으로, 수백년 후의 누군가가 대한민국의 대ᄒᆞ코로나 정책과 사회의 반응을 평가한다면 오늘날의 우리는 이 평가를 적실한 것이라고 할 수 있을까? 단기간에 7할을 넘긴 전 국민 중 2회 이상 백신 접종자의 비율과 부작용 사례 보고, 전 세계 평균 대비 국민 중 COVID-19 확진자 수가 긍정적인 것이 사실이라 하더라도, 희망과 절망, 믿음과 두려움이 공존한 '당시' 사람들의 모습이 담기지 못하는 것만은 분명할 것이다. 그렇다면 오히려 결이 다른 무수한 기록들 사이에서 역사가가 다양한 자료와 배경을 염두에 둔 '치밀한 묘사'를 통해 만들어 낸, 있었을 법한 이야기가 일실되기 쉬운 보통 사람들의 다채롭고 역동적인 생활상을 전달한다고 볼 수 있지 않을까.

2부

영웅과 엇나다

9장

메데이아! 영웅인 듯, 영웅 아닌, 영웅 같은 그녀

안상욱

영웅과 반反영웅

영웅의 자격은 정의를 부르짖는 바른 생활 인간에게만 주어지는 것일까? 반드시 그런 것만은 아닌 것 같다. 「핸콕HANCOCK」이라는 영화가 있었다. 슈퍼맨과 같은 초인적 능력을 가지고 있지만 불친절하고 삐딱한 성격과 삶을 포기한 듯한 태도를 가진 슈퍼 히어로 '핸콕'에 관한 이야기였다. 그는 특별한 능력을 가지고 있는 '히어로'였지만 전통적인 의미의 영웅 모습과는 판연하게 달랐다. 그는 정의의 사도도 아니고, 윤리적인 인물도 아니었다. 누군가를 사랑할 줄도 모르고 사랑받을 줄도 몰랐다. 초인적인 능력만 가졌을 뿐, 가난과 멸시에 익숙한 약자였다. 이처럼 특별한 능력을 지닌 히어로이기는 하지만, 전통적인 영웅상에서 벗어나는 인물을 '안티 히어로' 혹은 '반反영웅'이라고 한다.

전통적인 영웅은 매우 모범적이며 이상적인 존재로 그려진다. 그는 뛰어난 혈통에 능력이 탁월하며 생김새도 준수한데 윤리·도덕적으로도 훌륭하다. 영웅은 문제에 직면하지만, 자신의 힘으로 그것을 해결함으로써, 작게는 개인의 영광을 얻고 크게는 공동체의 역경을 해소한다. 즉 영웅은 개인의 힘으로 공동체의 문제를 해결하는 뛰어난 리더의 모습을 보여 준다. 전통적인 영웅은 영웅주의와 관련된다. 그것은 탁월한 개인이 그렇지 못한 공동체의 구성원들 다수를 올바르게 인도해야 한다는 생각이다. 이것은 봉건주의 계급사회에서 상류층 남성들에게 기대되던 모습이다. 계급사회 속에서 권력은 소수의 특권이고 다수가 차지하는 넓은 자리는 권력에서 밀려난 자들이 형성하는 힘의 공백 지대인데, 영웅은 힘을 가진 소수의 이상적인 모습을 보여 준다.

반면 반영웅은 전통 영웅의 범주에서 벗어나는 모든 인물상을 망라한다. 앞서 말했듯이 전통적인 영웅의 모습에서는 벗어나지만, 여전히 영웅의 범주에 들어갈 수 있는 인물은 물론, 외모나 능력 또는 덕성에 있어서 어느 것 하나 내세울 것 없는 평범한 소시민도, 모든 면에서 열등한 못난이나 심지어 악당마저도 반영웅적 인물로 취급할 수 있다. 때때로 이런 반영웅적 인물들에 더욱 주목하고 그들의 가치를 재조명하는 예도 있는데, 이를 영웅주의와 반대라는 의미에서 반영웅주의라고 부를 수 있다. 오늘날의 민주 사회에서는 권력이 다수의 일반 시민으로부터 창출되기 때문에, 반영웅주의가 한결 자연스럽고 친근하게 느껴지기도 한다.

반영웅이라는 말은 전통적 의미의 영웅 개념을 전제로 만들어진 것이라면, 그러한 영웅의 '전형'은 어디에서 찾을 수 있을까? 그것은 서구 문명의 출발점인 고대 희랍(그리스)의 신화와 문학에서 발견할 수 있다. 헤라클레스나 아킬레우스가 영웅의 대표적인 사례다. 동시에 거기에는 반영웅으로 평가할 수 있는 인물들도 이미 등장한다. 이 글에서 소개하려는 악녀의 대명사, 메데이아가 그들 가운데 한 명이다. 그녀의 이야기를 고대 희랍의 3대 비극 작가로 꼽히는 에우리피데스의 비극 『메데이아』를 통해서 살펴보자.

『메데이아』의 배경과 내용: 남편의 배신에 복수하고자 자식들을 죽인 여인의 이야기

『메데이아』는 남편의 배신에 복수하고자 자식들을 죽인 한 여인의 이야기다. 이 작품에서 메데이아의 남편인 이아손은 코린토스에 정착해 살아가던 중, 메데이아와 자식들을 버리고 코린토스의 공주 크레우사와 결혼하려다 본처와 후처는 물론 자식들까지 모두 잃게 된다. 이올코스의 왕자가 어쩌다 코린토스에서 살아가게 된 것일까? 그 사정은 이렇다.

이아손은 숙부 펠리아스로부터 이올코스의 왕권을 넘겨받는 조건으로 콜키스 땅에 있는 황금 양털을 가져오기 위한 원정을 떠나게 된다. 그는 희랍의 영웅들을 모아 원정대를 조직하여 우여곡절 끝에 콜키스에 도착한다. 이아손을 염려한 여신 헤라와 아테나는 콜키스의 공주 메데이아가 이아손에게 사랑을 느끼도록 만든다. 마법과 계략에 능한 메데이아가 이아손에게 큰 도움이 될 수 있었기 때문이다. 그녀는 원하는 것이 있으면 무슨 수를 써서라도 이뤄야 하는 성격이었는데, 그 방법을 찾아내는 재주가 대단해서 해내지 못하는 것이 없었다. 과연 이아손은 메데이아의 대활약으로 여러 난관을 뚫고 황금 양털을 탈취하는 데 성공한다. 그러자 화가 난 콜키스의 왕이자 메데이아의 아버지인 아이에테스가 군대를 이끌고 추격하기 시작해 원정대는 위기에 빠진다. 하지만 이때, 자신의 아버지가 남동생 압쉬르토스를 끔찍하게 아낀다는 점을 떠올린 메데이아가 그를 여러 토막으로 썰어 죽인 뒤 바다에 흩뿌려 버린다. 그러자 아이에테스는 아들의 시신을 수습하고자 추격을 늦췄고 아르고호는 그 틈을 타서 도주에 성공한다. 그러나 황금 양털을 건네받은 이올코스의 왕 펠리아스는 이아손이 돌아오지 않을 거로 생각해 그의 부모를 살해한 상태였고[1], 약속한 왕권도 돌려주지 않았다. 이 사실을 전해 들은 메데이아는 이번에도 무시무시한 마법과 계략을 사용해 펠리아스의 딸들이 그를 산 채로 냄비에 넣어 삶아 죽이게끔 만든다. 이 일로 이올코스의 왕자이자 영웅인 이아손은 메데이아와 함께 이올코스에서 추방되었고, 고향을 떠나 코린토스에서 살아가게 된다.

『메데이아』는 이아손과 메데이아가 코린토스에 정착한 지 10년 정도 되었을 때의 일을 그리고 있다.[2] 이아손은 코린토스의 공주인 크레우사에게 새 장가를 들고자 한다. 메데이아는 여성이자 아내로서 분노하면

---

1   아폴로도로스, 『도서관』 IX, 27.
2   아폴로도로스, 『도서관』 VIII, 28.

서도 앞으로의 일이 걱정이다. 그때 코린토스의 왕이자 이아손의 새 장인인 크레온이 찾아와 자신의 결정을 통보한다. 메데이아와 그녀의 자식들을 즉시 추방한다는 것이다. 크레온은 메데이아가 두렵다. 지혜롭고 '천성이 영리한 여인[3]'인 데다 헤카테의 사제로서 마법과 계략에 능한 그녀가 앙심을 품고 있기 때문이다. 메데이아는 하소연하여 하루의 말미를 얻어 내지만, 사실 그 하루는 피의 복수를 위한 시간이다.

크레온이 퇴장한 후, 메데이아의 앞에 이아손이 등장한다. 그는 뻔뻔한 변명을 늘어놓는다. 자신이 코린토스 왕가에 새 장가를 가는 것은 어디까지나 메데이아와 자식들을 위한 것이라고. 출세가 우선인 이아손은 금전적 도움을 약속하지만, 메데이아에게는 그마저도 모욕이다. 머리끝까지 화가 나 실성할 지경이 된 메데이아는 이아손과 코린토스 왕가를 저주한다. 그녀는 그들 모두를 죽이고 싶다. 그럴 능력도 있다. 하지만 원수들을 모조리 죽인 다음에는 어디에서 어떻게 살 것인가? 복수에 앞서 선결되어야 할 문제다. 앞날이 막막한 메데이아 앞에 귀한 손님이 찾아온다. 아테네의 왕 아이게우스[4]가 자식이 없어 고민하던 중 델포이에서 받은 신탁을 트로이젠에 들러 핏테우스에게 묻기 위해 찾아가던 도중 방문한 것이다. 영악한 메데이아는 아이게우스를 홀려 기회를 놓치지 않고 아테네 망명과 신변의 보호를 약속받는다. 복수의 실천을 망설이게 만든 마지막 걸림돌이 사라지자, 메데이아는 복수를 위한 계략을 짜내어 공개한다.

---

3 에우리피데스, 『메데이아』, 285.
4 테세우스의 인간 아버지로 알려진 인물.

9장 메데이아! 영웅인 듯, 영웅 아닌, 영웅 같은 그녀

그가 도착하면 저는 그에게 약한 소리를 할 거예요.

내게도 (이아손의 생각이) 똑같이 여겨지고,

당신이 나를 배신하고서 맺으려는 왕실과의 혼인은 경사스럽고

유익하며 훌륭하게 헤아린 것이라고요.

그런 다음 저는 내 아이들이

(여기) 남을 수 있게 해 달라고 요청할 거예요.

아이들을 적들의 땅에 남김으로써

내 아이들이 적들에게 모욕당하도록 함이 아니라,

왕의 자식을 속임으로써 죽이기 위해서요.

저는 손에 선물을 들려서 아이들을 보낼 거예요.

[신부가 그것을 받으면, 그녀는 죽음을 피할 수 없죠.]

우아한 의복과 도금된 화관을요.

만약 그녀가 장신구를 집어서 피부에 걸치면,

(그것들은 그녀를) 고통스럽게 죽일 것이고,

처녀와 접촉하는 자도 모두 죽일 거예요.

저는 선물들에다 그런 약을 바를 거예요.

– 에우리피데스, 『메데이아』, 776–789.

메데이아는 이아손을 다시 불러 거짓으로 사과한 다음 짐짓 간절하게 한 가지 청을 한다. 자신은 추방령을 따라 코린토스를 떠나겠지만, 자식들만큼은 코린토스에서 계속 살아갈 수 있도록 새 신부 크레우사를 설득해 달라는 것이다. 그 대가로 젊은 여성이라면 누구나 갖고 싶

어 할 화려한 옷과 장신구를
주겠다면서. 그러나 이 선물은
축하가 아니라 파멸의 선물이
다. 그녀는 닿기만 해도 죽음
에 이르는 독을 옷과 장신구에
발라서 포장한다. 그리고 자식
들에게 아버지와 함께 크레우

용이 끄는 수레를 타고 아테네로 도주하는
메데이아

사를 찾아가 '직접' 전달하도록 신신당부한다. 시간이 흘러, 선물을 전
달한 자식들이 집으로 돌아온다. 메데이아도 마냥 기쁘지는 않다. 이
제 크레우사가 죽으면 선물을 전달한 아이들과 자신을 죽이러 이아손
과 코린토스인들이 몰려올 것이다. 그녀는 극심한 내적 갈등에 빠진다.
메데이아는 자식들을 죽이고 싶다. 그래야 이아손에게 완전한 복수를
할 수 있으니까. 하지만 아무래도 죽일 수 없을 것 같다. 어머니가 자식
들을 죽일 수는 없는 노릇 아닌가! 길고 긴 독백 끝에 메데이아는 마침
내 자식들을 죽이기로 한다. 메데이아는 집 안으로 들어가 자신의 아이
들을 도륙하고 자식들의 비명이 울려 퍼진다. 뒤늦게 이아손이 도착하
지만, 자식들은 이미 죽었고, 메데이아는 태양신 헬리오스가 보낸 용의
수레에 자식들의 시신을 실은 채 하늘로 날아오르고 있었다. 그런 메데
이아를 붙잡을 방법이 없었던 이아손은 메데이아에게 욕을 하며 자식
들을 돌려 달라고 청해 보지만, 메데이아는 이아손을 뒤로 한 채 아테
네로 떠나며 작품이 마무리된다.

고대 희랍의 전통적인 영웅상과 메데이아

앞에서 반영웅적 인물을 '특별한 능력을 지닌 히어로(주인공)이기는 하지만, 전통적인 영웅상에서 벗어나는 인물'로 규정한 바 있다. 메데이아가 이러한 의미에서 반영웅적 인물이라면, 전통적인 영웅상에 부합하지 않는 성질들도 가지고 있어야 하겠지만, 영웅적인 기질도 일부 보유하고 있어야 할 것이다. 메데이아가 가지고 있는 영웅적 요소는 무엇이고 가지고 있지 않은 요소는 무엇일까? 고대 희랍의 전통적인 영웅상이 어떤 것이었는지 간단히 정리한 다음, 메데이아의 모습과 견주어 보자.

희랍 문화권에서 영웅이 가지고 있던 인상과 특징을 살펴보기 위해서 호메로스의 『일리아스』에 주목할 필요가 있다. 그 작품에서 신이 인간과 다른 가장 큰 차이점은 불멸한다는 점이고 영웅은 신들의 혈통을 물려받은 인간이다. 그래서 그들은 신들처럼 불멸하길 원하지만, 인간이기 때문에 죽음을 피할 수 없다. 그 대신 '차선의 불사'를 추구한다. 그것은 시인들의 노래를 통해 영원히 기억되는 것이다. 하지만 시인들의 노래 속에 '기록'되기 위해서는 영웅의 삶을 완성하는 완벽한 시간, 즉 명예롭고 영광스러운 죽음이 필요하다. 그래서 영웅에게 죽음은 삶의 절정기여야 한다. 영웅은 신들의 자손으로서 가지는 비범한 능력과 동시에 인간의 자손으로서 한계와 결함도 갖는다. 그 한계와 결함에서 비롯되는 문제가 영웅의 운명적인 과업으로 주어지면, 그들은 자신의 뛰어난 능력을 수단으로 그 운명과 맞서 마침내 불멸의 영광을 얻는다.

우리는 이를 아래와 같이 요약하여 메데이아의 영웅적 기질과 반영웅적 특성을 가늠하는 준거로 활용할 수 있을 것이다.

- 영웅은 신의 혈통을 가진 신들의 자손이다.
- 영웅은 가사자可死者이자 필멸자必滅者인 인간이다.
- 영웅은 비범한 능력을 갖는 동시에 한계와 결함도 보유한다.
- 영웅은 명예와 영광을 추구한다.
- 영웅은 삶의 절정기에 완벽한 죽음을 맞이함으로써 불멸의 영광을 완성한다.

　먼저 메데이아가 가지고 있는 영웅적 기질을 살펴보자. 메데이아는 위에서 제시한 영웅의 특성과 유사한 면모를 여럿 보여 준다. 우선 그녀는 신들의 혈통을 가지고 있다. 메데이아는 티탄 계열의 혈통을 이어받은 여인이기 때문이다. 메데이아는 태양신 헬리오스의 손녀이자 아이에테스와 오케아노스의 딸 에이뒤아 사이에서 태어난 딸이다. 헬리오스는 오케아노스의 딸 중 하나인 페르세이스와 결합해 아이에테스를 낳았고, 그는 다시 에이뒤아와 만나 메데이아를 낳았다고 전해진다. 비록 페르세이스와 에이뒤아 모두 오케아노스와 테튀스의 딸들로 하위 신성인 뉨페[5]였지만, 티탄의 혈통이라는 사실에는 변함이 없다. 또 메데이아는 죽을 운명을 가진 인간으로 태어났다. 그녀의 어머니는 뉨페

5　자연세계에서 살아가는 정령들.

였지만, 인간을 아버지로 두었기 때문에, 반인반신의 다른 영웅들과 마찬가지로 신이 아니라 인간으로서 가사자의 운명을 갖게 되었다. 무엇보다도 메데이아는 매우 극단적인 능력과 성품을 보여 준다. 메데이아는 이아손이 황금 양털을 가지고 귀환하는 과정에서, 청동 황소들과 뱀의 이빨에서 태어난 전사들은 물론 크레테섬을 지키던 청동 인간 탈로스와 같이 무시무시한 적들을 모두 마법으로 제압하는 등 뛰어난 능력을 가지고 있다. 그러나 그녀는 어린 동생을 토막 내어 죽이거나, 친자식들을 살해하는 등 도덕적 측면에서 큰 결함을 동시에 노출한다.

그렇다면 메데이아가 갖지 못한 영웅적 기질은 무엇일까. 메데이아가 영웅적 기질을 가지고 있다는 점은 분명하지만, 그렇다고 전통적인 영웅상에 완벽히 부합하는 것도 아니다. 그녀에게 결여된 있는 영웅적 요소는 네 번째와 다섯 번째 요소다. 그것들은 각기 '명예와 영광을 추구'하고 '삶의 절정기에서 완벽한 죽음을 맞이함으로써 불멸의 영광을 완성'하고자 한다는 것이었다. 메데이아의 삶은 그 두 사항과는 거리가 멀었다. 그녀는 이아손과 헤어진 후 아테네와 콜키스를 거쳐 아시아로 향하게 되는데, 그 과정에서 자신의 지위를 지키기 위해 거짓말과 속임수를 쓰는가 하면, 살인도 계속해서 저지른다. 그녀는 살아가면서 영웅에게 어울리는 올바른 명예나 영광을 추구하지 않았고, 그렇기 때문에 완벽한 죽음을 통해 불멸의 영광을 성취하려는 의지도 없었던 것이다.

그녀가 갖지 못한 네 번째와 다섯 번째 요소는 공통적으로 삶의 목표와 관련되어 있다. 영웅은 인간이기 때문에 영원히 고정불변의 상태로 존재하는 식으로는 불사를 이룰 수는 없다. 그것은 신들이 불사하는 방법이다. 그 대신 영웅들은 인간적인 수준에서 실현할 수 있는 차선의 불사를 추구한다. 영웅은 명예와 영광을 획득함으로써 시인의 노래에 기록되고, 노래 속에 기록됨으로써 불멸의 기억으로 남아 불사하고자 한다고 했다. 이런 방식의 불사에서 무엇보다도 선행되어야 할 조건은 바로 명예와 영광이다. 그런데 이것들은 스스로 줄 수 있는 것이 아니고 타인으로부터 받아야 한다. 따라서 영웅은 나와 타자가 모두 '좋다'고 인정할 수 있는 보편적 선이 무엇인지 알 수 있어야 한다. 그렇지 않으면 명예와 영광이 주어지지 않을 테니까. 그러므로 영웅에게는 보편적 선을 지향할 수 있는 윤리·도덕적 반성 능력이 반드시 요구된다. 그러나 안타깝게도, 메데이아에게는 좋음과 나쁨에 관한 윤리·도덕적 반성 능력이 없거나 최소한 자신의 행위를 선택하는 데 결정적일 만큼 강력하지 못했고 당연히 보편적 선의 개념을 올바르게 지향할 수도 없었다. 메데이아가 자랑하는 지혜와 영리함은 올바른 목적을 추구하는 데 기여하지 못하는 도구적 이성에 불과했던 것이다. 그것은 목적이 아니라 수단에만 관여할 뿐, 무엇이 참으로 올바른 방향이며 좋은 목적인가에 대해서 알려 주지 못한다. 메데이아는 지성적 미덕을 갖추고 있지만, 도덕적 미덕은 결여하고 있다. 윤리·도덕적 반성 능력의 결핍은 그녀로 하여금 보편적인 선과 진정한 좋음이 무엇인지 알 수 없도록 만들어 버렸고, 영웅이라면 응당 추구해야 할 명예와 영광을 자신도 추구하지 않을뿐더러, 절정기에 맞이하는 완벽한 죽음으로 불멸의 영광을 얻어 노래 속에 기록되고 기억의 형태로 불사하려는 노력 또한 그녀에게서 기대하기 어렵게 되었다. 이것이 메데이아가 희랍의 전형적인 영웅상에서 벗어난 부분이자 그녀를 반영웅적 인물로 분류할 수 있는 이유다.

반영웅적 인물 메데이아가 남기는 메시지

어쩌면 메데이아는 반영웅적 존재인 고대 희랍의 여성들의 대변자로서, 비록 당장 인정받고 있지는 못하지만, 그들 역시 남자들처럼 인류 역사의 주체이고, (비록 여성의 인권 신장이 이루어지는 것은 그로부터 훨씬 뒤의 일이기는 하지만) 언젠가 변화와 개혁에 동참할 수 있는 강력한 잠재력을 가지고 있으며, 따라서 남자들 못지않게 위대한 존재라고 말해 주는 인물이었을지도 모른다.

고대 희랍에서 여성들은 매우 억압된 삶을 살아야만 했다. 여성들은 당시 중심 가치로 자리 잡은 남성들의 상무적인 문화에 맞추어 자신들의 질서와 역할을 부여받아야만 했다. 여성의 교육과 혼인은 아버지나 친족 남성에 의해 엄격한 통제를 받았고 집 밖으로 외출하는 일조차 쉽게 허용되지 않았다. 멀지 않은 곳으로 시집을 가더라도 친정 부모님의 얼굴을 보기란 쉽지 않을 정도였다. 인류 역사상 민주주의의 황금기로 꼽히는 고전 시대의 아테네에서도 여성에게는 참정권이 없었고, 아리스토텔레스조차 여성의 탄생을 일종의 결함에서 비롯되는 일로 간주했다. 여성은 하나의 능동적인 개인이 아니라 한 남자의 아내로서 남편에 부속하는 수동적인 존재가 되어 남편과 가정에 헌신할 것이 기대되었다. 그러나 여성의 헌신조차도 어떤 책임 의식이 아니라 남편에 대한 조건 없는 인내와 충성에 의한 것일 때 한결 아름다운 것으로 여겨졌다. 메데이아는 당시의 이상적 남성 및 여성상에 비추어 볼 때, 매우 독특한 캐릭터다. 그녀는 여성임에도 불구하고 남성적 영웅의 특성을 보유하는 동시에, 그러한 남성적 영웅성을 가지고 기존의 남성적 관습과 체계를 과격하게 파괴하는 여성이기 때문이다.

메데이아는 고대 희랍의 성차별적 문화의 부당함에 대해 거침없이 저항하고 폭로하는 강력한 여성으로 나타난다. 그녀는 여신 헤카테의 추종자로서 마법에 능통하고 각종 계략을 능란하게 사용함으로써 행동하는 여성, 저항하는 여성의 이미지를 가지고 있고, 여성이 남성들에 의한 억압 체제의 수동적인 희생자가 아니며 얼마든지 반항할 수 있음을 몸소 입증하는 인물이다. 그녀는 이아손을 따라서 머나먼 타국 코린토스까지 오게 되었지만, 남편의 배신으로 말미암아 맞게 된 위기 상황 속에서, 고대 아테네의 가부장적 성격과 그 약점을 대담하게 고발한다. 작품 초반, 메데이아는 자신의 신세를 한탄하며 울부짖으며 여자의 처지를 비관한다. 여자들은 거금을 주고 남편을 사서[6] 상전으로 모셔야 하고, 남편이 나쁜 사람일 경우에도 함부로 헤어지거나 거절하기 어렵다는 것이다.[7] 그녀는 단순한 비난이 아니라 논거를 들어가며 조목조목 따진다. 이것은 당시 여성들이라면 모두가 절감하고 있었을 가부장제에 대한 직접적인 비판이다. 여성들의 환호가 코러스의 대사에 묻어 나

---

6   마치 혼수처럼, 신부 쪽에서 거액의 결혼 지참금을 부담해야 했다고 한다.
7   에우리피데스, 『메데이아』, 230-237.

온다. 그들은 시종 메데이아에게 호의를 표하고 친구를 자처하며[8] 이아손에 대한 메데이아의 복수가 정당하다고 단언한다.[9] 그녀는 여성들에게 그 어떤 남성 영웅보다 큰 결단과 희생을 통해 자신의 목적을 달성하는 당당한 여인상으로 다가갔을 것이다. 남성 편향적 문화가 팽배한 사회의 관객들로 하여금 여성의 가치에 대해서 되돌아보게 만들었다는 점에서 그녀는 오랜 기간 사회적 약자로 억압받아 온 여성들을 훌륭하게 대변하는 반영웅적 인물이었다.

---

8 에우리피데스, 『메데이아』, 95.
9 에우리피데스, 『메데이아』, 267.

10장

키케로의 반反영웅 카틸리나
─『카틸리나 규탄 연설』과 그 이후 [1]

김기훈

카틸리나의 음모 소사小史:
키케로의 『카틸리나 규탄 연설』

단테 알리기에리 Dante Alighieri (1265~1321)는 『신곡』에서, 문학과 신앙의 힘을 통해 당대의 현실을 신랄하게 비판하고 작가 자신의 세계관을 정당화하고 있어 행간의 의미를 읽어 내기가 까다로운 대목이 꽤 많다.

아, 피스토야여, 피스토야여, 너 악을

지음에는 네 조상을 앞서면서 어찌

버젓이 재가 되어 스러지지 못하느냐?

---

1   이 글은 동일한 제목으로 『서양사연구』 제66집(2022)에 게재된 논문을 상당 부분 축약, 수정한 것이다.

'네 조상'으로 번역된 말이 가리키는 사람은, 고대 로마 공화정 말의 실존 인물 카틸리나Lucius Sergius Catilina(기원전 108?~62)라고 대체로 풀이되어 왔다. 그가 죽음을 맞이한 곳이 다름 아닌 피스토리아(피스토야)였다는 점이 위의 인용문을 그렇게 새길 수 있는 근거가 된다. 카틸리나라는 인물이 유명한 것은, 그가 특별히 위인의 반열에 들기 때문이 아니라 반대로 역사상 가장 유명한 반역자 중 한 사람이기 때문이다. 그리고 그가 사실상 역사적으로 그렇게 단죄된 인물로 기억되게 한 이는, 로마 공화정의 수호자이나 정치적 순교자로 평가받기도 하는 키케로Marcus Tullius Cicero(기원전 106~43)였다.

이 두 인물과 관련해 직접 알 수 있는 문헌 기록 중 가장 오래된 것은 『카틸리나 규탄 연설』로, 기원전 63년 11월 초에서 12월 초까지 그해 집정관이었던 키케로가 직접 행한 총 네 편의 연설을 담고 있다. 이 연설문을 통해 추정컨대, 기원전 63년 여름 집정관 선거에서 재차 낙선한 이후 그해 집정관 키케로를 비롯한 로마 정계의 유력 인사들을 암살하고 로마 시내에 방화를 저지르려고 하는 등 국가를 전복할 음모를 꾸미다 발각되었다. 국기 문란, 나아가 군사를 일으켜 반란까지 꾀하려 했으나 사전에 그 계획이 키케로에게 누설되었고, 11월 8일 소집된 원로원 회의에서 카틸리나를 눈앞에 두고 집정관 키케로는 성토했다. 이것

---

2   우리말 번역은 다음을 참조. 단테 알리기에리, 『신곡』, 최민순 옮김, 서울: 을유문화사. 1987 (초판: 경향잡지사, 1957).

을 문서로 기록한 것이 키케로의 「카틸리나 규탄 제1연설」이다. 이 연설 이후 카틸리나는 그날 밤 도시 로마를 떠난 것으로 추정된다. 이튿날 키케로는 이 원로원 회의 내용과 카틸리나의 야반도주에 대해 로마 인민 앞에서 보고하는데, 이것이 『카틸리나 규탄 연설』의 두 번째에 해당한다. 그리고 일주일 남짓, 원로원은 카틸리나를 국가 공동체의 공적 公敵으로 선포한다. 그 사이 이탈리아에서의 카틸리나의 구체적인 행적은 알 수 없지만, 12월 초에 키케로가 카틸리나 일당 중 한 무리를 체포하고, 그들이 로마를 전복할 음모를 꾸미고 있음을 밝혀낸다. 12월 3일, 체포된 총 5명의 음모 주동자가 원로원에 소환되고 키케로가 확보한 증거가 제시되자 이들은 모두 자신들의 계획을 인정하고 실토했다. 원로원은 이 음모를 밝혀내고 가담자들을 색출, 체포한 집정관 키케로를 위해 감사제를 의결했다. 이 경사스러운 소식을 당일 로마 인민 앞에서 키케로는 「카틸리나 규탄 제3연설」을 통해 알렸다.

그로부터 이틀 뒤인 12월 5일, 원로원은 5명의 반역자에 대해 어떤 처벌을 내릴지 격론을 벌이게 되는데, 키케로는 이 원로원 회의에서 위급한 시기임을 강조하며 극형에 처하자는 견해를 지지한다. 그리하여 「카틸리나 규탄 제4연설」의 취지대로 그들에게는 별도의 사법 재판 없이 사형이 의결되고, 형 집행은 집정관 키케로가 주재하게 된다. 이로써 기원전 63년 임기를 마칠 즈음 로마 시내의 위기는, 적어도 키케로의 주장대로라면 타파되었다. 이것을 공로로 그에게는 조국을 구한 영웅, 국부國父라는 명예 칭호가 수여되었다. 그 사이, 말하자면 반란의 수괴 카틸리나는 에트루리아 지방에 주둔 중이던 자신의 병력에 합류한 터였고 도시 로마 내부에서 응하기로 한 이들이 처형됨으로써 애초의 계획은 수포가 되고 말았다. 해가 바뀐 1월 초 로마에서 파견된 정규군에 맞서, 병력이나 무장 상태에 비추어 대적할 수 없었던 수준의 휘하 병력을 이끌고 싸우다 카틸리나를 비롯해 그의 부대는 전멸한다. 이 카틸리나 음모 사건의 최초이자 마지막 전투가 벌어진 곳이, 앞서 언급한 피스토리아였다. 그 후 20여 년이 지나 로마 정치인 출신의 역사가 살루스티우스^{Gaius Sallustius Crispus}(기원전 86?~35?)는 이 전투가 마치 '내전'인 듯 묘사하며 역사서 『카틸리나 전쟁』의 기록을 피스토리아에서 끝맺는다.

전쟁이냐 음모냐: 살루스티우스의 『카틸리나 전쟁』

그 규모나 파급 효과를 감안해 본다면, 기원전 63년 말 집정관 키케로가 일사천리로 해결했던 사건은 '미수未遂'에 그친 음모陰謀 기도였다고 할 수 있다. 그럼에도 불구하고, 당대 한 역사가 살루스티우스가 이 일을 기록하며 '전쟁'이라 표현한 것이 이색적이다. 그가 후속작 『유구르타 전쟁』이나 『역사』를 통해 주로 조명하고자 한 바가, 그 연원을 기원전 2세기 중후반에서 추적해 갈 수 있는 로마 공화정의 쇠락, 로마인들 사이의 내분과 갈등의 역사였기에 그 연속선상에서 『카틸리나 전쟁』이 다루고 있는 시대를 이해하는 것이 타당해 보인다. 요컨대 카틸리나가 야기한 '전쟁'은 점철된 내전의 역사의 일부였던 셈이다. 카틸리나는 술라 이후 기원전 1세기의 내전으로 점철된 시대상을 체화한 전형적인 인물로서, 쇠락한 로마 정신, 왜곡된 로마다움의 발현이었던 셈이다. 그런 점에서 『카틸리나 전쟁』의 주인공은 반反영웅적이다. 카틸리나의 죽음, 전사戰死는 조국을 위한 것이 아니라 조국에 맞선 것이었다. 살루스티우스가 명확한 평을 남기지 않은 마지막 전투에 대해, 후대의 어느 역사가는 다음과 같이 기록한 것은 이를 분명히 보여 준다.

> 어찌나 잔혹하게 접전이 치러졌는지는, 그 결말이 가르쳐 주었다. 적 중 그 누구도 전쟁에서 살아남지 못했다. 누구든 전투에서 취했던 자리를, 육신으로부터 떠난 영혼이 덮고 있었다. 카틸리나는 자신의 병력에서 멀리 떨어져 그의 적들의 주검들 사이에서 발견되었다. 훌륭하기 그지없는 죽음이었으리라. 그가 행여 조국을 위해 그렇게 죽었더라면.
>
> — 플로루스, 『전쟁사 적요摘要』, 제2권 12장 중에서

반면에 『카틸리나 전쟁』에서 키케로에 대한 서술 비중은 현격히 낮다. 카틸리나를 제외하고 두드러지게 기록되어 있는 인물은, 음모자 일당의 처벌 문제를 놓고 원로원 회의에서 다투는 율리우스 카이사르와 마르쿠스 카토였다. 인물에 대한 평가에 있어서 냉소적이기 그지없는 살루스티우스가 이례적으로 찬사를 보내는 이 두 사람의 연설은 『카틸리나 전쟁』단 두 장章에 걸쳐 기록되어 있는데, 분량으로 따지면 작품 전체의 20%가량이다. 살루스티우스의 ‘증언’에 따르면 이들은 로마 전통의 덕을 갖춘 마지막 세대를 대표하는 인물들이다. 전통적으로 국가 공동체 외부의 공적公敵에 맞서 나타나야 할 정쟁과 토론이, 내부

10장 『카틸리나 규탄 연설』과 그 이후

의 적에게로 향한 것처럼『카틸리나 전쟁』에는 그려져 있다. 그리고 카이사르와 카토의 설전, 그리고 결렬된 협상은 이후 전개될 내전의 양상을 예감케 한다. 카틸리나 음모 사건에 대해 살루스티우스가 부여하는 의미가 적지 않음을 읽을 수 있는 대목이다. 덧붙여, 키케로 역시도 집정관 재임 당시 이 사건을 자주 '전쟁'이라 일컬었다는 점이 주목된다. 그런 점에서 카틸리나라는 인물 역시 단순히 실패한 반역자 정도로만 평가할 수만은 없을 듯하다. 살루스티우스가 역사적으로 정정訂定하고자 한 것은, 카틸리나 개인에 대한 것이 아니라 당시 시대사에 대한 것이었다. 그에게 있어서 카틸리나가 꾸몄던 '음모'는 또 다른 '내전'으로 불타오르게 될 이전 시대가 남긴 '전쟁'의 불씨였다.

또 다른 카틸리나를 규탄하다: 키케로의『안토니우스 규탄, 반反필리포스 연설』

키케로는 기원전 58년 호민관 중의 한 사람 클로디우스를 비롯한 정적政敵들에게 고발당할 위기에 처하자 자발적으로 유배를 떠났다. 하지만 그마저도 여의치 않았으니 후속 법률 통과 이후 키케로는 공식적인 추방자 신세가 되어 재산마저 몰수당하게 된다. 그리고 이듬해 여름 폼페이우스 일파의 도움으로 다시 로마로 돌아온다. 키케로가 정치 일선에서 실각하게 된 이 무렵의 일은, 다름 아닌 카틸리나 음모 진압 사건에서 기인한 것이다. 키케로 평생의 자랑거리였던 업적이 부메랑이 되어 그에게 커다란 피해와 손실을 입힌 것인데, 정식 사법재판 없이 로마 시민을 처형했다는 점이 키케로에게는 치명적인 과오였던 것이다. 그리하여 정적들에게 실제로 정치 보복을 당하게 될 것을 의식한 키케로는, 자신의 처지를 옹호하기 위해 후에 「카틸리나 규탄 제4연설」의 출판을 준비하며 그와 관련된 사항을 가필했던 것으로 보인다. 그 후 상당 기간 키케로에게 정치적으로 시련을 안겨다 준 것이 다름 아닌 카틸리나였다는 점이 역설적이다. 키케로는 '전쟁'을 미연에 방지했음에도 정치가답지 않은 판단 실수를 범해 정치적으로 쇠락의 길을 걷게 되고야 말았다. 기원전 40년대 내전 이후, 율리우스 카이사르가 사실상 일인 통치자로 군림하던 시기, 키케로는 정치적으로 소외되어 있었다. 하지만 카이사르가 시해되고 나서, 키케로에게 다시 한 번 기회가 찾아온다.

20년 전에 카틸리나가 그러했듯이, 키케로로 하여금 정계에 복귀하고 원로원 전면에 재차 나설 수 있게 한 적수antagonist가 있었다. 그에 따르면, 오랜 압제의 시절 끝에 기원전 44년 3월 15일 이래 회복된 자유의 시대를 다시 가로막으려 한 인물이 있었으니 그 이름은 마르쿠스 안토니우스였다. 기원전 44년 9월 초부터 이듬해 4월 하순에 이르기까지 이 안토니우스를 규탄한 총 열네 차례의 정치 연설이 키케로 최후의 공식 출판물로 오늘날까지 전해 온다. 카이사르를 시해하는 데 주도적인 역할을 했던 마르쿠스 브루투스는 이 일련의 연설들이 마치, 기원전 4세기 그리스 남부 본토로 남하할 무렵의 마케도니아 왕 필리포스 2세를 규탄했던 데모스테네스의 연설과 닮았다 하여 '필리포스풍 연설'이라 일컬었다. 그 때문에 서양에서는 *Philippics*나 이와 유사한 표현의 제목으로 약칭되기도 하는 「안토니우스 규탄, 반^{反}필리포스 연설」은 『카틸리나 규탄 연설』처럼 일련의 정치 연설을 담고 있다. 20년 전 한차례 성공했듯이, 키케로는 정적 안토니우스를 공적^{公敵}인 양 맹비난하며 그에 대한 전쟁을 준비하자며 로마의 여론 지형을 바꾸려고 했다. 『카틸리나 규탄 연설』은 현실 정치에서 말과 연설의 힘이 어느 정도까지 작동하고 구현되는지를 보여 주었지만, 키케로의 이 두 번째 시도 반^{反}안토니우스 공세는 결과적으로 실패했다. 기원전 43년 4월 21일, 「안토니우스 규탄 - 반 필리포스 제14연설」이 행해진 뒤 얼마 후 안토니우스는 키케로의 바람대로 공적^{公敵}으로 선포되었지만, 이후 상황은 그의 의도와는 달리 키케로 자신에게 불리한 방향으로 전개되었다. 불과 6개월 뒤 제2차 삼두정이 결성된 후, 키케로는 안토니우스에 의해 숙청당하며 비극적인 죽음을 맞게 된다. 키케로에게 죽음을 안겨다 준 이 마지막 연설문들은, 공화정을 지키고자 헌신했던 수호자이자 순교자라는 영광을 그에게 더해 주었다. 결과적으로 카틸리나와 안토니우스라는 적수가 키케로를 위인^{偉人}답게 만든 반영웅들이었던 셈이다.

비극의 주인공 카틸리나: 두 편의 극작 『카틸리나』

『카틸리나 규탄 연설』에서는 대체로 비난의 대상이 되는 인물의 흠결만 읽게 되는데, 카틸리나는 영락한 귀족 가문의 야심가로서 공식 선거에서 여러 차례 고배를 마시고, 정치·도덕적으로 상당히 저급하고 타락한 자이며, 그의 추종자들도 사회 하층 부랑아들처럼 그려져 있다. 이 일면적인 모습과는 달리 카틸리나의 성품이라든지 개성을 살펴볼 수 있는 문헌 자료는, 앞에서 언급한 살루스티우스의 역사서이다. 이와 관련해 우선, 『카틸리나 전쟁』 초반에 살루스티우스가 본격적인 서사에 앞서 카틸리나의 출생, 성격과 품행, 외모 등 전기적 요소들을 다루고 있는 대목이 이색적인데, 여기서 말하자면 우리는 이 인물의 반反영웅적 면모를 읽어 낼 수 있다. 특히 '언변은 충분했으나 모자란 지혜'라는 표현이 카틸리나라는 인물을 압축적으로 표현해 주는 유명한 문구로서 자주 인용된다. 살루스티우스의 카틸리나 묘사는 반영웅^{antihero}이나 적수^{antagonist}로 일컬어질 만한 인물을 전기적으로 묘사한 사례라 할 것이다. 육체적, 물리적 능력이나 정치적 수완은 탁월할지 몰라도 정신적인 부분, 도덕적인 요소에서는 결함을 지닌 인물이 반反영웅인 셈이다. '언변은 충분했으나 모자란 지혜'로 인해 결국에는 몰락하게 되는 카틸리나의 비극적 운명은 『카틸리나 전쟁』 후반부에서 그가 장엄한 모습과 태도로 최후의 전투를 준비하고 장렬히 전사하는 장면에서 되돌아보면 이 인물의 결함을 서술하는 대목에서 이미 예견된 것처럼 보인다. 그런 까닭에 그는 실패할 수밖에 없는 반쪽짜리 영웅이었고 어떤 의미에서는 비극 작품에 잘 어울릴 만한 인물이기도 하다.

그래서인지 카틸리나는 후대에 문학적 소재로 활용되기도 했다. 그중에서 특히, 사극史劇의 소재가 되곤 했는데, 벤 존슨^{Ben Jonson}(1572~1637)이 1611년 집필에 초연했던, 『카틸리나, 그의 음모』는 소재와 시도 면에서는 셰익스피어의 역사극에 견주어 봄 직하지만, 문학적인 성취는 그리 높지 않다고 평해진다. 이 작품은 그가 1603년에 출판했던 『세야누스, 그의 몰락』과 함께 한 쌍으로 거론되는 역사극인데, 전자가 키케로와 살루스티우스의 문헌을 토대로 한 것이라면, 후자는 타키투스의 영향을 받은 것으로 보인다. 사실, 역사 기록의 원천을 추적해 가면 타키투스가 그린 세야누스의 초상이 상당 부분 살루스티우스가 그린 카틸리나의 모습에서 기인했으니 벤 존슨의 문학적 시도 역시 일관성이 있었던 셈이다. 그리고 노르웨이 극작가 헨리크 입센Henrik Johan Ibsen (1828~1906) 역시 학창 시절의 라틴어 공부 경험을 토대로 『카틸리나』라는 역사극을 젊은 나이에 집필(1848~1849)했는데, 초연된 것은 1881년의 일로 완성도 면에서는 그리 호평을 받지 못하는 것으로 보인다. 그런 점에서 카틸리나는 사후死後에 훌륭한 비극의 주인공protagonist이 되지는 못했다.

카틸리나에 대한 오해와 착시

로마 공화정의 역사에서 카틸리나라는 이름을 희대의 반역자로, 이를테면 낙인찍게 만든 장본인은 구국의 영웅 키케로였다. 그가 남긴 네 편의 연설문은 역사가 되었다. 그 이유는 경쟁 서사라 할 만한 다른 사실史實보다도 키케로의 연설문이 더 널리 읽혀 왔기 때문이다. 악한惡漢 카틸리나가 사리사욕으로 인해 무모하게도 공화정을 전복시키고자 모반한 행적 그리고 이를 사전에 간파한 당시 최고 통치자 키케로의 모습은, 고전 라틴어를 공부한 이들이라면 대체로 「카틸리나 규탄 제1연설」을 본격적인 강독 문헌으로 처음 접하던 무렵에 어렴풋하게나마 기억 속에 각인되었을 것이다. 「카틸리나 규탄 제1연설」은 라틴어 산문과 익숙해지기 위해서 학습자에게 처음 읽히게 되는 작품 중 하나이기 때문이다. 이렇게 널리 읽히는 문헌으로 살아남은 키케로의 기록은 여전히 우리의 기억을 은연중에 지배하며, 카틸리나라는 인물에 관해 천인공노할 모반의 주동자라는 평가를 강화해 왔다.

기원전 63년 11월 8일, 카틸리나를 규탄하고 성토하면서 키케로는 그를 로마에서 축출하는 데 성공했다. 이 명연설가가 지닌 말의 힘은 일종의 방아쇠 역할을 한 것이다. 키케로가 역사의 주역protagonist이 될 수 있었던 데에는 적수antagonist 카틸리나의 역할이 지대한 셈이었다. 어둠이 짙을수록 뒤따르는 광명은 더욱 눈부시듯, 『카틸리나 규탄 연설』에서 카틸리나를 평가절하할수록 키케로의 위상도 드높아졌던 셈이다.

체사레 마카리의 「키케로가 카틸리나를 규탄하다」(1888)

이 문헌 기록에 더해, 오늘날 우리에게 이 두 인물에 대한 선입견을 뿌리 깊게 만든 또 하나의, 소위 문제작을 제시할 수 있을 듯하다. 역시나 고대 로마사나 고전 라틴어에 조금이나마 관심을 가진 이들에게는 익숙한 작품으로, 체사레 마카리 Cesare Maccari (1840~1919)의 「키케로가 카틸리나를 규탄하다」는 부지불식간에 기원전 63년의 역사 현장을 상기시키는 매체가 되고 있다.

사실, 이 프레스코화는 1888년 작으로 '현장성'과는 거리가 멂에도 불구하고 여전히도 그때-거기를 가리키는 상징물로 자주 소환된다. 이 회화 작품에서 우리는 무모한 '청년' 정치가 카틸리나의 절망을 읽을 수 있는데, 추정컨대 기원전 63년 키케로와 카틸리나의 나이는 같았거나 오히려 카틸리나가 2년 연상이었다는 점을 감안하면, 그림은 일종의 착시를 불러일으키는 셈이다. 고개를 떨구고 수심에 잠긴 듯한 카틸리나는 말 그대로 탄핵 일보 직전에 처한 것처럼 보인다. 반면에, 그를 성토하고 규탄하는 초로의 정치가 키케로는 이와는 달리 노련하고 주도적인 역할을 하는 '의회' 정치인으로 그려져 있다. 여기서 또 하나 일종의 시대착오적인 오류는, 작가가 그림의 모티프로 삼은 기원전 63년 11월 8일의 원로원 회의는 원로원 의사당이 아닌 유피테르 신전에서 소집되었다는 점이다. 이 그림을 통해 구국의 영웅 키케로가 압도적인 연설을 통해 반역자 카틸리나를 궁지에 몰아넣는 이 풍경은 무의식 중에 자주 출몰하곤 한다. 한 편의 연설과 그것에서 기인한 또 한 폭의 회화가 한 사람은 공화정을 수호한 국부로, 또 한 사람은 영속적인 패자 loser 로 오랫동안 세인의 기억에 각인시켜 왔다.

과연 카틸리나는 극악무도한 악당이었을까. 결과적으로, 끝내 불법적인 무장 세력에 기댈 수밖에 없었다는 점에서 로마 공화정에 대한 카틸리나의 반국가적 행위는 이론의 여지 없이 단죄받을 일이었다. 그러나 그가 급기야 '실제로' 무력에 의탁하게 된 것은 다름 아닌 키케로 때문이었는지도 모른다. 거사가 모의되기는 했지만, 가담 인원이나 병력의 양질 면에서 그 범위나 규모가 대단한 것은 아니었던 것 같고, 거듭되는 선거 참패와 정치적 소외로 인해 운신의 폭이 더욱 좁아진 터에 지지 세력을 광범위하게 확보하기란 불가능했을 것으로 보인다. 하지만 카틸리나가 선거 공약으로 내세운 '부채 탕감'은 시대의 문제를 어느 정도 읽고 반영한 것이었다. 당시 로마의 전반적인 경제 문제, 고리대금업의 횡행, 곡물과 농지 부족 현상 등 경제적 문제 전반이 불거지고 있었기에, 카틸리나 이후 소위 인민파 정치가들이 세를 넓힐 수 있었던 것도 같은 맥락에서 이해할 수 있다. 소모적인 정쟁을 넘어 경제 문제에 있어서 기득권 보수 귀족파는 해결 방안을 내놓지 못했던 터였으니, 카틸리나는 불안하고 다툼이 잦았던 한 시대의 징후이자 산물이었다.

시대와 장르가 상당히 다르긴 하지만, 장미전쟁(1455~1485)의 끝자락에서 비극적인 운명을 맞았던 잉글랜드의 왕 리처드 3세(재위 1483~1485)의 경우를 간략하게 견주어 보고자 한다. 20세기 최고의 역사 추리소설 작품 가운데 하나로 거론되곤 하는, 조지핀 테이 Josephine Tey (1896~1952)의 『시간의 딸』은 말하자면, 역사적으로 단죄받아 패자로 기억되어 온 리처드 3세를 문학적으로 구제한 작품이라 할 수 있다. 소설 속 주인공은 보즈워스 전투에서 전사한 이래 요크 왕가의 마지막 왕이자 폭군, 기형적인 외모를 가진 이로 기억되었던 이 인물에 대한 역사 기록을 검토해 세간의 평가와는 다른 군주의 모습을 복원해 나간다. 그러면서 20세기 초중반까지 초중등학교에서 가르쳐 온 것과는 다른 인물이었음이 해명되어 가는데, 기존에 이 왕의 포학한 인상을 고착화시킨 것은 그가 내전에서 패배한 데다가 그 이후의 기록은 대체로 튜더 왕가 측 사람들이 남긴 것이었다는 점, 여기에 더해 셰익스피어(1564~1616)가 남긴 『리처드 3세』의 압도적인 영향력 때문이었다. 소설은 그렇게 일종의 '시적 정의'를 통해 폭군이자 흉측한 악당 리처드 3세를 구제한다. 이 작품이 나온 후 60여 년 뒤, 행방이 묘연했던 리처드 3세의 것으로 추정되는 유골이 영국 레스터 인근에서 발견되었고 고고학계의 학술적 검증을 거친 후 그는 보즈워스 전투로부터 530년 만에 안장될 수 있었다. 그간의 오해와는 달리, 리처드 3세는 꼽추가 아니라 약간의 척추측만증이 있었던 것 같고, 외모 역시 기괴하지는 않았을 것으로 추정된다. 문학적 상상력에 더해 고고학적 발굴이, 야박했던 역사의 평가로부터 그에게 일정 정도 참작의 여지를 안겨 주었다. 2,000년이 넘는 옛 시절 키케로를 구국의 영웅으로 평가받게 한 반영웅이자 적수 카틸리나에게는 그처럼 오명을 씻을 만한 요행이 뒤따르지 않았지만, 어느 대문호의 말을 빌려 그의 정치적 역량과 한계에 대해 촌평을 덧붙이며 글을 끝맺고자 한다. "Not wisely but too well."[3]

---

3   윌리엄 셰익스피어, 『오셀로』, 5막 2장 340행. 오셀로가 자신을 "one that loved not wisely, but too well"이라고 묘사하는 대목 참조.

11장

다크 히어로의 측면에서 다시 보는 프로메테우스

안상욱

다크 히어로! 영웅이 이래도 돼?

어릴 적에 유명한 히어로 피규어 한두 개쯤은 가지고 있는 것이 남자 아이들의 불문율이다. 내가 어린 시절을 보내던 1980~1990년대에는 인터넷이 없었기 때문에 지금처럼 문화 콘텐츠의 유통이 빠르게 이루어지지 않았지만, 그렇다고 아예 없는 것도 아니었다. 그 당시 슈퍼맨, 원더우먼, 로보캅 등은 사람들에게 꽤 인기 있는 캐릭터들이었다. 으레 명절이 되면 어린이들을 위해 히어로 영화가 방송에서 나오기도 했는데(당시에는 케이블 TV 같은 것도 없었다!) 그중에 어린 마음에 '내가 이걸 봐도 되나' 눈치를 보며 봤던 영화가 있다. 바로 '배트맨' 시리즈다. 슈퍼맨이나 원더우먼은 누가 봐도 선한 인물이고 인간 사회의 기존 윤리 규범을 존중하며 행동한다. 정의를 사랑하는 도덕적 영웅이라고 할까.

그런데 배트맨은 어딘가 달랐다. 악당을 벌하는 걸 보면 정의의 편에 서는 것 같기는 한데, 방법이 너무 잔인하고 과격했다(당시 기준에서는). 대강 묶어서 경찰에 넘기고 끝내면 될 상황에서도, 특히 개인적인 원한이나 감정이 결부될 경우에는 악당이 불쌍하게 보일 정도로 잔인하고 과격하게 제압했고, 정서적으로 아주 불안정해서 법이나 윤리 규범도 무시하고 폭주하기 일쑤였다. 때로는 경찰의 수배 대상이 되기도 하는 등 결코 그는 영웅다운 성품을 가지고 있다고 볼 수가 없었다. 옷차림부터 시꺼먼 것이 악당인지 영웅인지 헷갈리는데 하는 품을 봐도 악당과 별 차이가 없어 보일 때가 많았던 것이다. 나중에야 알게 된 사실이지만, 배트맨과 같은 유형의 캐릭터를 안티 히어로(반영웅), 그중에서도 다크 히어로(흑영웅)라고 분류할 수 있는데, 배트맨이 그 원조 격이라고 한다. 이 글에서는 그리스 신화에 등장하는 프로메테우스를 다크 히어로라는 측면에 주목하여 다시 보려 한다.

반反영웅의 한 종류, 흑영웅

영웅과 반영웅은 서로 대립하는 개념이다. 전통적인 의미에서 영웅은 특별한 능력을 가진 중심인물로서 인물의 성품도 그리고 행위의 목적과 수단도 모두 정의롭고 윤리적이다. 이들은 영웅 개인의 특별한 힘으로 다수의 공동체 구성원들을 이끌어 가는 영웅주의적 구도를 자주 형성한다. 이와는 달리, 반영웅은 전형적인 영웅 개념에 포섭되지 못하는 인물 전체를 모두 포괄적인 개념이다. 전형적인 영웅은 첫째, 능력과 비중의 측면에서 특별한 능력을 가진 중심인물이면서, 둘째, 도덕성과 관련해서는 인물의 성품과 행위의 목적 및 수단이 모두 선하고 정의롭다는 특징을 가진다. 그렇다면 반영웅적 인물에는 도덕적 측면은 갖추고 있지만 능력과 비중의 측면을 충족시키지 못하는 소시민적 유형과, 특별한 능력을 가지고는 있으나 도덕적이지는 못한 망나니 히어로 유형, 그리고 두 가지 측면 모두 갖추지 못한 악당 유형이 있을 것이다.[1]

여기에 반영웅으로 분류되는 다른 유형의 히어로를 나타내는 추가적인 개념이 있다. 그것은 '흑黑영웅' 혹은 '다크 히어로'다. 다크 히어로는 안티 히어로에 비해 협소한 의미를 지니고 있다. 안티 히어로가 인물 자체는 좋은 사람이 아니더라도, 어떤 다른 이유로 정당하거나 정의로운 무언가를 위해서 싸우는 중심인물이라면, 다크 히어로는 기본적으로 좋은 사람이어서 정의의 편에서 싸우기는 하지만[2], 그 수단과 방법에서는 윤리·도덕의 문제를 떠나 잔인하고 비겁하며 부정한 방법도 서슴지 않고 사용하는 인물이다. 그들은 과거의 사건에 의해 갖게 된 어두운 성격이나 불안정한 심리 상태를 종종 보여 주고, 전통적인 영웅이나 더욱 중심적인 영웅과 함께 등장할 때는 그와 성향과 이념 등에서

---

1 그러나 대중적으로 널리 사용되는 '안티 히어로' 개념은 히어로 영화의 성공과 맞물려, 독특한 성격의 히어로를 지칭하기 위해서 통상 두 번째 인물 유형인 '망나니 히어로 유형'만 가리키기 위해서 사용되는 경우가 잦다.

2 그러므로 악당은 안티 히어로가 될 수는 있어도, 다크 히어로가 될 수는 없다.

대립하기도 한다. 다크 히어로의 특징을 아래와 같이 정리해 두는 편이 좋겠다. 그리고 그에 비추어 인류의 절멸을 막기 위해 제우스를 속이려든 프로메테우스의 이야기를 살펴보자.

- 다크 히어로는 기본적으로 정의의 편에 서지만, 비겁하고 부정한 수단을 쓰기도 한다.
- 다크 히어로는 기존의 법과 윤리 규범을 무시하는 경향이 있다.
- 다크 히어로는 과거의 사건을 계기로 어두운 성격 또는 불안정한 심리 상태를 갖는다.
- 다크 히어로는 전통적 영웅이나 더욱 중심적 영웅과 함께 등장할 경우, 그와 대립하기도 한다.

프로메테우스, 인류의 절멸을 막기 위해 제우스와 지혜 경쟁을 펼치다

희랍 신화에서 인간과 가장 밀접하게 연관된 신은 단연 프로메테우스일 것이다. 그는 동생 에피메테우스와 자주 어울려 언급되곤 하는데, 형인 '프로메테우스'는 '미리 아는/생각하는 자'라는 뜻으로 선지자 혹은 선견지명을 가진 지혜로운 자였고, 예언 능력을 가지고 있었다고 한다. 반면 동생 '에피메테우스'는 '나중에 아는/생각하는 자'라는 뜻으로 모든 일을 전부 겪고 나서야 깨닫고 매사에 미숙하고 서툰

자였다. 프로메테우스는 인간과 가장 친밀한 관계를 맺고 있는 신이었다. 그는 제우스가 빼앗아 간 불과 밀을 인류에게 되찾아 주기도 했고 인간 문명의 모든 기술을 가르쳐 주었다고도 한다. 문헌에 따라서는 인류를 만들었다고도 전해지는 신이 프로메테우스다. 그러나 프로메테우스가 인간이 아닌 신들 사이에서 가지고 있는 입지는 대단히 애매한 것이었다.

프로메테우스는 티탄 이아페토스의 아들로 분명히 티탄 계열의 신이었다. 그러나 그는 제우스와 올림포스 신들이 아버지 크로노스와 티탄 신들을 상대로 벌인 이른바 '신들의 전쟁'의 결과를 가이아에게서 미리 듣고서 올림포스 진영에 가담했다. 이것이 종전 후 다른 많은 티탄들이 처벌받았던 것과 달리 프로메테우스가 살아남을 수 있었던 이유다. 즉 프로메테우스는 티탄 신이지만 티탄 진영을 버렸으므로 티탄 신이 아니고 올림포스 진영을 도왔으니 올림포스 신들의 일원인 것 같지만, 태생상 티탄이니 올림포스 신일 수 없는 모순적 존재이자 적도 아군도 아닌 경계인이었던 것이다. 프로메테우스의 이중적 성격은 필연적으로 그에 대한 의심을 동반할 수밖에 없었고, 제우스는 종전 후에도 그를 신뢰하지 않아 중책을 맡기지 않는다. 프로메테우스는 점차 신들보다 지상의 인간들과 어울리며 그들에게 문자와 의술 등 온갖 종류의 기술들을 전수하면서 야인처럼 지냈다.

신들의 전쟁 이후 프로메테우스의 행보

　새로운 통치자가 된 제우스는 권능을 분배하고 세계의 질서를 새롭게 재편하려고 했다. 언젠가 그는 죄 없는 인간들을 몰살시키고 새로운 인류를 만들고자 하였다. 그러자 인간들과 친했던 프로메테우스는 감히 제우스에게 격렬하게 반대한다. 그가 보기에 이것은 옳지 못한 일이었던 까닭이다. 이에 제우스는 신과 인간의 관계를 새롭게 정립하는 일을 그에게 위임한다. 제우스로서는 프로메테우스의 진심을 엿볼 수 있고, 프로메테우스로서는 인류에게 도움을 줄 기회였다. 오늘날에도 전쟁 후 가장 골치 아픈 문제 중 하나가 적국에서 귀순한 유공자들의 처우다. 프로메테우스를 믿지 않는 제우스와 그런 제우스보다 인간들을 더욱 아끼는 프로메테우스. 이제 프로메테우스는 인류의 종말을 막기 위해 제우스를 상대로 지혜를 다퉈 볼 작정이다. 자신이 옳다고 생각하는 것을 위해 나선 투쟁이지만, 소중한 인간들의 생사가 걸려 있는 만큼, 기사도를 따라 정정당당한 싸움을 고집할 수만은 없다. 그러기에는 제우스와의 격차가 너무 크다. 제우스를 상대하는 프로메테우스의 전략은 거짓말이든 속임수든 가리지 않는 전방위적 투쟁이어야 한다.

　프로메테우스는 인간들을 돕기 위해서, 제우스를 속이려는 음모와 계략을 짜는 데 착수한다. 그는 곧장 첫 번째 음모를 꾸민다. 프로메테우스가 황소 한 마리를 데려와 해체하고 음흉한 마음으로 두 개의 고깃덩어리를 만든다. 첫 번째 덩어리는 아무것도 먹을 것이 없는 뼈를 먹음직스럽고 보기 좋은 흰 점막으로 포장해 만든 것이다. 반대로 두 번째 덩어리는 소의 살코기를 피가 덕지덕지 붙어 보기 흉한 내장으로 포장해 만든 것이다. 프로메테우스는 신들의 몫으로 주어질 부분으로 둘 중 하나를 제우스가 직접 선택하라고 제안한다. 제우스는 프로메테우스의 시꺼먼 속을 짐작하면서도 그 제안에 응한다.

"이아페토스의 아들이여, 모든 통치자 가운데 걸출한 자여,

이봐요, 그대는 얼마나 불공평하게 몫을 나누었는가!"

불멸의 계략을 알고 계시는 제우스께서는 이렇게 그를 나무라셨다.

그러자 음모를 꾸미는 프로메테우스가 그분께 가볍게 미소 지으며

대답했으나 자신의 계략을 잊지는 않았다.

"제우스여, 영생하는 신 중에 가장 영광스럽고 가장 위대한 분이여,

둘 중 어느 것이든 그대 가슴속 마음이 명령하는 것을 고르십시오!"

이렇게 그는 음흉한 마음에서 말했다.

— 헤시오도스, 『신들의 계보』, 543–550.

제우스는 첫 번째 덩어리를 선택했고, 내용물을 확인하고는 프로메테우스가 감히 자신을 속이려 했다는 사실에 격분하였다. 그 속에는 오로지 뼈밖에 들어 있지 않았기 때문이다.[3] 그러나 제우스는 프로메테우

3　이전까지 희랍인들은 제물 전체를 태워 신들에게 바쳤으므로 가난한 사람들은 제사를 지내는 데 부담을 느꼈다고 한다. 그래서 프로메테우스는 인간들을 돕기 위해 제물의 일부만 제사에 바치고 나머지는 인간들이 식량으로 삼도록 만들어 주고자 했고, 그 뒤로 제사를 지낼 때 동물의 뼈를 태워 그 향과 연기를 신들에게 바치고, 그 동물의 고기를 인간들이 먹게 되었다고 한다.

스를 직접 처벌할 수 없다. 그는 소를 해체하여 고깃덩어리를 나누었을 뿐 최종적인 선택은 자신이 했기 때문에, 그가 괘씸하기는 하지만 법적인 처벌 대상은 될 수 없었다. 그 대신 제우스는 프로메테우스가 아끼는 인간들로부터 불과 밀을 회수한다. 프로메테우스가 애써 인간들의 몫으로 동물의 살점을 주었지만, 불이 없는 이상 인간들은 그것을 제대로 섭취할 수 없었을 것이고, 여기에 밀마저 빼앗겼으니 그 피해가 막심했다. 두고 볼 수 없었던 프로메테우스는 두 번째 음모를 꾸민다. 빼앗긴 불과 밀을 인간들에게 되찾아 주기로 한 것이다. 그는 짐짓 평온을 가장한 채 올림포스 신궁으로 올라가서, 숨겨 온 회향 나무 가지 속에 은밀히 불씨를 구해다 숨긴다. 회향 나무는 표면이 푸르고 촉촉해 보여서 들키지 않을 거라고 생각한 것이다. 그러고는 다시 무심한 척 지상으로 내려와 인간들에게 불을 나누어 주었다. 프로메테우스는 불씨와 함께 밀알도 훔쳐다 땅속에 숨겼다. 땅속에 숨겨 놓으면 올림포스 신궁에 있는 신들로서는 알기 어려울 것으로 생각했기 때문이다. 그래서 프로메테우스는 자신의 계획이 성공했다고 생각했지만, 사실 제우스는 이 모든 음모와 계략을 알고 있었다.

프로메테우스의 처벌과 해방

제우스의 함정에 빠진 프로메테우스에게는 괘씸죄만 성립할 뿐이었던 불과 밀의 절도 이전과 달리, 이제는 뚜렷한 처벌 근거가 생겼다. 이를 근거로 제우스는 프로메테우스를 카우카소스산에 결박한 뒤, 매일 독수리에 의해 간이 파 먹히고 재생되기를 영원히 반복하는 형벌을 내린다. 거기다 스틱스강에 대고서 프로메테우스를 절대 풀어

제우스가 보낸 독수리에 의해 매일 간을 파먹히는
형벌을 받는 프로메테우스

주지 않겠노라고 맹세할 만큼, 프로메테우스에 대한 제우스의 분노는 매우 컸다. 그러나 프로메테우스는 결국 제우스의 형벌에서 풀려나게 되는데, 여기에는 프로메테우스의 예언 능력과 인간이었던 헤라클레스의 역할이 결정적이었다.

프로메테우스는 카우카소스산의 암벽에 묶인 상태에서도, 제우스가 자기보다 뛰어난 자식에 의해 제압되어 권좌에서 쫓겨나는 일을 막는 데 도움을 준다. 그는 제우스가 언젠가 왕좌에서 내려오게 될 것을 경고하면서 그러한 일을 예방하기 위해서는 자신을 찾아와 도움을 받아야만 할 거라고 경고한다. 짧게 말하자면, 제우스가 언젠가 여신 테티스와 결합해 자식을 낳는데, 테티스에게는 아버지보다 뛰어난 자식을 낳는 운명이 정해져 있어서 제우스를 능가하는 신들의 새로운 왕이 태어난다는 것이다. 제우스는 프로메테우스로부터 조언을 듣고 테티스의 운명을 두려워하여 신이 아닌 인간 펠레우스에게 시집을 보내게 되는데, 그렇게 태어난 자식이 트로이 전쟁의 영웅 아킬레우스였다.

한편 헤라클레스는 제우스와 알크메네 사이에서 태어난 아들이고 사

촌 에우뤼스테우스 아래서 수행했던 12가지의 노역으로 유명하다. 헤라클레스는 11번째 노역으로 헤스페리데스의 황금사과를 찾던 중, 지중해 각처를 돌아다니다 카우카소스산맥을 지나게 되는데, 이때 프로메테우스의 간을 쪼아 먹던 독수리를 활로 제압하고 그를 풀어 주게 된다. 프로메테우스는 그 보답으로 아틀라스로 하여금 황금사과를 가져오도록 해야 한다고 귀띔하여 헤라클레스가 노역을 완수할 수 있게 돕는다. 제우스는 아들 헤라클레스의 영광을 더해 주는 일이기에 프로메테우스의 해방을 반대하지는 않았지만, 스틱스강에 대고 한 맹세가 있어서 카우카소스산의 바위로 만든 반지를 프로메테우스가 착용하도록 했다. 반지를 착용하는 한, 여전히 카우카소스산에 결박되어 있는 셈이 되기 때문이다. 이처럼 프로메테우스는, 한편으로는 자신의 특별한 능력으로 제우스에게 도움을 제공하고 다른 한편으로는 인간 영웅 헤라클레스의 도움을 받아 인류를 구원하기 위해 제우스를 상대로 벌인 싸움을 비로소 마칠 수 있었고, 인류도 종말의 위기를 잠시 접어 둔 채 보전될 수 있었다.[4]

---

4   인류의 종말 위기가 완전히 사라진 것은 아니다. 헤시오도스에 의하면 인류는 황금종족부터 은종족과 청동종족 그리고 영웅종족과 현재의 철종족에 이르기까지 모두 다섯 종족이 존재했다고 전한다. 프로메테우스와 친근했던 인류는 판도라가 기존에 없던 온갖 나쁜 것들이 담긴 단지를 들고 가기 전부터 존재했던 종족이므로 황금종족으로 짐작된다. 따라서 현재의 인류가 포함되는 철의 종족을 제외하면 네 차례의 인류 종말이 남게 된다. 다만 프로메테우스의 이야기가 전개되는 와중에 인류의 종말이나 탄생이 언급되지는 않고, 그의 아들인 데우칼리온의 시대에 가서야 대홍수와 새로운 인류의 탄생 이야기가 등장한다.

다크 히어로, 프로메테우스

　프로메테우스에 관한 평가는 바라보는 시선에 따라서 엇갈릴 수 있다. 제우스의 눈에 비친 프로메테우스는 영웅 흉내를 내는 악당이다. 그는 옛 질서의 잔당으로서 새로운 세계의 질서에 적응하지 못하고 저항하는 인물이다. 그것은 순리에 어긋나는 일이다. 반면, 인간들의 시선에서 프로메테우스는 악당 신세로 몰린 영웅이다. 그는 무고한 인류를 보호하고 불과 온갖 기술을 전해 줌으로써 인간이 문명을 일으킬 수 있도록 도운 은인이다. 이처럼 프로메테우스를 바라보는 시선과 평가가 엇갈리는 것은 그의 이중적이고 경계적인 성격에서 비롯된 결과다.

　프로메테우스의 이중적 속성은 크게 세 가지 측면에서 확인할 수 있겠는데, 첫째는 그가 꾸민 음모의 본질에서다. 프로메테우스의 계략의 요체는 모두 겉과 속의 이중성이었다. 신과 인간의 몫을 결정할 때, 그는 그럴듯한 겉모습을 가지고 있지만, 내용 없는 속을 가진 고깃덩어리로 제우스를 속이려 했다. 불을 훔쳐 올 때, 그는 겉은 촉촉해 보이지만 속은 바짝 말라서 불씨를 옮기기 좋은 회향 나무줄기를 사용했다. 밀을 숨긴 땅은, 하늘에서 볼 때 겉으로는 아무것도 없었지만, 그 속에는 밀 알들이 들어 있었다. 둘째는 프로메테우스가 신들 속에서 차지하는 위치에서다. 그는 티탄이지만 티탄이 아니고 올림포스 진영에 왔지만 올림포스 신도 아닌 중간적이고 경계적인 존재였으니까. 마지막으로 셋째는 프로메테우스가 제우스로부터 받은 형벌에서다. 신들의 시간은 무한하고 신들은 그 속에서 고정불변이다. 반면, 인간들의 시간은 유한

하고 그 속에서 인간들은 운동과 변화를 멈추지 않는다. 그런데 프로메테우스의 경우, 그의 시간은 하루의 주기 동안 간의 손상과 재생이라는 운동과 변화를 겪는다는 점에서는 인간의 경우와 같지만, 그러한 하루가 무한하게 반복된다는 점에서는 신들의 경우와 같다. 이 모든 것들은 프로메테우스가 이중적 인물이자 경계인이라는 사실을 가리키고 있는데, 이는 영웅과 관련해서도 마찬가지다.

프로메테우스는 영웅이라는 지위를 놓고서도 이중적 성격을 갖는다. 프로메테우스가 티탄이면서 티탄이 아닌 것처럼, 그는 영웅이면서 영웅이 아니다. 앞에서 영웅을 특별한 능력을 가진 중심적 인물로서 성품과 행위의 목적 및 수단에 있어 모두 정의에 부합하는 캐릭터로 규정한 바 있는데, 프로메테우스는 특별한 능력을 가진 중심인물이라는 점에서는 영웅으로 분류될 수 있지만, 인물의 성품과 행위의 목적과 수단이 모두 정의와 선함에 부합하지는 못한다는 점에서 전형적인 영웅과 다르기 때문이다. 그런 인물을 가리켜 우리는 반영웅이라고 불렀다. 그렇다면 프로메테우스도 반영웅일 텐데, 혹시 우리는 프로메테우스로부터 '다크 히어로'의 면모를 찾아볼 수 있을까? 마치 배트맨에게서 찾을 수 있는 것처럼? 프로메테우스가 다크 히어로의 면모를 갖추고 있는지 확인하기 위해서 앞서 요약한 다크 히어로의 특징을 다시 떠올려 보자. 그는 다크 히어로의 특징에 얼마나 부합할까?

• 다크 히어로는 기본적으로 정의의 편에 서지만, 비겁하고 부정한 수단을 쓰기도 한다.

- 다크 히어로는 기존의 법과 윤리 규범을 무시하는 경향이 있다.
- 다크 히어로는 어떤 사건을 계기로 어두운 성격 또는 불안정한 심리 상태를 갖는다.
- 다크 히어로는 전통적 영웅이나 더욱 중심적 영웅과 함께 등장할 경우, 그와 대립하기도 한다.

먼저, 첫 번째 특징. 인간들의 눈으로 볼 때, 프로메테우스는 정의의 편에 서는 인물이고 이것은 프로메테우스의 관점에서도 마찬가지다. 누구나 자신이 어떤 의미에서든 옳다고 여기는 것을 선택하게 되어 있으니까. 즉 프로메테우스는 자기 나름대로 올바름과 정의로움을 목적으로 삼아 행동한다. 그러나 그 방법까지 올바르고 정의로워야 한다고 고집하지는 않았다. 인류의 종말을 막아야 한다는 목표가 너무나 절실했기 때문에, 그 과정에서 지켜야 하는 공정하고 정당한 경쟁은 포기했다. 어쩌면 제우스와의 지혜 경쟁이라는 기울어진 운동장에서 공정한 경쟁은 이미 불가능한 것이었을 수도 있다. 그 결과 프로메테우스가 사용하게 된 방법이 '음흉한 마음'[5]에서 '불공평하게 몫을 나누기'[6]한 '불멸의 계략'[7]이었다. 요컨대, 프로메테우스는 정의를 위해 싸우기는 하지만, 정의로운 수단을 고집하지는 않았던 것이다. 프로메테우스는 속이 시꺼멓다!

---

5   헤시오도스, 『신들의 계보』, 550.
6   헤시오도스, 『신들의 계보』, 544.
7   헤시오도스, 『신들의 계보』, 545.

두 번째 특징. 이야기 속 세상은 제우스가 티탄들을 제압하고 얼마 지나지 않은 시점의 세계다. 신들의 왕이자 세계의 통치자로서 제우스가 새롭게 등극한 세계에서 법과 규범은 모두 제우스에게서 나온다. 그러나 프로메테우스는 인간을 없애려는 제우스에게 반대하였고 인간들을 위해 불과 밀을 가져다준 것도 모두 제우스의 뜻을 거스른 행위였다.

세 번째 특징. 프로메테우스가 자신의 형제들과 티탄들에게 전쟁을 피하라고 설득하는 데 실패한 후 올륌포스 신들의 진영으로 가담할 수밖에 없었던 그 순간부터 그는 자신의 입지만큼이나 불안정한 심리 상태에 놓일 수밖에 없었을 것이라는 점은 너무나 당연하다. 또 그는 티탄들이 전쟁에 패하고 형제지간인 아틀라스가 천구를 떠받치는 형벌을 받는 모습을 떠올릴 때마다 괴로워했다.[8]

> 천만에, 나와 형제간인 아틀라스가 당한 운명만 생각하면
> 나는 벌써 마음이 아프오. 그는 세상의 서쪽 끝에 서서
> 하늘과 대지의 기둥을, 결코 견디기 쉽지 않은
> 짐을 양어깨에 떠메고 있으니 말이오.
>
> – 아이스퀼로스, 『결박된 프로메테우스』, 347–350.

마지막으로 네 번째 특징. 그리스 신화에서 가장 중심적인 영웅은 제

---

8 덧붙여, 프로메테우스는 카우카소스산에 결박되어 형벌을 받을 때, 자신을 위로하기 위해 찾아온 오케아노스에게 '헛수고이자 불필요하고 경솔한 선의'라면서 한껏 어둡고 차가워진 마음을 숨기지 않는다: 아이스퀼로스, 『결박된 프로메테우스』, 383.

우스다. 제우스가 크로노스를 제압한 이후의 세계는 제우스가 모든 것의 정점에 선다. 이것은 그리스 신화의 모든 이야기에서 고정된 상수다. 그리스의 영웅 개념은 무엇보다도 특별한 능력을 요구한다. 따라서 중립적 관점에서 사건을 바라본다면 영웅은 제우스다. 인간들을 없애고 다시 만들고자 하는 제우스가 악역으로 보여도 그것은 프로메테우스와 인간의 관점에서 그럴 뿐, 제우스는 우주의 섭리 작용을 하는 것이지 악을 실천하는 것이 아니다.[9] 그리고 프로메테우스는 그런 제우스에 맞서 대립하는 인물이었다. 그렇다면 프로메테우스는 다크 히어로의 면모에 꽤 부합하는 인물로 보인다.

프로메테우스가 보여 주는 반영웅주의

신들의 전쟁 이후, 세계는 제우스와 올림포스 신들이 주도하는 질서에 따라서 재편되었다. 제우스는 올림포스 신들을 이끌어 크로노스와 티탄 신들로부터 지배권을 빼앗아 스스로 우주의 새로운 지배자이자, 신들과 인간들의 아버지가 되어 모든 권력의 정점에 선다. 제우스는 모든 신과 인간들 가운데 가장 뛰어난 능력과 권위를 갖는다. 그런 까닭에 제우스를 영웅의 자리에 상수로 놓은 바 있다. 그는 올림포스 신들을 가부장적 권위로 강권 통치하고, 올림포스 신들은 제우스로부터 인정받

---

9   그리고 당시 시대의 인간들은 프로메테우스의 아들인 데우칼리온의 세대에 결국 대홍수로 종
     말을 맞이하게 된다.

은 각자의 권능을 통해서 그의 질서를 새로운 세계에 구현하는 소수의 대리적 권력 집행자들이다. 우리는 제우스와 신들의 관계 속에서 영웅주의적 구도를 뚜렷하게 확인할 수 있는데, 그것은 이 세계에서 히어로는 단연 최고의 권능을 지닌 제우스이며 그를 비롯한 소수의 올림포스 신들이 특별한 능력을 가진 보조 영웅적 인물들로서 우주 전체를 이끌어 나가는 듯이 보이기 때문이다. 그러나 관심의 초점을 프로메테우스로 옮겨 본다면, 그 속에서 반영웅주의적 구도를 발견할 수도 있다.

프로메테우스와 인간들이 어떤 존재들인가. 이야기 속에서 프로메테우스는 교활한 속임수와 계략을 쓰면서까지 자신이 아끼는 인간들을 보호하려다 고통당해야 했던 반영웅이자 다크 히어로였다. 한편 인간들은 그의 비공식적인 지원을 받기는 하지만, 제우스의 질서에 더욱 강력하게 구속되고 그의 결정에 따라 일방적으로 좌우될 수밖에 없는 다수의 '쩌리들'이었다. 그런데 이런 그들에게도 제우스의 질서를 거슬러 자기들의 의지를 실현하는 사건이 일어난다. 바로 프로메테우스의 해방이다. 프로메테우스를 결코 풀어 주지 않겠다고 맹세했던 제우스는 끝내 그를 실질적으로 풀어 주게 된다. 인간 영웅 헤라클레스가 프로메테우스를 결박에서 풀어 주는 한편 프로메테우스가 자신의 예언 능력으로 알아낸 테티스의 운명을 가지고 제우스와의 거래를 성사시켰기 때문이다. 이 사건은 세계가 제우스와 같은 절대적 존재의 의지에 의해서만 결정되는 것은 아니며, 오히려 프로메테우스와 다수의 인간처럼 소외된 약자들에 의해서도 변모할 가능성이 있음을 보여 준다는 점에서 반영웅주의적이다.

12장

영웅이기를 거부한 '직진直進' 장비

김월회

둘째 아우 관우의 원수를 갚고자 출정하는 날이 밝았다. 황제의 몸임에도 유비는 직접 군사를 정비한 후 출정에 나서는 참이었다. 그때 학자 진복이 유비의 앞을 가로막고 간했다. "폐하께서 황제임을 망각하시고 작은 의리를 좇고자 하십니까? 이는 옛사람들도 하지 않은 처사이옵니다."

작은 의리를 선택한 유비

여기서 '작은 의리小義'라 함은 유비가 저 옛날 관우, 장비와 함께 도원결의를 맺으며 서로 다른 일시에 태어났지만, 한날한시에 죽기로 맹세한 일을 가리킨다. 이는 황제 유비에게는 사사로운 의리에 불과했다.

'만백성의 어버이'라는 규정이 환기하듯이 황제는 존재 자체가, 또 일상의 전부가 온통 공인이었으므로 도원결의 아니라 그보다 더한 결의를 했어도 그보다는 공인으로서의 신분과 책무를 늘 앞세워야 했다.

그러나 관우가 오나라의 책략에 넘어가 비명횡사했고 머리 따로 몸뚱이 따로 묻혔다는 비극적 소식을 접하자 유비는 황제고 뭐고 제정신이 아니었다. 진복은 그렇게 복수심에 불타는 황제 유비에게 당신이 지금 하려는 것은 졸장부나 하는 소의에 연연한 행위밖에 안 되니, 부디 황제라는 정체성에 걸맞게 행동하라는 충언을 한 것이다. 모르긴 해도 그는 목숨을 걸고 간언했을 것이다. 사실 진복뿐만이 아니었다. 제갈량, 조자룡 등 많은 신하가 관우 복수를 위한 오나라 정벌을 적극적으로 만류했다. 그럼에도 유비는 대규모 원정군을 꾸려 오나라 정벌에 나섰다. 요즘 표현으로 하자면 있는 국력 없는 국력을 모조리 갈아 넣어 대군을 편성한 셈이었다. 하지만 결과는 처참했다.

정벌에 나서고 얼마 지나지 않아 막내아우 장비도 부하의 배신으로 비명횡사했다는 비보가 전해졌다. 이를 들은 유비는 울부짖다가 혼절했다. 그러기를 몇 차례 반복하고 나서야 유비는 가까스로 몸을 추슬렀다. 그럼에도 그는 사사로운 정리에 휩싸인 채 정벌을 강행하였다. 그리고 궤멸적 타격을 입고는 크게 졌다. 그제야 이번 정벌을 그렇게도 만류한 제갈량 등에게 미안해졌다. 너무 많은 병사를, 군비를 잃었다. 중병에 걸림은 어찌 보면 자연스러운 귀결이었다. 사적으로는 물론 공적으로도 해낸 바는 없고 잃은 것이 너무도 컸다. 결국 유비는 백제성이라는 곳에서 함량이 많이 부족한 아들 유선을 제갈량에게 부탁한 후

파란만장한 삶을 마감하였다. 그가 세웠던 촉나라도 더불어 쇠퇴하기 시작했다. 유비 사후 제갈량 덕분에 국세를 어느 정도 유지했지만, 이는 회광반조와 같은, 소멸되기 전 마지막 남은 힘을 불살라 피워 낸 노을일 따름이었다.

만약 유비가 작은 의리를 앞세우지 않았다면 어떻게 됐을까? 역사에서 가정이란 무의미하다. 하지만 지금까지의 이야기는 어디까지나 소설 속 이야기였으니 이러한 상상을 해 봄도 나름 재밌을 듯싶다. 어쩌면 유비가 사사로운 의리를 따르지 않고 제갈량 등의 간언을 받아들였다면, 다시 말해 그가 공적 의리를 앞세웠다면 위나라와 오나라를 통일하여 한 황실을 재건한다는 대업을 이루었을 수도 있다. 오랜 세월 동안 독서 대중들이 염원하고 지지했던 유비의 꿈을 말이다.

영웅에 대한 편애

이러한 면모 때문에 유비를 영웅으로 선뜻 꼽기에는 자못 저어된다. 물론 소설 『삼국지연의』에서 영웅을 꼽으라면 단연 유비가 꼽힌다. 그와 필생의 적수였던 조조는 '간웅', 그러니까 간특한 영웅으로 치부되기 때문이다.

유비와 조조뿐만이 아니다. 사람들은 유비 진영의 관우·장비·조자룡·제갈량 등을 영웅으로 꼽는 데는 별로 망설이지 않지만, 조조 진영의 하후돈이나 허저·방덕 같은 출중한 장수들과 제갈량의 숙적 사마의 등을 영웅으로 꼽는 데는 무척이나 머뭇거린다. 심지어 손권 진영의 빼어난 인재들, 가령 적벽대전을 승리로 이끈 주유·황개를 비롯하여 관우를 사로잡은 감영, 유비의 마지막 원정군을 대파한 육손 같은 인물을 영웅으로 꼽는 데도 꽤 인색하다. 유비에 대한 민중의 동정과 지지가 그만큼 강했음이다. 하여 이러한 의문이 생긴다. 유비 진영의 인물들은 과연 영웅으로 꼽기에 부족함 없는 이들이었을까?

이 물음에 답하기 전에 떠올려야 할 바는 영웅은 성인聖人이 아니라는 점이다. 곧 모든 면에서 완벽해야 영웅으로 칠 수 있는 것은 아니다. 이는 동서고금을 막론하고 얼추 그러하다. 그리스 로마 신화를 보면 오히려 하자가 있어야 영웅이 되는 것이 아닐까 싶을 정도로 영웅들은 죄다 작지 않은 결함을 지니고 있다. 하기야 바람둥이 제우스나 질투의 화신 헤라 등, 신들도 저마다 결점을 지니고 있으니 주로 반신반인이었던 영웅이 하자를 지님은 당연한 귀결이기도 하다. 지금도 마찬가지다. 종종 범인을 쫓아가 잡거나 위급한 상황에 놓인 환자를 구한 이를 우리는 망설임 없이 '시민 영웅'으로 칭하곤 한다. 그들이 무결점의 존재인지와 무관하게 우리는 영웅이라는 표현을 그렇게 사용한다.

이렇게 보면 유비를 비롯한 수하의 인물들도 영웅이라고 칭하기에 별문제 없어 보인다. 문제는 똑같은 잣대를 적용했을 때 조조나 손권 진영의 인물들도 다 영웅이라고 할 수 있게 된다는 점이다. 사실 유비에 대한 호감과 조조에 대한 미움, 손권에 대한 무관심을 내려놓고 보면, 『삼국지연의』에 등장하는 주요 인물은 모두 영웅이라고 해도 된다. 그들 모두 학식이나 문장, 무용으로 이름을 널리 떨쳤던 이들이기 때문이다.

다만 『삼국지연의』가 역사책이 아니라 소설이라는 사실을 떠올릴 필요가 있다. 역사라면 독자의 감정이나 주관의 개입을 자제하면서 최대한 객관적으로 읽어야 하겠지만 소설은 그럴 이유가 거의 없다. 그렇게 읽으면 재미가 확 떨어진다. 하여 누군가를 지지하거나 누군가를 미워하며 읽게 마련이다. 곧 독자의 감정이나 주관 등으로 인해 유비와 조조, 손권 그리고 그들 수하의 주요 인물 모두를 영웅이라 볼 수 있음에도 유비 측 인물만 영웅으로 꼽게 되었다는 것이다.

모자란 영웅 유비

그런데 아직 앞에서 던진 물음이 명쾌하게 해명된 것은 아니다. "유비 진영의 인물들은 과연 영웅으로 꼽기에 부족함 없는 이들이었을까?"라는 그 질문의 답 말이다. 먼저 유비부터 살펴보자.

소설 『삼국지연의』에서 유비는 조조에 비해 많은 부분 부족함에도 진정한 영웅으로 묘사된다. 주지하듯이 조조는 실제 역사에서 영웅이라는 칭호를 아낌없이 써도 될 만큼 큰 성취를 일구어냈던 것과는 반대로 소설에서는 일관되게 '간웅奸雄', 그러니까 간악한 영웅으로 묘사된다. 반면에 유비가 실제 역사에서 이룬 성취는 조조와 비교하면 사뭇 초라하다. 물론 촉나라를 세우고 초대 황제가 되었다는 것은 실로 엄청난 일이라고 할 수 있지만, 조조에 비하자면 상대적으로 미미하다는 얘기다. 그럼에도 소설에서는 유비가 시종일관 영웅으로 치켜세워진다. 조조의 삶을 관통하는 간특함奸과는 정반대로 유비는 어짊仁과 충의忠로 대변되는 삶을 살아간다는 이유에서이다.

그러나 촘촘하게 따져보면 소설에서조차 유비는 영웅으로서 꼭 구비했어야 할 결정적 면모가 결여되어 있다. 바로 문제 해결 역량이다. 유비는 자기 혼자 힘으로, 또는 자신이 주도하여 현안을 해결해 내지 못한다. 유비가 장비를 처음 만나는 장면부터 유비는 무기력하다. 황건적의 난이 일어나자 이를 진압할 의용군을 모집한다는 방을 보며 유비는 큰 한숨을 쉴 따름이다. 그러다 등 뒤에 서 있던 장비로부터 사내대장부가 지질하게 한숨이나 쉬고 있다는 꾸짖음을 듣고는 비로소 정신을 차린다. 이처럼 유비는 제갈량 영입 전에는 관우나 장비의 도움 아래 가까스로 문제를 해결하고 영입 후로는 제갈량이 모든 문제를 주도적으로 해결해 간다. 게다가 유비는 무武 방면의 역량에서도 특출한 점이 없다. 무예가 출중하지도 않고 병법에 밝지도 못하며 용맹스럽지도 않다. 반대로 겁도 제법 있고 의심도 적잖으며 우유부단하기까지 하다. 영웅의 면모를 지녔다고 보기에는 적어도 '51%' 부족하다. 하여 『삼국지연의』를 읽다 보면 제갈량·관우·조자룡 등이, 그리고 조조에 대한 미움을 걷어 내면 조조가 한층 영웅답다고 할 수밖에 없다.

그럼에도 소설에서는 유비를 참된 영웅이라 강변한다. 소설 속 조조에 대한 반감 탓일 수도 있겠지만, 결과적으로 많은 결여를 지녔음에도 이를 자신의 어짊과 충의로 극복하는 캐릭터가 언중에게 먹힌 셈이다. 그 결과 역사 속 영웅 조조는 역사에서든 소설에서든 영웅으로 보기 힘든 유비에 밀려 간웅, 달리 표현하자면 '반영웅antihero', 그러니까 영웅으로서의 역량과 면모를 지녔지만, 영웅답지 못한 면모도 못지않게 지닌 존재가 되었고 유비는 역사 속 실제와 무관하게 소설에서는 참 영웅이 되었다. 앞에서 말했듯이 소설에서의 유비 형상을 공평한 마음으로 보면 결코 영웅의 면모라고 할 수 없음에도, 만 보 양보해도 '모자란 영웅'이라고 밖에 할 수 없음에도 말이다.

어정쩡해진 민중 영웅 장비

치자, 곧 통치 계층의 이상이 투영된 영웅이 있는가 하면 피치자, 곧 민중의 이상이 투영된 영웅이 있다. 장비는 민중의 이상이 투영된 영웅, 그러니까 민중 영웅이라고 할 만하다. 떠오른 마음이나 생각을 바로 행동으로 옮기는 투박함, 욕망에 충실한 솔직함, 다듬어질 것 같지 않은 야성, 부조리나 불의에 대한 비타협적 태도, 끝을 보고야 마는 저돌성, 한번 마음 준 이에 대한 우직한 믿음 등은 고된 삶에 허덕이는 민중에게 친근감과 더불어 시원함을 안겨 주기에 부족함이 없다.

반면에 이 과정에서 드러나는 과도한 폭력과 잔인함, 앞뒤 안 가리는 또는 못 가리는 단순함 등은 '문아文雅'함을 중시하는 지식인층에게는 거부감을 유발한다. 이는 『삼국지연의』와 그 이전 버전으로 민중에 한층 가까웠던 『삼국지평화』의 서술을 비교해 보면 쉬이 알 수 있다. 예컨대 이러하다.

장비는 독우의 겨드랑이를 채찍으로 치고 큰 몽둥이로 백 대를 때렸다. 독우가 죽자 시신을 여섯 토막으로 잘라 머리는 북문에 매달고 사지는 동서남북, 네 모퉁이에 매달았다. 그러고는 유비, 관우, 장비 및 수하 군사들은 모두 태행산으로 가서 도적이 되었다.

—『삼국지평화』

독우가 대답도 하기 전에 벌써 장비의 손에 상투를 잡혀 관역 바깥으로 끌려나갔다. 장비가 독우를 질질 끌고 고을 관가 앞까지 가서, 말 매는 기둥에 달아매고는 버들가지를 꺾어 두 다리를 한 번 치니, 버들가지 십여 개가 일시에 부러져 날린다.

—『삼국지연의』[1]

황건적 난을 진압한 공로로 유비는 작은 현의 현령으로 임용된다. 『삼국지평화』에서는 유비가 임명된 현을 관장하는 태수가 뇌물을 뜯어먹을 요량으로 갓 부임해 온 유비에게 생트집을 잡는다. 이 소식을 접한 장비는 야밤에 태수 집으로 잠입하여 태수 가족을 잔인하게 살해한다. 그러자 독우가 태수 일가족 살인 사건을 조사하기 위해 파견된다. 그러한 독우를 장비는 매질하여 죽이고 그 시신을 잔인하게 훼손한다. 이 장면은 『삼국지연의』에서 이렇게 변주된다. 조정의 썩은 권신들이 지방관에게 뇌물을 끌어모으기 위해 독우를 파견했고, 유비의 임지에

---

1   번역은 각각 정원기 역주, 『삼국지평화』(청양, 2000), 김구용 옮김, 『삼국지연의1』, 솔출판사, (2008)을 따랐음.

도착한 독우는 생트집을 잡으며 유비를 압박한다. 이 소식을 들은 장비는 그를 호되게 매질한다. 그러나 『삼국지연의』는 이때 유비를 등장시켜 독우의 목숨을 부지케 한다. 그러고는 유비가 현령 직인을 미련없이 집어던지고 떠나게 함으로써 장비의 잔인함을 소거한다. 붓끝이 『삼국지평화』에 비해 사뭇 순치됐음을 확인할 수 있다.

비단 이 대목만이 아니다. 『삼국지연의』의 장비 관련 서술을 『삼국지평화』의 그것과 대비해 보면 이러한 순치가 곳곳에서 목도된다. 민중 영웅으로서 장비가 지니는 면모를 지식인들이 적이 불편해했음이 고스란히 드러나는 증거들이다. 그 결과 『삼국지평화』에서 선연했던 민중 영웅으로서의 장비 면모는 『삼국지연의』에서는 어정쩡한 면모로 변주된다. 치자의 이상이 반영된 영웅으로 보기에는 순치가 꽤 덜되었고 민중의 영웅으로 보자니 자못 문아해진 형상을 띠게 되었다. 가령 『삼국지연의』에서 장비는 조조의 10만 대군을 홀로 상대하는 장판교 위의 장비 형상처럼 영웅으로서의 면모를 어엿이 지니지만, 한편으로는 순치된 민중 영웅의 면모로 등장하여 유비 진영에 문제를 일으키거나 대사를 그르치는 반영웅으로서의 역할을 수행한다. "장비는 화를 부르는 세성歲星의 신이고 힘을 뽐내기는 좋아하지만, 지모란 없는 장수이다. 그러나 마음에는 숨김이 없고 솔직하고 투박하며 친근하다. 여러 차례의 실패나 성공 모두 그로부터 비롯된다"[2]는 분석이 나온 까닭이다. 아무리 순치됐을지라도 장비는 생래적으로 치자의 이상을 투영하기에

2　葉維四 · 冒炘, 『三國演義創作論』, (南京: 江蘇人民出版社, 1984), 257쪽.

는 적절하지 못했고, 그 결과 치자의 영웅과 민중의 영웅 사이에서 어정쩡한 형상을 띠게 되었던 것이다.

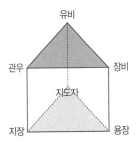

[그림 1] 『삼국지연의』의 기축서사
- 도원결의부터 형주 점령 이전까지

실제로 소설 속 장비는 유비 진영에서 언제라도 돌출될 수 있는 변수 역할을 주로 맡았다. 도원결의를 통해 실질적 혈연관계를 맺은 유비, 관우, 장비는 '맏이로서의 덕목을 갖춘 후덕한 유비'가 『삼국지연의』 서사의 기축을 이루는 삼각형의 정점에 놓이고, 밑변의 양 끝에 '문인적 소양과 빼어난 무용을 갖춘 덕장 관우'와 '괄괄하고 단순 무지하나 우직하고 정 많은 막내 장비'가 위치함으로써 나름 안정적이고 자기 충족적 구조를 이룬다.([그림 1] 참조) 그러나 이 셋으로 이루어진 기축 서사는 유비 집단의 규모가 커지고 유비의 위상이 제고됨에 따라 새로운 관계의 삼각형으로 대체되어 서사의 기축을 이룬다.([그림 2] 참조) 이를테면 유비가 적벽대전 결과 형주의 자사刺史가 되었을 때 유비는 여전히 삼각형의 정점에 위치하지만, 밑변의 양 끝에는 제갈량과 관우가 배치된다. 자사는 춘추전국시대로 치자면 제후에 해당하는 직위로 한 나라의 군주에 해당한다. 형주

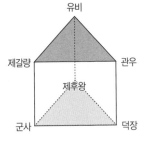

[그림 2] 『삼국지연의』의 기축서사
- 형주 점령부터 촉한 건국 이전까지

의 자사가 되었다고 함은 유비의 정체성이 제후왕으로 승격했다는 것이 되니, 일국의 책임자로서 장비가 대변하는 돌발 변수를 기축에 놓을

수 없었기에 기축 서사의 삼각형에서 장비가 빠졌던 것이다. 그리고 제갈량이 이인자의 위상에 놓이고 관우가 장비의 자리로 배치됨으로써 제후왕에 걸맞은 기축 서사를 구현했다. 일국의 군주에게 우선으로 요구되었던 덕목은 도원결의한 '형제'라는 관계가 아니라 나라를 안정적으로 잘 다스릴 수 있는 경세의 능력이었기에 이러한 변이는 당연한 귀결로 볼 수 있다.

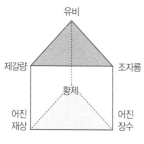

[그림 3] 『삼국지연의』의 기축서사
- 촉한 건국 이후

이는 훗날 유비가 촉한의 황제가 되었을 때 삼각형의 밑변 양 끝에 제갈량과 조자룡이 배치되는 형국으로 재차 변이가 된다.([그림 3] 참조) 기축 서사의 삼각형은 이렇게 형제라는 사적 관계가 완전히 배제되는 구조를 이룩함으로써 궁극적으로 완성된다. 황제는 이념적으로는 어디까지나 공적 존재여야 하므로 기존의 형제 관계를 축으로 했던 기축 서사가 유비 집단의 성장 과정에서 공적으로 맺게 된 관계로 대체되었던 것이다.

"오직 직진!"의 장비

유비의 삼고초려 시, 제갈량이 유비가 시립하고 있는 줄 빤히 알면서도 일부러 낮잠을 늘어지게 자고 있자 장비는 제갈량의 초옥에 불을 지

르려 한다. 유비의 스승인 중랑장 노식이 황건적 토벌의 공을 세웠음에
도 황제 측근의 내시들이 요구하는 뇌물을 바치지 않아 그만 무고당해
도읍으로 압송되자 장비는 호송 관리들을 다 쳐 죽이려고 한다. 이들
장면이 잘 일러 주듯이 장비는 유비 집단의 성장 과정에서 일관되게 판
을 흔들거나 대사를 망치는 역할을 수행한다.

이는 『삼국지연의』 후반부로 갈수록, 그러니까 유비가 제후왕이 되
고 또 황제로 성장해갈수록 조자룡이 장비보다 더 큰 비중을 차지한 데
서도 역설적으로 목도된다. 또한 조자룡의 덕목은 당양의 벌판에서 조
조의 10만 대군 속을 단기필마로 휘젓고 다니는 '무용武勇'에서 문무를
겸비한 장수에 어울리는 '무덕武德'으로 승화됐음에도 장비는 여전히 무
용의 단계에 머물렀음에서도 목도된다. 같은 형제임에도 유비와 관우
는 성장 단계에 따라 덕목이 변이되며 발전한 데 비해 장비만은 별 변
화 없이 도원결의 당시의 면모로 일관된다. 이를테면 유비는 조자룡이
조조의 10만 대군을 휘젓고 구해 온 아들 아두를 내팽개치며 혈육보다
는 장수가 더욱 귀하다고 일갈한다. 이는 공적 지도자로서 사적 인연에
연연해 하지 않겠다는 선언을 한 셈이다. 그만큼 유비가 성장했음을 일
러 주는 대목이다. 관우 또한 형주를 맡고 나서는 제후왕에 준하는 행
동거지를 보여 준다. 일개 무장에서 군주급 지도자로 성장했음을 알 수
있는 대목이다.

그러나 장비는 유비가 제후급이 되든 황제가 되든 상관없이 유비나
관우에게 도원결의 당시의 초심을 환기하며 공적 차원의 대사보다는
사적 차원의 의리를 고집하곤 한다. 자신을 둘러싼 여건이 어떻게 변화

되든지 간에 형제간의 의리 그 하나만으로 일관되게 직진했던 셈이다. 하여 『삼국지연의』에 보이는 장비의 성장 모습도 결국에는 '직진 장비' 캐릭터로 회귀하고 만다. 예컨대 장판교에서 조조의 10만 대군을 맞이했을 때 계략을 써서 조조를 속였던 장비의 모습이나 제갈량에 버금가는 인재였던 방통의 본 면목을 읽어 내는 대목, 또 엄안이란 장수의 항복을 유도하는 장면 등에서는 장비가 지장智將의 면모를 띤 채로 등장한다. 그러나 이러한 장비의 변화된 면모는 관우가 동오에 의해 죽임을 당한 이후 관우의 복수를 위해 유비가 대규모 군사를 일으키는 것을 부추기는 대목에서 저돌적이고 폭력적이며 성급한 본래의 면모로 회귀한다. 그 결과 장비는 부하에게 죽임을 당하고 유비의 대규모 복수 원정이 실패로 귀결되는 데 본의 아니게 크게 일조하게 된다.

민중 영웅이 치자의 반영웅인 된 까닭

결국 장비의 이러한 면모는 치자 계층의 근간인 지식인에게는 여간해서는 받아들이기 힘든 결점이었다. 그렇기에 『삼국지평화』에 비해 『삼국지연의』에서는 잔인성과 폭력성 등이 한층 약화된 모습으로 순화되었지만, 치자의 영웅으로까지는 형용되지 못했던 것이다. 대신 장비의 역할은 겁 많고 의심 많으며 우유부단하고 고집스러우며 세상 물정이나 앞뒤 형편 등을 도외시한 채로 도덕심만을 앞세우는 유비 캐릭터를 영웅으로 돋보이게 해 주는 역할에 집중되었다. 물론 이러한 치자의 영웅상은 서주를 잃고 도망쳐 온 여포를 품어 준 유비가 어짊에 어긋난다며 여포를 죽이지 못하자, 장비가 "착한 사람은 뭔 일을 해내지 못한다니까요!"[3]라며 역정을 내는 장면에 잘 드러나 있듯이, 민중 처지에서는 답답하기 그지없는 받아들이기 힘든 형상이었다.

그럼에도 소설에서 유비가 지닌 여러 부정적 면모는 사실 지식인 중심의 치자들에게는 그렇게 큰 허물이 아니었다. 지식인의 자화상이기도 한 유비의 그러저러한 허물은 도덕 등을 기반으로 얼마든지 정당화할 수 있었다. 이에 비해 장비가 지닌 민중 영웅으로서의 면모는 그러한 합리화의 여지가 매우 적었다. 그럼에도 장비 캐릭터를 포기할 수 없었던 까닭은 그가 있음으로써 허물 많은 유비를 영웅으로 정립하는 데 큰 도움이 되었기 때문이다. 유비가 갖고 있지 않은 문제 해결 능력을 보완할 수 있다는 장점도 있었다. 게다가 하자가 적지 않은 장비이지만 그가 지닌 빼어난 무용이 긍정적으로 사용되도록 그를 적재적소에 배치하는 것은 "능력 있는 인재를 공평하게 등용하여 세상을 태평하게 다스린다"라는 유학의 이상을 실현하는 영웅의 핵심 조건이기도 했다. 『삼국지연의』는 장비 캐릭터를 매개로 유비의 이러한 면모를 참된 영웅의 그것으로 돋보이게 했던 것이다.

이러한 연유로 장비는 민중의 영웅에서 치자의 반영웅으로 변주된다. 유비가 조조를 압도하거나 필적할 만한 강한 영웅상으로 상상되지 않았기에 그를 치자의 영웅으로 정립해 가는 데는 무용은 뛰어나지

---

3   毛宗崗 評, 『三國演義』 第14回.

만 기질상의 결점도 적지 않고 도덕적 약점도 많은 장비 같은 반영웅이란 존재가 꼭 필요했음이다. 이것이 조조라는 확실하고도 강렬한 반영웅이 유비의 반대편에 확고하게 설정되어 있었음에도, 유비 진영에 장비라는 또 다른 반영웅이 별도로 존재하게 된 저간의 사정이다. 장비의 자字인 '익덕翼德', 곧 '하늘을 나는 역량'은 자신이 아니라 유비를 태워 날게 해 주기 위해 날 때부터 예비된 역량이었던 셈이다.

13장

불량 영웅 저팔계

김월회

『수호지』라는 중국의 고전소설이 있다. 『삼국지연의』, 『서유기』, 『금병매』와 더불어 4대 기서^{奇書}, 그러니까 '네 종의 빼어난 소설'이라 칭해지며 중국인들이 엄청나게 자랑스러워하는 작품이다. 그런데 『수호지』 속 등장인물은 절대다수가 범죄자나 건달이다. 그렇다 보니 민중에게는 의적^{義賊}이나 영웅호걸 등으로 불릴 만했지만 치자, 곧 통치 계층이 보기에는 긍정할 수 없는 유형의 인물들이었다. 하여 108명의 영웅호걸 이야기인 『수호지』는 치자의 눈에는 그저 도적들의 서사일 뿐이었다. 이에 비해 『서유기』는 치자의 시선으로 보자면 '반영웅antihero', 곧 '영웅으로서의 역량과 면모를 지녔지만, 기존 사회질서나 윤리 등을 무시하고 못된 짓도 마다하지 않는 존재'들의 이야기라 할 만했다.

존재감 제로의 영웅 저팔계

『서유기』의 주인공은 서역으로 불경을 구하러 가는 취경단取經團 일행인 삼장법사, 손오공, 저팔계, 사오정이다. 이들 중 인간인 삼장법사를 제외한 나머지는 의인화되어 있을 뿐 태생은 동물이나 요괴이다. 손오공과 저팔계는 각각 원숭이와 돼지 태생이고 사오정은 요괴이며 이러한 이들의 형상은 작품 처음부터 끝까지 유지된다. 이러한 점에서 이들은 치자의 이상이 투영된 영웅이 되기에는 근본적 한계를 지닌 존재들이다. 반영웅으로 서술될 가능성이 처음부터 농후했다는 얘기다.

물론 『서유기』에서 굳이 영웅을 꼽자고 하면 못 꼽을 일은 아니다. 손오공이 있기 때문이다. 그는 인간으로 치자면 절륜의 무예 솜씨에 해당하는 탁월한 신통력, 사태를 둘러싼 판을 읽어 내는 통찰력, 문제 해결의 열쇠를 찾아내는 지혜, 단호하고도 민첩한 결단력, 『삼국지연의』의 조조나 제갈량에 비견되는 실행 역량, 악에 대한 선연한 척결 의지 등 영웅에게서 목도되는 여러 역량을 한 몸에 지니고 있다. 서역으로의 험난한 여정에서 겪게 된 81난難이란 시련도 실질적으로는 삼장법사가 아닌 그가 중심이 되어 극복해 간다. 영웅이면 지니게 마련인 문제 해결 역량도 탁월했음이다. 따라서 손오공을 원숭이의 의인화가 아니라 어딘가에는 있을 법한 인간 유형의 비유로 보면, 달리 말해 손오공을 인간 자체로 보면 그는 어엿한 영웅이라고 할 수 있다.

반면에 영웅과 어울리지 않는 손오공의 면모가 『서유기』 전체에서 도드라지고 있음에 주목할 필요가 있다. 『서유기』에서의 진리는 엄연히 불법佛法이다. 선악과 시비 판단 기준도 당연히 그것이다. 이러한 기본값을 전제하고 보면 상대가 요괴이든 산적이든 간에 악이라는 이유로 불문곡직하고 살생을 하는 손오공은 치자의 영웅이라기보다는『삼국지연의』의 장비와 같은 민중의 영웅에 가깝다.『서유기』에서 손오공은 악은 폭력을 써서라도 제압해야 한다는 신념의 소유자처럼 형상화되어 있다. "천 일 동안 선을 행해도 선은 부족하고 하루만 악을 행해도 악은 남는다"라는 스승 삼장법사의 권계가 별 효과 없었던 까닭이다.

잘못의 경중을 따지지 않고 무조건 죽인다는 것은 손오공이 폭력성에서 결코 자유롭지 못했음을 시사해 준다. 악의 씨앗이 죽지 않았다는 것이다. 이는 유학자의 눈으로 보면 '불인不仁', 곧 어질지 않음으로 유비의 어짊과 대척점에 설 따름이다. 게다가 손오공은 저팔계만큼은 아닐지라도 서역으로의 여정 내내 적잖은 불평을 쏟아 낸다. 물론 불평을 쏟아 낼 만한 저간의 이유가 충분했지만 그럼에도 투덜대는 형상과 영웅의 면모는 분명 어울리지 않는다. 한술 더 떠 손오공은 바탕이 원숭이임에서 비롯되는 성향으로부터도 자유롭지 못했다. 자기를 믿어 주지 않는 일행을 원망하며 대오에서 이탈하기도 했고 필요하다면 잔꾀도 서슴없이 구사했다. 경박한 그의 말투나 행동거지는 서역 도착 직전까지도 변화되지 않는다. 이러한 형상은 예컨대 영웅다운 카리스마와는 거리가 멀며, 하자가 적지 않음에도 치자의 이상이 투영된 영웅으로 치켜세워진『삼국지연의』의 유비 형상과도 질적으로 다르다. 아무래도 영웅보다는 반영웅의 형상에 훨씬 가까운 캐릭터라고 할 만하다.

그러면『서유기』에는 유비와 같은 치자의 영웅은 없는 것일까? 굳이 꼽자면 삼장법사가 이에 해당할 여지가 그래도 많다. 끊임없이 의심하고 세상 물정 몰라 어리숙하며, 사리판단 잘 못하고 쉬이 속으며 남 탓도 잘하는, 게다가 문제 해결 역량은 없다시피 한 형상은 유비와 딱 합치하지는 않지만 많은 부분 겹친다. 취경단 4인방 중 치자의 영웅을 꼽으라면 삼장법사일 여지가 그나마 큰 이유다. 하지만 삼장법사를 영웅으로 평가하는 시각은 거의 없다. 취경단의 실질적 중심은 손오공이고 삼장법사는 손오공이 취경이라는 공덕을 쌓아 정과正果를 얻는 과정에서 스승이라는 조력자 역할을 수행하는 데 그친다. 이는 삼장법사가 불교도로서 기본적으로 지도자, 영웅같이 명예욕이나 권력욕 등을 대변하는 역할을 초극하고자 하는 존재인 데서 비롯된 자연스러운 귀결이기도 하다. 처음부터 삼장이 영웅 면모로 서술될 가능성은 거의 없었음이다. 그렇다고 취경단 중에 영웅다운 존재가 아예 없었던 것은 아니다. 괴물이라는 태생과 흉측한 외모를 감안하지 않는다는 전제 아래서 치자의 이상이 반영된 영웅을 찾는다면 오히려 사오정이 가장 유력하다.

『서유기』에서 사오정은 별 하자 없는 캐릭터로 시종일관 그려진다. 그는 서역으로의 여정 내내 손오공이나 저팔계처럼 불평을 쏟아 내지도 않고 사고를 일으키지도 않으며 대오에서 멋대로 이탈하지도 않는다. 삼장의 제자 가운데 살생하지 말라는 계율을 가장 잘 지켜 낸 이도 사오정이었다. 하여 삼장법사의 제자 중 사오정만이 유일하게 '화상和尙'이라 칭해지곤 했다. 또한 그는 손오공이나 저팔계처럼 자신의 역량이나 공로 따위를 떠벌이지도 않고 나서기를 좋아하지도 않는다. 묵묵하게 자기 임무를 성실하게 수행하되 나설 때는 확고하고도 사심 없게 또 용맹스럽게 앞장서고, 늘 묵묵히 삼장의 곁을 지키면서 삼장의 수호를 위해서는 자신의 희생도 마다하지 않는다. 손오공이나 저팔계보다 신통력도 떨어지고 무용도 덜하지만, 그들이 요괴와 맞서 마음 놓고 싸울 수 있는 데는 후방에서 삼장을 든든히 지켜 낸 사오정의 공이 컸다고 봐야 한다. 때로는 합리적 사리판단을 근거로, 떼쓰고 엉기는 삼장법사나 폭주하는 손오공, 탈주하는 저팔계를 다독이고 바로잡기도 한다. 『서유기』에서 손오공은 수차례에 걸쳐 어리석은 행동을 한 저팔계를 두들겨 팼지만, 사오정은 한 번도 때린 적이 없었던 이유다.

그러나 81난을 겪어 내는 내내 사오정에게 스포트라이트가 비춘 적은 없다. 손오공에게 쏠린 화려한 시선, 삼장법사와 저팔계를 비추는 조명에 가려져 사오정은 독자의 이목을 별로 끌지 못했다. 사정이 이러하여 사오정이 치자의 이상이 투영된 영웅으로 평가될 계기가 근본적으로 주어지지 않았을 따름이다.

영락없는 반영웅 저팔계

손오공, 삼장법사, 사오정에 대한 치자의 시선이 이러했기에 저팔계가 치자의 영웅으로 상상될 가능성은 매우 낮았다. 영웅은 고사하고 반영웅으로 서술될 여지도 그리 크지 않았다.

『서유기』에는 가령 "어려서부터 신령한 기운이 왕성하여 세상 끝까지 맘껏 휘젓고 다녔다. 영웅으로 천하에 이름을 떨치고 호걸로서 세상에 본보기가 되었다"[1]와 같이 사오정을 영웅과 직결한 대목은 있지만, 저팔계를 영웅과 관련짓는 대목이 없다. 영웅은커녕 저팔계는 인간이 지닌 갖은 욕망의 집적체로 일관되게 형상화되어 있다. 역대의 논자들이 이구동성으로 저팔계를 세속적 욕망과 인간이 지닌 저열함의 화신으로 평해 왔을 정도이다. 그럼에도 저팔계는 반영웅의 반열에 오를 만한 여지를 확실하게 지니고 있었다. 근거는 다음과 같다.

첫째, 손오공 캐릭터와의 선명한 대비다. 앞서 살펴본 바와 같이 손오공을 영웅 캐릭터로 간주하는 데는 찬반이 있을 수 있다. 그런데 손오공을 영웅이라고 규정하는 데 저해가 되는 요소는 이렇게도 읽을 수 있다. 이를테면 손오공은 운명적으로 '고독할 수밖에 없는' 영웅의 이미지라는 각도에서 읽힐 만하다. 영웅은 탁월함을 기반으로 주변 사람들은 이해하지 못하는 결정을 내리거나 행동에 나서곤 한다. 하여 그러한 행위가 좋은 결과로 드러나기 전까지 영웅은 주변으로부터 견제와 오해 따위를 받곤 한다. 때로는 주변의 시샘과 무고 따위로 인해 연이어 난관에 부닥치기도 한다. 손오공에게서도 영웅들이 으레 마주할 수밖에 없는 이러한 '딜레마적 고독'을 겪어 내는 이미지가 종종 목도된다. '거의 모든 방면에서 우월한 손오공' 대 '우유부단한 삼장법사 – 인욕의 화신 저팔계 – 존재감 없는 사오정'이라는 구도 아래서 손오공의 딜레마적 고독은 더욱 증폭될 수밖에 없었다. 따라서 그의 단호한 살생

---

1 呉承恩, 『西遊記』(臺北: 華正書局, 1978, 제22회, 247-248.

이나 과도한 폭력도 이런 식으로 이해할 수 있다. 가령 손오공이 "문제 발생 시 신속하고도 단호하게 악을 처단하여 문제를 해결함에 이로 인해 진실이나 본질을 간파하지 못한 삼장법사나 저팔계로부터 긴고주 처벌, 오해, 시샘 등을 받게 되면 그건 감수하고 만다"라는 생각에서 그렇게 행동했을 수 있다는 것이다.

이렇게 읽는 데 동의한다면 손오공의 면모는 운명적으로 고독할 수밖에 없는 영웅 캐릭터로 볼 수 있으며, 그의 폭력성도 딜레마적 고독으로 인해 빚어진 불가피함으로 이해할 수 있다. 그 결과 '당연히 그럴 수도 있다' 같은 공감이 유발되어 독자는 손오공의 폭력성 등에 더 몰입하게 되며 한층 더 짜릿한 카타르시스를 원하기도 한다. 실제로 장비가 잔인하게 폭력을 행사하는 장면에 대하여 『삼국지연의』의 편찬자인 모종강은 "어디서 익덕(장비)같이 호방한 사람을 얻어 세상의 양심 없는 작자들을 모조리 죽여 버릴 수 있을까?"[2]라며 통쾌해 한 것처럼 말이다. 이렇듯 손오공에게서 원숭이라는 이미지와 그로 인한 속성들을 제거하고 보면, 그리고 바탕이 원숭이인 데서 비롯되는 손오공의 부정적 면모는 81난의 과정에서가 아니라 서역에 도달하여 정과를 얻음으로써 온전히 벗어 낼 수 있는 업보였음을 감안하면 그에게 영웅의 면모가 다각도로 구현되어 있다고 할 수 있다. 덕분에 반영웅으로서의 저팔계라는 가능성은 상대적으로 높아진다. 물론 모든 서사에 영웅 캐릭터와 반영웅 캐릭터가 함께 있어야 함은 결코 아니다. 다만 『삼국지연의』

---

2   毛宗崗 評. 『三國演義』 第1回.

에서 장비가 유약하고 부족한 유비를 영웅으로 돋보이게 하고자 반영웅 캐릭터로 잘 활용된 데서 알 수 있듯이, 하나의 캐릭터가 영웅으로도 읽히고 반영웅으로 읽힐 수 있는 경우라면 반영웅 캐릭터를 적극적으로 활용함으로써 영웅으로서의 면모를 강하게 부각하는 서사 전략은 분명 효과적이다. 『서유기』에서 저팔계가 바로 이러한 역할, 그러니까 영웅으로 볼 수도 있고 그렇게 볼 수도 없는 캐릭터로서의 손오공을 확실하게 영웅으로 부각해 주는 역할을 수행하기 위해 마련된 반영웅 캐릭터였다는 것이다.

둘째는 저팔계 캐릭터 자체로부터 비롯되는 반영웅으로서의 가능성이다. 『서유기』에서 저팔계는 비중이 손오공만큼이나 크다. 그럼에도 저팔계는 오욕칠정五慾七情으로 대변되는 인간 욕망과 감정의 화신으로, 그러한 본능에 충실한 형상으로 일관되게 서술됨으로써 그 비중이 손오공보다 훨씬 못 미친다는 인상을 풍긴다. 그러나 이는 손오공이 지닌 상대적으로 긍정적인 면모에 대비되면서 저팔계의 부정적 면모가 한층 더 부각된 결과이다. 실제는 이와는 아주 다르다. 『서유기』에서 표면적으로 구현된 손오공의 형상이 비교적 단조로운 데 비해 저팔계의 형상은 상당히 풍성하다. 그가 체현하고 있는 욕망은 식욕, 색욕, 물욕, 명예욕, 과시욕 등으로 꽤 다양하며 그가 드러내는 약점 또한 게으름, 질투, 음험함, 뻔뻔함, 과장하기, 떠벌이기, 비겁함, 단순함, 무모함, 무식함, 부정직, 막무가내 등 사뭇 다채롭다. 게다가 저팔계는 시종일관 옳음과 그름의 사이, 멋짐과 지질함의 사이, 의인과 악한의 사이, 신성과 인성 내지 수성獸性의 사이에서 진동한다. 심지어 서역에 도달하여 정과를 얻은 후에도 그는 완전함과 불완전함 사이에 놓인다. 삼장법사와 손오공, 사오정, 용마가 모두 부처로부터 불교의 온전한 신격을 부여받았음에도 그는 정단사자라는, 형식은 신격이지만 내용은 그렇지 않은 불완전한 신성을 부여받는 데 그친다. 정단은 '제단을 정리한다'는 뜻으로, 정단사자는 제사를 지낸 후의 제물 등을 치우는 일을 맡은 자리이다. 곧 정단사자라는 신격은 제물을 마음껏 먹을 수 있는 일을 한다는 점에서 여전히 식욕으로 대변되는 인성이나 수성을 극복하지 못한 셈이다. 이는 돼지라는 뜻의 '저'와 불법에 이르는 요체인 '팔계'가 병치된 저팔계라는 이름에 잘 드러나 있듯이 저팔계가 존재 자체로 모순적이고, 그렇기에 역설적이며 경계에 선^{liminal} 캐릭터임을 시사해 준다. 또한 모순이 대립하고 갈등하는 것이 아니라 마치 여〔음〕와 남〔양〕이 공존하듯이 모순이 병존함은 전근대 중국의 세계관에 입각하면 그 자체로 모순의 해소 또는 초극을 환기할 수 있기에 저팔계는 그 자체로 궁극의 깨달음을 표상하기도 한다.

저팔계 형상은 이렇듯 입체적이고 중층적이며 복합적이고 유동적이다. 덕분에 저팔계는 『서유기』의 서사 전개에서 대체 불가능한 역할을 수행한다. 취경단은 서역으로의 여정을 시작한 이래 도합 81가지의 시련과 마주하고 이를 극복하면서 서역에 도착한다. 이 과정은 '위기 발생(요괴 출현) – 위기 고조 – 위기 극복(요괴 퇴치)'이라는 동일한 구조와 권선징악, 고난 극복을 통한 '구도력求道力' 제고라는 특정한 주제의 에피소드가 반복되는 구조를 띨 수밖에 없었다. 이 탓에 『서유기』는 반복으로 인한 기시감, 예측 가능성의 증가, 호기심 유발의 약화, 흥미나 몰입감 저하 같은 약점이 쉬이 나타날 수밖에 없다. 저팔계 형상이 지닌 다면성·중층성·복합성·유동성은 이러한 한계를 극복하는 데 크게 기여한다. 이 점에서 저팔계는 동일 구조와 특정 주제의 반복이라는 『서유기』의 구조적 한계를 발랄하게 돌파하는 데 최적화된 캐릭터라고 할 수 있다. 저팔계를 『서유기』의 반영웅 캐릭터로 볼 수 있는 근거도 이로부터 비롯된다. 입체적이고 중층적이며 복합적인 캐릭터 사이에서 유동하는 저팔계 형상은 다른 캐릭터와의 관계 아래서 어느 하나의 면모가 상대적으로 부각된다. 가령 요괴와의 관계 아래서 저팔계는 손오공만큼은 아닐지라도 나름 영웅다운 면모를 뽐낸다. 반면에 삼장법사나 사오정과의 관계에서는 영웅호걸보다는 탐욕스러운 지질이의 면모가 한층 부각된다.

이러한 점은 손오공과의 관계에서 더욱 두드러진다. 그 결과 손오공에 버금가는 비중을 차지하며 손오공과는 사뭇 다른 결을 일관되게 구현하였음에도 그의 주된 역할은 손오공의 영웅적 면모를 돋보이게 하는 데 그치고 만다. 이는 저팔계에게 인간의 본능과 욕망이 두루 갖춰졌음에도 권력욕이 결여되어 있다는 오묘한 설정을 통해 더욱 효과적으로 구현된다. 저팔계는 손오공을 시기하지만 그렇다고 그가 손오공 자리나 역할을 대신하고자 하지는 않는다. 요괴와 싸울 때도 손오공의 주도권을 넘보지 않는다. 심지어 저팔계는 사오정과의 관계에서도 권력욕을 도무지 발동하지 않는다. 그는 사오정을 대신하여 삼장법사 수호의 핵심 역할을 수행하려 하지도 않는다. 자신은 손오공에게 종종 얻어맞았지만 어떤 이유에서든 사오정을 구박하거나 구타하는 일도 하지 않는다. 둘째로서의 권력 행사를 아예 안 했음이다. 그럼으로써 저팔계는 처음부터 끝까지 사오정의 도움을 받을 수 있었으며, 또 손오공에게 쫓겨나지 않을 수 있었고 그의 곁에서 그의 영웅적 면모를 충실히 드러내 줄 수 있었다.

'하위 반영웅'으로서의 장비와 저팔계

저팔계는 『삼국지연의』의 장비와 대비해 보면 둘 다 같은 반영웅 캐릭터이지만 장비와는 매우 다른, 저팔계만의 독특함이 더욱 선명하게 드러난다. 장비는 민중의 영웅답게, 그러니까 신분 고하에 얽매이지도 않은 채 오직 자기가 생각한 기준으로 시비와 선악만을 따져 자신만의 옳고 선함만을 도모한다. 이 과정에서 정치적 문법이나 사회적 관계, 문화적 교양, 경제적 이문 따위는 전혀 고려하지 않는다. 의분을 표출함에 거침이 없고 조금의 타협도 없이 끝장을 보고자 한다. 하여 제도권의 덕장보다는 강호의 협객이나 『수호지』의 108명 호걸 이미지에 훨씬 가깝다.

저팔계는 이러한 민중적 영웅상과도 거리가 제법 있다. '욕망의 끝판왕' 이미지가 곳곳에서 게걸스럽게 반복되는 반면 카타르시스를 유발하는 호걸다움은 장비보다 많이 떨어진다. 반면에 장비 캐릭터의 단순함과는 짝할 수 없을 정도로 저팔계란 캐릭터는 다채롭게 활용되며 『서유기』 전체 서사를 풍요롭고도 흥미진진하게 만들어 준다. 그 결과

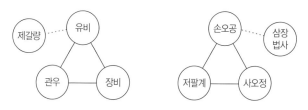

[그림 1] 주요 인물 간 관계의 구도

『삼국지연의』에서 장비가 지니는 비중은 갈수록 현저하게 줄어들고, 심지어 후반부의 서사는 장비 캐릭터 없이도 전개될 수 있다고까지 할 수 있지만, 저팔계 없는 『서유기』 서사는 처음부터 끝까지 내내 상상 불가능하다.

그럼에도 둘 사이에는 적잖은 교집합이 존재한다. 이 둘은 모두 주인 공의 영웅다움을 돋보이게 하는 보조 역할을 수행한다. 이 때문에 반영 웅으로서 이들이 지니는 미학적 효과가 감소한다. 주인공의 맞은편에 섰던 조조에 비교해 보면 장비의 비중은 확실히 떨어지며 역할의 강렬도나 밀도도 꽤 덜하다고 할 수밖에 없다. 또한 저팔계가 손오공의 맞은 편에 서서 81난 내내 대립했다면 저팔계의 비중은 지금의 『서유기』보다 훨씬 강화되고, 적어도 『삼국지연의』의 조조처럼 그 역할도 한층 강렬하고 밀도도 높았을 것이다. 주인공의 반대편이 아닌 곁에 있음으로써 결국 이 두 반영웅은 예컨대 조조 같은 확실한 반영웅 형상보다 자못 약화한 반영웅으로 형상화됐던 것이다. 이는 역으로 이 둘은 〔그림 1〕의 구도 안에 머물렀기에 반영웅이라는 평가를 받을 수 있었음을 시사해 준다. 만약 이 구도를 벗어났거나 들락날락했다면 이 둘은 어엿한 영웅 또는 주인공과 확실하게 대비되는 반영웅으로 우뚝 섰을 수도 있다.

13장 불량 영웅 저팔계

결국 반영웅은 너무나 당연한 얘기이지만 어떠한 틀 안에서의 반영웅일 수 있었음이다. 그 틀을 모양 짓고 떠받치는 가치나 이념과 맞먹을 수 있는 혹은 그것을 능가하는 또 다른 가치나 이념을 기반으로 그 틀에 얽매이지 않고 그 틀 바깥에 존재하는 이들이 그 틀 안에서는 반영웅인 셈이 된다. 역으로 이들은 그 틀 바깥에서는 어엿한 영웅이 된다. 이를테면 유비의 어짊이나 충성과는 다른, 실용과 부국강병이란 가치와 이념을 추구한 조조는 유비가 서 있는 유가적 윤리학 내에서는 반영웅이지만 조조가 서 있는 법가적 윤리학 내에서는 영웅이라는 것이다. 이에 비해 장비나 저팔계는 조조처럼 유비나 손오공으로 대변되는 윤리학 바깥에 있던 반영웅이 아니고, 유비나 손오공으로 대변되는 윤리학 내에서 반영웅을 수행하는 캐릭터였다는 것이다.

　　사실 영웅 대 반영웅이란 대립 구도의 설정을 통해 반영웅이 영웅을 돋보이게 하는 역할을 수행케 하는 서사 전략은 『삼국지연의』나 『서유기』에 와서 처음 시도된 것은 아니었다. 당대의 대문호 한유는 "백이숙제를 칭송한다"라는 뜻의 「백이송伯夷頌」이라는 글에서 백이숙제를 '반성인反聖人'으로 그 위상을 설정함으로써 적어도 성인과 맞먹는 존재로 치켜세우는 방식을 제시했는데, 반영웅이란 캐릭터는 이와 동일한 접근이라고 할 수 있다. 한자권에서 성인은 영웅이 문인화된 버전임을 감안하면 한유는 백이숙제를 반영웅으로 설정한 셈이기 때문이다.

　　역대로 백이숙제를 성인으로 볼 수 있는가라는 물음은 지식인 사이에 중요한 화두였다. 백이숙제를 성인으로 보면 이들이 신랄하게 비판한 역성혁명의 주역 주나라 무왕은 물론 그와 연동된 문왕, 강태공 등을 성인으로 볼 수 없게 된다. 그러나 무왕과 문왕은 대대로 성인 중의 성인으로 꼽혀 왔고 그들을 도와 대업을 이룬 강태공도 성인의 반열에 올라 있었다. 비록 신하가 군주를 폭력을 사용하여 축출하는 역성혁명을 일으켰지만, 그 결과 도탄에 빠진 백성을 널리 구제하는 선을 이루었다는 점이 그 근거였다. 그렇다면 역성혁명은 그 자체로 어진 행위도 아니고 효도 아니라며 무왕 측을 불의하다고 단정한 백이숙제는 성인이 아니게 된다. 아니, 아니어야 한다. 문제는 백이숙제가 성인이 아니라면 그들이 수양산에 들어가 굶어 죽으면서까지 치열하게 환기하고자 했던 어짊과 효라는 윤리가 심각하게 손상된다는 점이다.

이 딜레마를 한유는 백이숙제를 '반성인'이라는 새로운 위상에 올려놓음으로써 해소하였다. 곧 백이숙제를 '특립독행特立獨行', 그러니까 홀로 우뚝 서서 저만의 길을 걷는 존재로 설정함으로써 무왕 측 인사들로 대변되는 윤리학 바깥의 또 다른 윤리학을 바탕으로 자기만의 길을 걸은 자로 재해석해 냈다. 그리고는 백이숙제가 딛고 서 있는 윤리학과 무왕 등이 딛고 서 있는 윤리학 간에 우열은 없으며 이들은 각각 자신의 윤리학적 세계에서는 정점에 선 자들이라고 단언했다. 백이숙제를 무왕 측의 윤리학 내에서 긍정하려면 백이숙제와 무왕 측 모두를 성인의 반열에 올려놓을 수 없다는 딜레마를 백이숙제를 무왕 측과는 다른 윤리학 세계로 옮겨 놓음으로써 이 둘 모두를 성인이라고 규정하는 전략을 취했음이다. 이렇게 양자 모두를 성인으로 규정함으로써 어느 한쪽을 기준으로 보면 다른 쪽은 자신의 정당성이나 우월함 등을 부각시켜 주는 반성인으로 전유할 수 있게 된다. 무왕 측에서는 백성이 폭정의 도탄 아래 신음함에도 무조건 어짊과 효라는 윤리를 앞세워야 한다는 백이숙제의 융통성 없는 태도를 자신들의 역성혁명 정당화의 근거로 전유할 수 있다는 얘기다. 여기서 성인을 영웅으로 바꾸면 백이숙제는 반영웅의 전형이 된다. 물론 백이숙제가 기반으로 삼은 윤리학에서 보면 백이숙제가 영웅이고 무왕 측 인사들이 반영웅이 되지만 말이다.

이때 무왕 측과 백이숙제는 서로에 대하여 각각 자신들의 윤리학 바깥에 있는 반영웅이다. 『서유기』에서 이와 동일한 유형의 영웅, 그러니까 유비와 손오공으로 대변되는 윤리학, 그 바깥의 반영웅을 꼽자면 각각 조조와 무용과 지혜가 뛰어났던 요괴가 이에 해당한다. 이에 비해 장비나 저팔계는 각각 유비와 손오공으로 대변되는 윤리학 내에 있다는 점에서 이러한 반영웅과는 분명 다르다. 곧 장비와 저팔계는 체제 내적인 반영웅, 곧 체제 내의 영웅에 부속된 반영웅이란 점에서 조조 같은 반영웅과 구분하여 '하위 반영웅Sub-antihero'이라고 그 성격을 규정할 수 있을 법하다.

14장

자유의 가치를 되찾은 루저들
― 켄 키지의 『뻐꾸기 둥지 위로 날아간 새』의 반영웅상

임형권

영웅이 된 실패자들의 이야기

영웅이라고 해서 반드시 한 시대나 민족을 이끄는 지도자일 필요는 없다. 탁월한 역량과 식견, 준수한 외모와 카리스마를 가진 사람만이 영웅이 될 수 있는 것도 아니다. 영웅은 사회생활에서 실패한 자들, 주류 사회에서 소외된 자들 사이에서도 탄생할 수 있다. 고대의 영웅들은 타고난 덕성과 자질을 갖추고 있었기 때문에 한 공동체의 리더가 될 수 있었다. 이 영웅들은 공동체의 리더일 뿐만 아니라 공동체가 지향하는 가치를 구현하는 존재이다. 하지만 소위 근대 문명에서는 공동체보다는 개인이 역사에 중심에 서게 되고, 집단적 가치보다는 개개인의 개성과 가치가 중요해지게 되었다. 이런 역사적 상황의 변화는 영웅에 대한 이해에서도 변화를 가져왔다. 근현대의 영웅들은 공동체의 지도자라기보다는, 자신만의 개성과 가치를 당당하게 추구하는 인물들이다. 그래서 종종 이들은 세인들이 보기에 비정상이고 비도덕적 인물로 보이게 된다. 따라서 이러한 인물들은 일반적인 의미에서 영웅이라고 부르기에는 결함이 있어 보인다. 하지만 이들은 평범한 사람들도 아니므로 우리는 이들을 반反영웅이라고 부른다.

영화로 각색되어 큰 성공을 거두기도 한 켄 키지Ken Kesey(1935~2001)의 『뻐꾸기 둥지 위로 날아간 새』(1962)에는 근현대적인 반反영웅상을 대표하는 인물들이 등장한다. 그 인물들은 탁월한 역량과 자질이 있기는커녕 사회적으로 무능하고, 심지어 범죄를 저지른 자이다. 하지만 소설은 이 사회적 패배자들이 억압적인 제도에 맞서서 자유라는 가치를 드높이고 있음을 보여 주고 있다. 이 소설은 미국 오리건Oregon에 있는 한 병원의 정신 병동을 배경으로 삼고 있다. 정신 병동은 식물인간처럼 지내는 만성 환자들과 인지능력은 있지만, 정상적인 사회생활을 할 수 없는 급성 환자들로 이루어져 있다. 환자들의 공통된 특징은 가정과 사회에서 큰 상처를 입었다는 데에 있다. 개인적 상처들 때문에 이들은 자신의 삶을 주도적으로 살지 못하고 타인이나 제도에 순응하고 의존하면서 살아가게 된다. 이 소설은 빗자루 추장Chief Broom이라는 별명을 가진 브롬덴Bromden이라는 사람의 시각으로 이야기되고 있다. 인디언 추장의 아들이었던 브롬덴은 간호보조원들이 시키는 대로 빗자루질을 하면서 시간을 타성적으로 보내고 있다. 그의 관심을 끄는 인물은 맥머피McMurphy라는 인물인데, 맥머피는 환자복을 입고 있지만 사실 정상인이다. 정신 병동의 환자들은 그를 노름으로 돈이나 뜯어내는 사람으로 여기다가 점점 그에게 호감을 느끼게 되는데, 그 이유는 자신들의 일거수일투족을 통제하는 두려운 존재인 수간호사 래치드^{Ratched}에게 저항하기 때문이다. 환자들 그리고 그는 정신병을 앓고 있거나 범죄를 저지른 사람들이다. 하지만 이 소설은 사회의 주변부에 있는 사람들도 자유에 대한 내적인 욕구가 있으며 자유를 행사할 때 진정한 인간 됨을 회복할 수 있음을 보여 주고 있다.

정상과 비정상 사이에서

정신 병동은 급성 환자와 만성 환자로 구분되어 있다. 식물인간이나 다름없는 만성 환자들과 달리 급성 환자들의 특징은 정신 병원에 자발적으로 입원한 자들이 대부분이라는 사실이다. 이는 급성 환자 대부분이 정신병자라기보다는 사회 부적응자에 가깝다는 사실을 말해 준다. 소설의 화자이기도 한 브롬덴은 대학에서 전자공학을 전공한 거구의 남성이지만 인디언으로서 주류 백인 사회에 의해 짓밟힌 경험 때문에 자기만의 세계로 움츠러들었고, 더는 말을 하지 않게 되었다. 더 정확하게 말하자면, 그가 말을 하지 않은 것이 아니라 주류 백인들이 그에게 물어보지도 말을 걸지도 않았기 때문에 자연스럽게 귀머거리, 벙어리로 여겨질 수밖에 없었다. 말을 심하게 더듬는 빌리^{Billy}는 소심한 성격으로 대인 관계, 특히 자신의 어머니와 같은 권위적인 여성에 대해서 두려움을 느낀다. 그는 자살을 몇 차례 시도했다. 소렌슨^{Sorenson}은 2차

14장 켄 키지의 『뻐꾸기 둥지 위로 날아간 새』의 반영웅상

대전 참전 용사로 해군 초계 어뢰정의 선장이었지만, 지금은 종일 손을 씻는 세균 공포증 환자이다. 하딩Harding은 환자들 가운데서 학력 수준이 높은 사람이었기 때문에 환자들의 리더 역할을 하지만 자신의 동성애 욕구를 부끄러워하고 있으며, 아내와의 사이도 좋지 않다.

맥머피는 여러 범죄 전력이 있는 전과자로서 또 범죄를 저질러 노역형을 선고받고 농장에서 일하던 중 폭력을 저질렀다. 수감 기관은 그의 폭력적 성향에 대해서 정신 감정을 병원에 의뢰하였고 그는 정신병원에 보내졌다. 반항적이고 자유분방한 성격의 소유자였기 때문에 맥머피는 병동 생활에 불만을 품고 간호사의 통제에 저항한다. 그는 환자들을 알게 되면서 그들이 환자들이라기보다 감금된 자들이라는 생각을 하게 된다. 그는 환자들에게 다음과 같이 그들의 실제 상태를 자각하라고 소리친다.

"하딩. 당신은 미치지 않았어요. 여러분 모두가 정신이 똑바로 박혀 있다는 걸 알고 내가 얼마나 놀랐는지 아쇼? 장담하는데, 밖에 있는 멍청이들이 미치지 않은 것처럼 당신들도 미치지 않았소…"
"아, 밖에 있는 멍청이들."
"그러니까 영화에 나오는 미친 사람들처럼 미치지 않았다 이거요. 당신들은 그저 갇혀 있을 뿐이오."

— 켄 키지, 『뻐꾸기 둥지 위로 날아간 새』, 112-13

맥머피가 보기에 환자들의 문제는 그들이 외부 세계가 두려워 스스로 자아라는 감옥으로 들어간 것에 있다. 그들은 자신들의 고유한 자유를 병원과 간호사에 팔아넘긴 것이나 다름없다. 소설에서 맥머피는 불량한 범죄자에 불과하지만, 동료 환자들의 잃어버린 자유의 가치를 몸소 실천한 인물이다. 하지만 정신 병동이라는 제도 속에서 맥머피의 자유를 향한 투쟁은 정상적인 질서를 교란하는 비정상적 행위로 간주될 뿐이었다.

정상을 비정상으로 바꾸는 콤바인

브롬덴은 듣고 말하지 못하는 척하기 때문에 병원의 비밀을 잘 알고 있다. 그가 엿들은 비밀들은 그의 망상을 강화했다. 사실, 그는 '콤바인'The Combine이라는 거대한 사회통제 시스템이 실제로 존재한다고 믿고 있다. 그리고 수간호사와 그녀의 조력자들이 환자들을 통제하는 것도 그 거대한 통제 시스템 속에서 일어나는 일이라고 생각한다. 오래전 그는 미국의 주류 백인 사회가 자신이 속한 인디언 부족을 삶의 터전에서 쫓아내는 것을 눈앞에서 경험했었다. 그는 자신이 실재한다고 믿는 콤바인의 위력을 경험했기 때문에 수간호사를 두려워하고 있다. 그는 다음과 같이 속으로 말한다.

'그녀는 계속 이길 것이다. 콤바인처럼. 그녀 뒤에는 콤바인의 막강한 힘이 버티고 있다. 몇 번 패배한다고 해도 그녀는 지지 않는다.'

콤바인이 실재하는 것인지 아니면 브름든의 망상의 산물인지는 확실치 않지만, 수간호사 래치드의 전적인 통제 아래에서 병동은 운영되고 있다는 것은 확실하다. 래치드는 간호사실에서 투명 유리를 통해서 환자들의 모든 일과를 통제하고 있다. 병동은 정해진 일과표에 따라서 운영되고, 간호사들은 환자들을 순응적으로 만들려고 매일 진정제를 복용시킨다. 또한 기계로 인공적인 안개를 뿜어내는데 그것은 환자들을 서로 고립시켜 서로 소통할 수 없게 만드는 수단이다. 또한 래치드는 환자들에 대한 개인 정보를 갖고 있다. 간호사실에는 어떤 환자의 고등학교 성적표까지 보관되어 있을 정도다. 그녀는 담당 의사의 비리도 알고 있는 데다가 병원 경영자는 그녀의 친구이다. 사실상, 이 병동은 그녀의 손바닥 안에서 돌아가고 있다.

아직 병동의 시스템에 길들지 않은 맥머피는 환자들이 래치드 수간호사의 통제에 저항하지 않고 순응하며 지내고 있다는 사실에 놀란다. 그만큼 수간호사의 힘은 실제적이었다. 빌리와 관련한 사건은 이를 잘 말해 준다. 말을 더듬는 빌리라는 환자는 어머니의 과보호로 서른 살이 넘은 성인이지만 여전히 자라지 않은 아이 같은 존재이다. 빌리의 어머니는 병원 수납계 직원이고 래치드의 절친이기 때문에 그는 간호사가 자신의 잘못을 어머니에게 알리는 것을 가장 두려워한다. 탈출을 계획한 날 맥머피는 매춘부를 병동으로 몰래 들어오게 해서 빌리와 성관계를 맺게 하여 그의 소심함을 극복하게 해 주려고 했다. 이 사실을 알게 된 래치드가 이를 어머니에게 알리겠다고 하자, 빌리는 맥머피 덕에 잠깐 살아난 남성성을 금방 잃어버리고 다시 아이로 돌아가 말을 더듬는다. 그는 의사의 방에서 대기하던 중 칼로 자살하고 만다.

래치드가 환자들을 통제할 수 있는 가장 큰 무기들은 전기 치료법Electro Shock Theraphy과 그것보다 더 무서운 전두엽 절제 수술lobotomy이다. 치료의 명목으로 행해지는 요법들은 거친 환자들을 길들이는 가장 강력한 무기이다. 하지만 수간호사의 가장 무서운 통제 수단은 그녀가 환자들 앞에서는 어떤 상황에서도 온화한 미소와 침착함을 잃지 않지만, 사실 뒤에서 그들을 냉혹하게 통제한다는 이중성에 있다.

> 그녀는 마음만 먹으면 짓다가도 금방 다른 표정으로 바꿀 수 있는 능력을 가지고 있다. 그러나 표정을 바꿔도 평소의 얼굴과 전혀 다를 게 없다. 언제나 자신의 목적을 이루기 위해 계산된 가식적인 표정을 짓기 때문이다.
>
> – 켄 키지, 『뻐꾸기 둥지 위로 날아간 새』, 85

그녀는 환자들을 건강하게 사회로 복귀하도록 돕는다고 하지만, 사실은 그들을 자신의 방식대로 길들이고 있다. 이런 이중성과 교활함이 그녀의 가장 큰 무기이다. 환자들의 가장 큰 문제는 자신들이 길들고 있다는 사실을 의식하지 못하게 된다는 데에 있다. 그들은 병동이라는 억압적인 체제 자체를 문제 삼지 않고 그것을 비판 없이 받아들이며 그것에 순응한다. 그들은 정상이지만 기계적으로 통제됨으로써 비정상인이 되어 가고 있다. 이 상황에서 맥머피의 등장은 세상 바깥에서 온 구원자의 도래와도 같은 것이었다.

자유의 가치를 일깨운 맥머피

병동의 근본적인 문제를 파악한 맥머피는 수간호사의 지배 체제에 저항하기 시작한다. 첫 번째 시도는 월드 시리즈를 보기 위해서 병동의 철칙으로 여겨지는 일과표를 바꾸는 것이다. 당연히 수간호사는 동의할 리 없다. 그녀는 "병동이 원활하게 돌아가는 것을 방해하는 걸림돌이 있으면 뭐가 됐든 절대로 참지 못하는 성격"이었기 때문이다.[1] 맥머피는 투표를 제안하였지만, 절반이 의사표시를 할 수 없는 만성 환자였기 때문에 과반을 넘길 수 없다. 이때 맥머피가 캐스팅 보트를 하도록 브롬덴을 독려하자 브롬덴은 손을 든다. 그에게 조금씩 자유에 대한 의지가 싹트기 시작한 것이다. 과반이 넘었지만, 수간호사는 시간이 경과되었다는 핑계로 투표 결과를 인정하지 않는다. 월드 시리즈를 볼 수 없었지만 맥머피는 입으로 야구 중계를 해서 환자들을 즐겁게 해 준다.

맥머피는 병동에서 카니발을 제안하기도 하고, 환자들이 고기잡이배를 타도록 제안하여 의사와 함께 외출하게 해 준다. 환자들은 정신 병동에서 벗어나서 자유를 경험한다. 그리고 고기를 잡으면서 스스로가

---

1   켄 키지, 『뻐꾸기 둥지 위로 날아간 새』, 74.

무엇인가를 할 수 있다는 것을 알게 된다. 존슨은 과거 전투함을 지휘했던 경험을 다시 살릴 수 있었다. 배를 타고 출발하기 전 이상해 보는 사람들을 부두 노동자들은 멸시의 눈초리로 바라보았다. 하지만 고기잡이를 통해서 그들은 스스로가 어떤 일을 할 수 있는 존재가 되는 경험을 했다. 부두로 돌아왔을 때 사람들이 대하는 태도도 달라져 있음을 브롬덴은 느꼈다.

> 우리들 대부분이 어렴풋이 느끼고 있는 변화를 그들은 이미 간파하고 있었다. 우리는 오늘 아침 부두에서 모욕을 받았던 정신병원의 겁쟁이가 아니었다.
>
> — 켄 키지, 『뻐꾸기 둥지 위로 날아간 새』, 402

이렇게 환자들을 선동하고 병동의 질서를 어지럽히려 하는 맥머피는 수간호사의 눈엣가시와 같은 존재가 되었다. 일정 기간 맥머피를 관찰한 결과 의료진은 맥머피가 정신 질환자가 아니라고 판단을 내렸지만, 래치드 수간호사는 맥머피를 병원에 남겨 둘 것을 강력하게 주장한다. 그녀의 사고방식 속에서 맥머피의 반항심은 교정의 대상이었고, 자신의 통제 아래에서 그의 비정상적인 성향을 정상화하려고 했던 것이다.

문명화의 희생자에서 반영웅이 된 브롬덴

이 소설은 맥머피라는 인물을 중심으로 전개되고 있지만 맥머피를 통해 가장 큰 변화를 겪는 이는 소설의 화자 브롬덴이다. 그는 콜롬비아 협곡 출신으로 인디언 추장과 백인 여성 사이에서 태어난 거구의 남성이다. 그는 어린 시절 댐 개발을 위해서 인디언의 거주지가 백인들에 의해서 수용되는 것을 눈앞에서 목격했다. 더 큰 충격은 마을의 추장으로 큰 존재였던 아버지가 이 과정에서 상처를 받고 알코올 중독으로 사망한 일이었다. 이러한 사건 후에 그는 콤바인이라는 가공할 만한 힘이 존재한다고 믿게 된다. 브롬덴은 맥머피에게 콤바인에 대해서 다음과 같이 말한다.

"아버지가 몸이 크고 또 어떤 일이든 포기하지 않고 자기 뜻대로 처리했기 때문에 그들 모두가 아버지를 변하게 만들었어요. 마치 그들이 당신에게 하듯이 작당해서 아버지를 변하게 만들었지요"

"추장, 그들이라니, 누구를 말하는 거요?"

맥머피가 갑자기 진지해져서 조용히 물었다.

"콤바인이에요. 콤바인이 오랜 세월 동안 아버지를 변하게 만들었어요. 한동안은 아버지도 대적할 만큼 몸집이 컸지요. 콤바인은 우리가 검열받은 집에서 살기를 바랐어요. 그리고 우리에게서 폭포를 빼앗으려고 했어요. 부족 중에도 그들의 스파이가 있었고, 그들은 아버지의 생각을 변화시켰어요. 도시에서 아버지는 골목으로 끌려가 실컷 얻어맞기도 했

어요. 한 번은 머리를 짧게 삭발당한 적도 있었어요. 아아, 콤바인은 커
요. 굉장히 커요."

                                    ─ 켄 키지, 『뻐꾸기 둥지 위로 날아간 새』, 349

그는 고등학교 때 럭비 선수였고 대학물까지 먹은 사람이다. 하지만
자신의 상처를 극복하지 못해 정신 병동에 들어와 벙어리, 귀머거리 행
세를 하면서 주로 빗자루를 들고 청소하는 것으로 시간을 보내고 있다.
그는 사회에서도 투명 인간과 같은 존재였지만 병원에서도 존재감 없
이 지내고 있었다. 처음에 그는 맥머피를 사기꾼 정도로 생각했지만,
그가 동료 환자들에 대해서 동정심이 있다는 사실을 알고 그를 신뢰하
게 된다. 그에 대한 신뢰는 자신이 귀머거리가 아님을 맥머피에게 밝히
는 것으로 표현된다. 맥머피는 무기력하게 청소만 하는 그에게 농구 경
기하는 법을 가르쳐 주면서 적극적으로 사람들과 어울리도록 도와준
다. 키가 보통 사람들보다 두 배나 컸기 때문에 경기는 너무 쉬웠다. 그
는 움츠러든 존재가 아니라 점점 무언가를 적극적으로 하고 싶은 사람
으로 변해가고 있었다. 한 번은 맥머피가 흑인 간호조무사들과 싸움이
붙었는데 맥머피를 돕는 바람에 그와 함께 전기 치료를 받게 된다. 그
들은 이제 자유라는 공동의 가치를 위해 싸우는 동지가 된 것이다.

그들은 점점 가까워지면서 탈출을 계획하게 된다. 하지만 탈출하는
밤에 당직 간호사를 매수하여 여자들을 병동에 불러들여 파티를 열었
고, 그만 잠이 드는 바람에 탈출 계획이 무산되게 된다. 출근한 래치드
는 이제 맥머피를 가장 강력한 수단으로 교정할 수 있는 명분을 얻게

되었다. 결국 래치드 간호사의 통제에 반항한 것에 대한 대가로 맥머피는 전두엽 수술을 받게 되었다. 맥머피는 자유라는 가치를 위해서 억압적 체제에 저항하다 희생되었다. 하지만 그의 정신은 사라지지 않고 동료 브롬덴에게 전해진다. 브롬덴이 탈출 의지를 꺾지 않았던 것이다. 식물인간이 된 맥머피를 보자 브롬덴은 맥머피를 베개로 눌러 죽이고, 평소 맥머피가 연습시킨 대로 거대한 급수대를 들어 철창을 부수고 나와서 탈출에 성공한다.

길들지 않기 위해서

이 소설은 인간이 거대한 사회의 권력 구조 속에서 얼마나 나약한 존재로 변할 수 있는지 보여 준다. 더 무서운 것은 거대 권력은 인간을 통제하면서도 그들이 그 사실을 인지하지 못하는 상태로 길들이는 것이다. 정신 병동은 바로 인간을 길들이려는 통제 사회의 축소판이다. 잘 순응된 자들만 살아남을 수 있다. 환자들은 자신들이 나약한 존재가 아님에도 스스로 나약하다고 생각한다. 맥머피는 이들에게 시들어버린 자기 자신을 찾을 것을 행동으로 보여 주었다. 그도 결국 전두엽 수술을 통해 인위적으로 길들었기 때문에 어떤 의미에서 자살한 빌리처럼 실패한 반영웅일 수 있다. 하지만 그는 동료 환자들에게 일시적으로나마 잃어버린 자유를 찾아 주었고, 브롬덴과 같은 또 다른 반영웅을 길러냈다. 이 작품은 미국 사회를 하나의 정신 병동에 비유하고, 그 안에서 사람들이 기계적인 통제 시스템 아래서 길들고 있음을 폭로하고 있다.

이 소설은 미국 사회를 배경으로 하고 있지만, 우리 사회와 우리 자신을 돌아보게 하는 작품이다. 우리는 학교와 사회에서 가르치는 방식대로 생각하고, 그 생각에 기초해서 미래를 계획한다. 하지만 학교와 사회가 가르치는 것을 비판 없이 받아들인다면 우리 자신도 브롬덴이 존재한다고 믿는 콤바인과 같은 통제 체제에 순응하는 것일 수 있다. 물론, 학교나 사회에서 가르치는 것이 모두 잘못되었거나 우리를 조종하기 위한 것이라고 생각할 필요는 없다. 다만 한 번쯤은 사람들이 가르치는 것 그리고 내가 믿는 것에 대해서 진지하게 성찰해 볼 필요가 있다는 것이다. 그렇지 않으면 우리는 다른 사람이 자신을 길들이는 것인지도 모른 채, 자신이 삶의 주인이 되는 법을 잃어버리는 만성 환자가 될 수 있다는 것이다. 기존의 권위, 전통, 지식을 받아들이면서도 자기 성찰과 비판의 과정을 거친다면 적어도 우리 자신의 자유와 존엄을 지키면서도 기성의 가치와 권위를 존중하는 건전한 민주 시민일 될 수 있을 것이다.

15장

갱생을 거부하고 기인奇人으로 살다

— 「유치장에서 만난 사나이」의 왕백작

손애리

왕백작을 아십니까?

왕백작은 김사량金史良(1914~1950)이 1941년 2월 『문장』지에 발표한 단편소설 「유치장에서 만난 사나이」에 나오는 인물이다. 김사량은 식민지 시기에 일본어로 주로 글을 발표하고 해방 후에는 북한 지역에서 활동했으며 한국전쟁 시기에는 북한군의 종군기자로 참전한 경력이 있다. 이 때문에 오랫동안 한국에서 잊힌 작가였지만 1988년에 해금되면서 이후 한국 학계에서 본격 연구되고 그의 소설집이 번역 출간되었다. 「유치장에서 만난 사나이」는 그의 대부분의 소설과 달리 조선어로 먼저 쓰이고, 이후 일본어로 번역되었다.

소설은 부산발 신경(만주국 수도, 지금의 장춘)행 급행열차 식당에 모여 술자리를 하는 네 명의 남자들로부터 시작한다. 광고 회사원, 축산 회사원, 조선신문 동경지국 기자 등 번듯한 직업을 가진 이들은 일본에서 함께 대학을 다닌 동창생이다. 지금은 모두 동경에서 일하고 있으며, 연말 휴가를 맞아 귀향하던 중 부산에서 만났다. 술이 얼큰해지자 신문 기자 친구는 신경행 열차에 오를 때마다 떠오르는 사람이 있다며 그에 대해 회상하기 시작한다. 그의 이름을 알지는 못하고 당시 사람들이 부르던 대로 왕백작이라고 칭했다.

신문기자 친구가 왕백작을 처음 만난 것은 3년 전 동경에 있는 경찰서 유치장에서였다. 그는 유치장에서 우스꽝스러운 기행으로 주변 사람들의 놀림감이 되곤 했다. 꾀죄죄한 행색을 하고서 기이한 일본어 발음과 일본어에 조선어를 섞어 말하는 어법은 그를 우스꽝스럽게 만들었다. 하지만 뛰어난 붙임성으로 무료한 유치장 생활에 웃음을 주어 구류 중인 사람들에게 인기가 좋았다. 그를 한심하게 여기는 사람들도 저 놈은 그래도 좋은 사내라고 평했다. 놀라운 것은 이러한 모습과 어울리지 않게 그의 아버지가 조선에서 도지사로 있고, 집이 엄청난 부자라는 사실이다.

방향을 잃고, 척하기

그의 행동은 앞뒤가 맞지 않는 것투성이다. 점심때면 특고실로 불려나가 맛있는 음식을 주문해 먹고 신문과 잡지도 자유롭게 읽는다는 소문이 자자했지만, 신문기자인 내[1]가 확인한 바로는 모찌떡 하나를 위해 변소 청소를 열심히 하는 비굴한 모습이다. 가장 이해하기 어려운 것은 자신을 사상가라고 소개하고 다니는 것이다. 변소에서 우연히 얘기하며 건강을 묻는 신문기자 나의 물음에 자신은 유치장의 단골이라 건강 따위야 신경 쓸 겨를이 없다고 말한다. 그 말투에는 우쭐대는 느낌이 묻어 있다. 곧 검찰로 송치될 것 같다는 말을 하면서도 내심 득의 양양한 눈치이다. 사상범으로서 유치장을 자주 드나들며 조만간 기소될 거라는 사실에 뿌듯함과 자랑스러움이 역력하다.

그는 사상가를 자처하지만, 자신이 자처하는 사상이 무엇인지 잘 알지 못한다. 신문기자인 나에게 자신이 바로 아나키스트라고 은밀히 고백하기도 하고, 또 틈만 나면 사람들에게 자신이 아나키스트임을 선전했다. 그러나 그가 이해하고 있는 아나키스트란 '무슨 일이 나기만 하면 턱하고 붙들려 오는' 사람이다. 실제로 그는 수십 차례 경찰서에 붙들려 왔다. 아나키스트의 진의를 잘 알지 못하는 왕백작은 진짜 사상범인 신문기자에게 아나키스트가 무엇인지를 슬쩍 물어보기도 한다. 아나키즘은 1910~1920년대에 유행했던 사상으로 30년대 후반인 지금은 더는 위험하지도 않고 관심의 대상도 아니다.

그가 번번이 잡혀 들어오는 이유 또한 이상하다. 같은 하숙집의 대학생이 불온사상 혐의로 붙잡혀 가면 그의 집에 들어가서 수상한 책 같은 것들을 자기 방에 옮겨다 놓는다. 그러고는 형사가 올 무렵이면 옮

---

1   과거 회상을 이끌어 가는 신문기자 '나'를 소설 전체의 화자인 나와 구분하기 위해 '신문기자 나'라고 칭하기로 한다.

겨 놓은 물건을 잘 보이게 놓아둔다. 형사가 동행을 요구하면 옳다구나 하고 따라나서는 것이다. 실로 그의 행동은 당시의 사상범들과 자신을 연루시키고 유치장에 갇히는 것이 목표인 것처럼 보인다. 단지 사상가인 척하는 것에 머무는 것이 아니라 사상범이 되어 유치장에 갇히기까지 한다. 그리고 그것은 멋지고 폼 나는 행동이므로 그것을 해야 한다고 믿는 듯했다.

희망을 말하지 않고, 갱생하지 않기

유치장에서의 짧은 만남으로부터 약 1년이 지난 후. 신문기자인 나는 지금 타고 있는 이 신경행 경부선 열차를 타고 고향으로 돌아가는 중이었다. 열차는 만주 광야로 떠나는 이민자들로 가득하다. 통로에 짐짝처럼 웅크려 있는 사람들 틈에서 신문기자 나 또한 움츠려 있다. 사실 그날은 신문기자에게 '갱생이라는 인생의 재출발 벽두'의 날이다. 약 1년의 수감 생활을 마치고 자유로운 몸이 되어 집으로 돌아가는 열차를 타고 있었다. 이러한 자유는 그가 일종의 '전향'을 했기 때문에 가능했다. 열차 안에서 그는 '아무것도 생각지 않겠다'고, '과거의 일은 과거대로 묻어 버리겠다'고 다짐하고 있었다.

그와 함께 이 열차를 타고 있는 사람들은 풍수해로 인해 논과 밭, 집을 모두 날려 버리고 '이제부터 새로운 광명을 찾아 멀리 광야로 출발'하는 사람들이다. 신문기자는 이들을 보면서 자신도 더욱 용기를 내어

야겠다고 스스로 삶의 의지를 북돋우며 상기되어 있다. 이제는 시대에 맞추어 새로운 삶을 살고 싶다는 간절한 바람은 모든 것을 잃고 어쩔수 없이 식민 제국이 세운 괴뢰 국가 만주로 향하는 사람들에게서도 희망을 읽어 내었다. 지난날 자신을 사로잡은 사상의 굴레에서 벗어나 갱생을 다짐하던 바로 그때, 이민자들로 이미 북새통이 된 열차 안에서 꺼먼 외투에 흰 명주 마후라를 걸친 한 신사가 비틀비틀 들어선다. 그들은 곧장 서로를 알아보았다. 사상범으로 붙잡혀 같은 유치장에 있었던 이력을 강조하려는 듯 왕백작이 그를 '동경의 동지'라고 부르며 다가왔다. 다시 만난 왕백작은 혀가 돌아가지 않을 정도로 술에 취해 있었다.

　두 번째 만난 왕백작은 그가 좋아하는 사상범들과 섞여 있는 것이 아니라 조선에서 삶의 터전을 잃고 만주로 이주하는 사람들의 틈바구니에 있다. 첫 번째 만남에서는 그는 아나키스트도 아니고 '불온한' 사상범도 아니면서 유치장을 수시로 드나들었다. 이번 만남에서는 자신은 튼튼한 삶의 터전을 갖고 있으면서도 삶의 터전이 파괴되어 만주행 이민을 택한 사람들을 실어 나르는 신경행 열차에 올라타 있다. "큰 소리를 지르며 통곡을 하고 싶어"서 이민 열차에 오르는 것이라고 한다. 동경의 유치장에서 만주행 열차로 장소가 바뀌었을 뿐 설명하기 어려운 그의 기이한 행동은 오히려 심해졌다. 그는 실성한 사람처럼 에헤헤 웃어 대다가 울기 시작한다.

　"나는 아아 지금 당장 나 자신으로부터도 복수를 받고 있는 터이야 목줄을 졸라매구 있는 터이야. 희망두 없구 슬픔도 없구 그리구 또 목적조차 없구… 아아 나는 이 이민 열차에 탔을 때만이 행복인 걸 어떡하나. 나는 그들과 같이 울 수가 있구 부르짖을 수가 있어."

"하나 이 사람들은 희망을 붙들고 가는 것이지 슬퍼하러 가는 것은 아닐 텐데."

"그거야 아무럼 어때. 나는 그냥 그들과 같은 차로 같은 방향으로 간다는 것만이 기뻐 죽겠어. 그리구 같이 울기두 하구 부르짖는 것두 함께한다는 것이. 그러나 어떡하나 나는 어떡하나 이 사람들이 국경을 넘어서면 나는 혼자서 집에 오지 않으면 안 되니 나는 그때 생각을 하면…."

이들에게서 희망과 갱생을 발견한 신문기자와 달리 왕백작은 이 열차와 이 사람들 속에서 '절대 고독'과 '무서운 절망'을 느끼고 있었다. 그는 웃다 울다 미친 사람처럼 난동을 부리더니, 결국 몸을 가누지 못하고 쓰러진다.

신문기자는 열차에서 내리기 전에 왕백작을 깨우려다가 그냥 두고 나온다. 그때 기차가 흔들려 백작의 등위에 엎어지고, 백작이 꼼짝도 하지 못하는 상태임을 알게 된다. 플랫폼에 도착하는 것을 보면서 마음이 분주해진 신문기자는 그가 거기서 자다가는 짓밟힐 것을 알면서도 결국 혼자 차에서 내린다. 내린다는 것만으로 가슴이 꽉 찼기 때문이다. 이 짧은 만남 이후 신문기자는 그 일을 생각하면 괴롭다고 호소한다. 그때 내리지 말았어야 옳았을 거라는 생각이 계속 든다는 것이다.

휩쓸려 가거나, 개조되거나

　신문기자는 작년에 조사차 강원도 산에 갈 일이 있었다. 열흘간 폭풍 우가 계속되어 물이 불어나, 동물과 사람 두세 명이 떠내려가는 장면을 목격하게 된다. 그중에 양복을 입은 사람이 끼어 있었는데, 그가 왕백 작이 아닌가라는 생각을 하게 된다. 이후 전해 들은 바로는 목숨을 잃은 사람 중에 서울의 젊은 목재 상인이 있었다고 한다.

　또 올봄에는 종로에서 전차를 타고 가던 중에 반공 훈련을 받는 경방 단(식민지 말기 치안 담당 조직)원의 뒷모습을 보면서 아무래도 왕백작이 었을 것 같은 생각을 했다. "아마도 그가 열차에서 죽지 않고 살아 있다면 그는 전쟁이 벌어져 기뻐할걸. 왜 그런고 하면 지금의 우리나라는 현실적인 괴로움은 있지. 그러나 일정한 방향을 향하여 건국 일치의 체제로 맥진에 맥진을 거듭하고 있으니 말일세. 그는 인제는 생활의 목표와 의의를 얻어 메었는지두 모르지. 경방단 반장쯤 넉넉하게 지냄 직할 걸." 나를 비롯해 곁에 있는 친구들 모두에 있는 친구들 모두 맞장구친 다. 그렇지만 신문기자의 이야기는 계속된다. "또 어떤 날은…"

　신문기자는 죽어 가는 왕백작을 그냥 내버려 두고 기차에서 내린 것에 대한 양심의 가책에 괴로워하고 있다. 그러면서 그가 죽지 않고 살아 있기를 기대한다. 그러나 그가 만약 살았다면, 미치지 않고 살았다면 그의 삶의 행로는 어떠했을까? 백작이자 도지사인 아버지의 재산으로 목재상 사장이 되었을지 모르지만 '현실'에 휩쓸려 목숨을 잃게 될 것이다. 아니면 살기 위해 사상 개조를 하고 갱생하여 경방단원이 되었을지 모른다. 더는 어디로 가야 할지 방향과 좌표를 상실한 사람이 아니라 '전쟁이 벌어진 것을 기뻐하며', '일정한 방향을 향하여', '생활의 목표와 의의를' 메었을 것이다. 그는 새 시대의 방향에 맞는 생활인이 되어 '보통의 정상적인' 삶을 살게 될 것이다.

신문기자와 나, 그리고 친구들 모두 '무지하고 광신적이며 또 그리고 곧잘 허풍을 떠는' 왕백작이 기차에서 죽지 않고 살았기를, 그래서 현실적인 인간이 되었기를 바란다. 그렇지만 그런 바람이 실현되더라도 그는 여전히 현실을 모르기에 갑작스러운 급류에 휩쓸리거나, 전쟁의 광기를 진짜 생활의 현장으로 착각하고 거기에서 삶의 목표를 찾게 될 뿐이다. 유치장과 만주행 열차를 떠돌아야 마음이 편한 왕백작에게 남겨진 두 가지 길은 방향을 완전히 상실해 어딘가로 휩쓸려 가거나 정신을 똑바로 차리고 식민 제국의 전시체제에서 삶의 의미를 찾는 길이다. 여전히 미쳐 있거나, 급변하는 현실에 대응하지 못하거나, 전도된 현실을 진짜 현실이라 믿는 것. 마지막 선택은 열차 안에서 신문기자의 선택이기도 하다.

독립투사도 친일파도 아닌 삶

왕백작이 영웅적 삶을 동경했는지, 독립투사가 되겠다고 마음을 먹었는지 알 수 없다. 정신분열에 가깝지만 그가 흉내 내고, 척하고 싶었던 사람들을 미루어 본다면 당시 식민 제국의 폭력에 대해 '사상'을 가지고 저항하는 사람을 영웅시했던 것 같다. 또한 식민 제국의 폭력에 희생되고 보호받지 못한 사람들과 함께하는 삶을 동경했을 것이다. 그러나 영웅시하고 동경하는 삶을 살고 싶은 것과 실제로 사는 것은 전혀 다른 문제이다. 그렇게 살기도 어렵거니와 주류와 다수의 문법에 어긋나기 때문에 희화화될 뿐이다. '유행에 뒤처지고 철 지난' 아나키스트라고 조롱받는 것처럼.

「유치장에서 만난 사나이」의 배경이 된 1930년대 말 1940년대 초는 중일전쟁의 시작과 함께 일본 제국주의가 전시체제로 돌입한 시대이다. 아나키즘이든, 민족자결주의든, 사회주의든 특정 사상에 기초해 사회를 바꿔 보겠다는 행동은 전쟁이 벌어지는 시대에 어울리지도 않고 실제로 현실적으로 힘을 발휘하지 못하는 무력한 행동으로 치부되었다. 어찌 보면 이미 일본의 식민지가 되어 나라도 정부도 없는데, 아나키스트를 주창하는 것 자체가 아이러니다. 왕백작이 아나키스트의 뜻을 제대로 알고 있었는지는 중요치 않다. 그의 삶의 방식은 이미 시대의 표준에서 벗어났으므로 세상과의 소통은 불가능하고 이해받지 못한 그의 행동은 기이하고 우스꽝스러울 뿐이다.

왕백작 주변의 사람들은 그를 기이한 인물로 상정하고 있지만, 그 또한 세상이 기이하다. 식민 제국은 식민지인의 삶을 피폐하게 만들었을 뿐 아니라 전쟁을 일으켜 사회를 전시체제로 만들었다. 게다가 삶의 터전을 잃고 절망의 끄트머리에 있는 사람들을 몰아 식민 제국이 건설한 괴뢰국인 만주국으로 이주시키고 있다. 사람들은 만주로 떠나는 사람들을 보며 희망을 얘기하지만, 왕백작에게는 통곡의 대상이자 절망의 현장일 뿐이다.

저항과 협력의 이분법적 세계에서 왕백작은 어디에도 귀속하지 못한다. 그는 적극적으로 저항하지도 못했고, 적극적으로 협력한 적도 없다. 식민 제국에 협력하여 제국인으로 살든지, 아니면 식민 제국에 반대하는 투사의 삶을 살든지. 그 시대의 바깥에서 후대의 사람들은 이런 두 가지 삶을 유형화하고 평가하지만, 당대의 사람들에게 두 가지 유형의 삶이 명확히 분리되기는 어려우며 대다수는 그 사이의 공간에서 살았을 것이다. 왕백작이 기괴한 발음으로 일본어와 조선어를 섞어 쓰는 것처럼 말이다.

식민지 시기 김사량의 작품은 대부분 일본어로 쓰였지만, 「유치장에서 만난 사나이」는 조선어로 창작되었고, 일본어로 번역되어 「Q백작」이라는 제목으로 그의 두 번째 창작집 『고향』에 수록된다. 제목에서도 알 수 있듯이 Q백작은 루쉰의 아Q를 연상시킨다. 일본의 평론가들도 Q백작과 아Q와의 연관성을 지적하면서 호평했다. 그렇지만 왕백작은 아Q와 같은 선상에 있지 않다. 아Q는 계몽의 대상이고, 아Q를 계몽해야 하는 사람마저도 계몽의 대상이라는 사실이 루쉰이 『아Q정전』을 썼을 때의 문제의식이다. 이중 삼중의 계몽 과제를 갖고 있지만 목표는 명확하다.

왕백작에게는 시대에 부합하며 시대를 이끌어 가는 강력한 계몽의 힘에 장악되지 않는 것이 목표이다. 그는 식민 제국이 추진하는 전시 체제에 잘 부합하는 인간으로 계몽되고 싶지 않다. 갱생하여 광명의 시대에 걸맞은 인간으로 개조되는 것을 원하지 않는다. 그렇지만 개조되지 않은 반계몽의 인간으로 사는 것도 불가능하다. 앞으로 나아갈 수도 뒤로 돌아갈 수도 없다. 어찌할 바를 알지 못한다. 삶의 의지는 있으나 방향은 없다. 요컨대 그의 기행은 동력은 있으나 방향성을 상실한 자의 움직임이다. 방향성을 상실한 힘은 럭비공처럼 어디로 튈지 모르고 늘 사람들의 예상치를 벗어난다.

미치거나 비겁하거나 숨어 있거나

왕백작과 신문기자의 두 번의 만남은 처음에는 동경의 어느 경찰서의 유치장에서, 두 번째는 만주행 열차에서 이루어졌다. 유치장은 범법자들의 공간이다. 이때 두 사람 모두는 어떤 이유에서건 일본 제국의 법을 위반했다. 두 번째 만난 열차에서 두 사람은 다른 모습이다. 신문기자는 갱생을 염원하며 과거의 일을 잊기로 다짐하면서 눈앞에 있는 현실의 사람들에게도 눈 감고자 한다. 심지어 절망에 빠진 사람들을 희망에 가득 차 있다고 왜곡한다. 왕백작은 이유 없이 유치장에 갇혔던 것처럼, 만주 이민자들을 위해 현실적으로 할 수 있는 일은 아무것도 없으면서 열차를 타며 시간을 보낸다. 뭔가를 하고 싶고 해야겠는데 할 수 있는 것은 없다. 그들을 그냥 떠나보낼 수도 없고 그렇다고 용기 내어 무언가를 하지도 못한다. 무력함을 넘어서 기이하고 기괴한 모습만이 남는다.

왕백작은 사상범인 척, 만주 이주자인 척한다. 백작이 아닌 척, 백만

장자가 아닌 척, 식민 제국에 복무하는 관료의 아들이 아닌 척하고 싶은 것이다. 이 '척하기'는 세상을 속이기 위해서라기보다 왕백작 자신을 속이기 위한 것이다. 자신을 속일 수 있다면, 그래서 유치장에 갇히거나 이민자들의 대열에서 통곡할 수 있다면, 그는 자신을 탓하거나 죄의식을 갖지 않아도 된다고 생각했을 터이다. 내가 바라는 나와 현실의 내가 극명히 분리될 때, 나의 정신은 분열되기에 십상이다. 왕백작의 당당하다가 비굴한 모습, 헤헤거리다가 통곡하는 모습, 일본어와 조선어를 섞어 쓰는 모습 등은 분열된 자아의 흔적이다.

　세상에 맞설 용기를 갖지 못한 대다수의 사람이 모두 왕백작과 같은 형상을 하지는 않는다. 대다수는 신문기자 또는 '나'의 모습일 것이다. 신문기자는 왕백작이 되고 싶어 흉내를 내고 척한 진짜 사상범이었다. 그렇지만 1년의 수감 생활 후 그는 자신의 과거를 부정하고, 과거의 짐을 털어 버린다. 만주로 떠밀려 가는 사람들을 보며 그들의 절망스러운 삶에 눈을 감는다. 그들에게서 억지로 희망을 찾아내고 자신의 비겁함을 모른 척하며, 새로운 광명의 시대에 걸맞게 살아야겠다고 다짐한다. 과거로부터 무사히 빠져나온 것 같지만 실은 그가 발을 헛디뎌서 왕백작을 깔아뭉갰듯이, 그는 이후 전시체제에 동원되고, 식민 제국의 괴뢰국으로 이민 가고, 이등 신민으로 차별을 받는 조선인들을 의도치 않게 깔아뭉갤 것이다.

　마지막으로 신문기자로부터 왕백작 얘기를 듣고 있는 '나'는 어떤가? '나'에 대한 정보는 전혀 등장하지 않는다. 친구들 세 명의 직업을 말해 주지만 '나'의 직업은 소개되지 않는다. '나'는 신문기자가 자신의 이야기를 서술할 때의 나와 혼동되기도 한다. 아마도 '나'는 신문기자와 비슷한 사회적 위치와 시선을 가진 자일 터이다. 그렇지만 신문기자처럼 한때이기는 하지만 자기 생각을 내보이고 행동하는 사람이 아니다. 왕백작 같은 사람은 더욱 아니다. '나'는 철저히 숨어 있는 사람이다. 왕백작처럼 반쯤은 미쳐 있거나, 신문기자처럼 비겁해지거나, 아니면 '나'처럼 철저히 익명으로 숨어 살거나. 식민시기를 살았던 대다수 반영웅의 형상은 이와 같은 모습이 아니었을까.

16장

허망 속에서 방황하는 반영웅
― 루쉰의 단편소설 「술집에서」와 「고독한 사람」을 중심으로

김민정

두 번의 침묵과 절망 후의 방황

무창기의武昌起義로 촉발된 신해혁명으로 인해 중국에서는 이천 년이 넘게 지속한 황제 지배 체제가 전복되고 아시아 최초로 공화정이 수립되었다. 그 과정에서 더 나은 세상을 꿈꾸던 수많은 '혁명가'들이 새 시대의 도래를 위해 피를 흘렸다. 하지만 혁명의 열매는 적폐 세력인 봉건 군벌과 변신에 능한 기회주의자들의 차지가 되었고, 아Q와 같은 기층 민중은 혁명 세력의 이상을 전혀 이해하지 못했다. 실상은 허울뿐인 반쪽짜리 혁명이었던 셈이다.

청말 격변기를 살았던 우국지사와 깨어 있는 지식인 가운데 특히 신식 학문과 사상을 접한 이들 중에는 혁명에 동조하는 자가 많았는데, 중국의 유명한 문학가이자 사상가, 혁명가, 교육가였던 루쉰魯迅

(1881~1936)도 그중 한 사람이었다. 그는 1902년 국비유학생 자격으로 일본에 갔다가 의학을 공부했다. 하지만 센다이 의학전문학교 재학 시절, 수업 시간에 일본군의 시각에서 러일전쟁을 선전하는 슬라이드를 보다가 러시아 스파이로 몰려 참수되는 중국인을 같은 중국인들이 몽매한 표정으로 에워싸고 구경하는 모습을 목격하고, 육체의 질병을 고치는 것보다 국민정신의 개조가 더 시급함을 깨닫는다. 의학에서 문학으로 전향한 후, 루쉰은 외국 문학을 번역하고 잡지를 창간하는 등 문학을 통한 민족 계몽에 힘썼다. 그 역시 나름의 방식으로 혁명에 투신한 것이었으나 거듭된 좌절을 맛보며 혁명의 '실패'를 인정하지 않을 수 없었다.

1909년 귀국했던 그는 1912년 5월 초 고향을 떠나 베이징의 동향회관인 사오싱현관^{紹興縣館}에 둥지를 튼다. 절망과 고민에 빠진 채 여가에 고서를 수집하고 금석 탁본을 뜨는 일로 소일하며 지내던 중, 1917년 8월의 어느 날 도쿄 유학 시절에 사귄 친구 첸쉬안퉁^{錢玄同}(1887~1939)이 찾아온다. 창작에 나서도록 권유하는 친구에게 루쉰은 유명한 '철방'의 비유를 든다. "창문도 없고 부술 수도 없는 철로 만든 방 안에 수많은 사람이 깊이 잠들어 있다. 그들은 머지않아 숨이 막혀 죽을 텐데, 굳이 의식이 붙어 있는 몇몇을 깨워 가망 없는 임종의 고통을 준들 무엇하겠느냐"라는 것이었다. 친구는 "그래도 몇 명이 깨어난다면 철방을 부술 희망이 전혀 없다고는 할 수 없지"라고 답한다. 루쉰은 여전히 회의적이었지만 친구의 부탁을 마지못해 승낙했고, 이렇게 탄생한 작품이 중국 최초의 단편 백화(구어체) 소설 「광인일기^{狂人日記}」이다.

루쉰은 당시 고조되어 가던 5·4 신문화운동의 열기 속에 6년간의 긴 칩거와 침묵을 깨고 다시 사회를 향해 '소리쳤다'. 그의 첫 번째 소설집 『외침吶喊』에는 1918년 4월 완성된 「광인일기」부터 1922년 10월 지은 「지신제 연극社戲」까지 14편의 단편소설이 수록되었다. 특히 중편소설 「아Q정전」(1921)은 문단에 큰 반향을 불러일으켰다. 하지만 얼마 지나지 않아 그가 첫 번째 소설을 발표했던 잡지이자 신문화운동의 본진이었던 『신청년新靑年』 동인은 이념 차이로 분열되었고, 5·4 신문화운동의 열기도 점차 사그라들었다. 새로운 세상을 함께 꿈꾸었던 어제의 동지들은 좌·우로 분열되고, 일부는 베이양北洋 군벌과 제국주의에 동조하는 어용 지식인으로 전락했다. 이는 루쉰을 다시금 절망에 빠뜨렸다. 1922년 12월 『외침』의 편집을 마치고 서문을 쓴 뒤로 그는 두 번째 침묵에 빠져들었다.[1]

1923년에는 루쉰의 인생에서 두 가지 결정적 사건이 일어났다. 첫 번째 사건은 우애가 남달랐던 동생 저우쭤런周作人(1885~1967, 루쉰의 본명은 저우수런周樹人이다)과 사이가 완전히 틀어져서 대가족이 함께 모여 살던 베이징의 바다오완八道灣 집을 나온 것이다. 두 번째는 베이징여자고등사범학교(이하 베이징여사대) 강사로 초빙된 것이다. 그는 학생들의 편에 서서 학생들의 애국 운동을 탄압하는 총장과 베이양 군벌 세력에 대항했고, 그 과정에서 이 학교 제자였던 쉬광핑許廣平(1898~1968)과 연

---

1 한 연구에 따르면, 『루쉰 전집』에 수록된 글을 기준으로 이 시기 루쉰은 1912년부터 1936년 사망 전날까지 꾸준히 썼던 일기와 지인에게 보내는 네 통의 편지를 제외하면 단 두 편의 글만을 발표했다고 한다.

인 관계로 발전한다. 이 두 사건은 그의 인생에서 커다란 변곡점이 되었다.

1923년 12월 26일 베이징여사대 문예회에서 「노라는 집을 떠난 후 어떻게 되었는가娜拉走後怎樣」라는 강연을 한 이후, 1924년 2월 「복을 비는 제사祝福」를 시작으로, 루쉰은 한 달에 세 편의 작품을 연달아 집필했다. 1923년의 상대적으로 짧았던 침묵을 깨고 탄생한 두 번째 소설집 『방황彷徨』의 작품 세계는 『외침』과 사뭇 달랐다(『방황』에 수록된 소설들과 비슷한 시기에 창작된 『들풀野草』의 산문시들은 서로 좋은 참고 체계가 된다). 『외침』이 주로 신해혁명을 역사적 배경으로 삼고, 소수의 이해 받지 못하는 선각자와 이기적이고 보수적이며 우매하고 마비된 민중을 주요 등장인물로 삼았다면, 『방황』의 주인공 대부분은 5·4 운동의 세례를 받은 현대적인 지식인들로, 이상과 현실의 괴리로 고통을 겪으며 방황한다. 「술집에서在酒樓上」와 「고독한 사람孤獨者」[2]의 주인공 뤼웨이푸呂緯甫와 웨이롄수魏連殳도 한때 혁명에 투신했다가 5·4 신문화운동의 퇴조기 이후 갈피를 잡지 못하고 방황하는 진보적 지식인이다. 두 주인공에는 루쉰 본인을 비롯한 당시 지식인들의 고민, 무력감, 절망, 고통 등이 투영되어 있다.

---

2   「술집에서」는 1924년 2월 16일 집필되고, 같은 해 5월 10일 상하이 『소설월보小說月報』 제15권 제5호에 처음 발표되었으며, 「고독한 사람」은 1925년 10월 17일 집필되어 1926년 8월 베이신서국北新書局판 『방황』에 수록되기 전까지 따로 발표된 적이 없었다. 당시 루쉰을 비롯한 지식인은 잡지 기고 원고료와 강의료로 생계를 유지했기 때문에 이는 특이한 점이라 할 수 있다. 두 작품의 창작 시기는 약 1년 8개월의 시차가 있지만 여러 가지 측면에서 자매편으로 함께 논의된다.

목표 의식을 잃고 자조에 빠진 지식인 뤼웨이푸

작품의 화자 '나'는 "북방에서 동남쪽으로 여행을 하던 도중에 길을 돌아 고향을 방문했다가 S시에 도착했다." '나'는 이곳의 학교에서 일 년 간 교사를 한 적이 있었다. 그러나 옛 동료들은 찾을 수 없고, 학교의 모습도 많이 달라져서 "두 시간도 되지 않아 흥취는 진작에 사라지고 이곳에 괜히 왔다고 후회"한다. '나'는 나그네의 무료함을 달래기 위해 예전에 자주 찾았던 작은 술집에 들러 혼자 술을 마시다가 뜻밖에도 옛 동창이자 교사 시절 동료였던 뤼웨이푸와 조우한다. 십 년 만에 다시 만난 뤼웨이푸는 예전과 많이 달라져 있었다. "창백한 장방형의 얼굴은 수척해 보였다. 차분해 보였으나 의기소침한 것 같기도 했고, 짙고 검은 눈썹 아래의 눈도 정기를 잃은 듯했다." 그동안 어떻게 지냈는지 서로의 안부를 주고받는데, 뤼웨이푸도 S시를 떠나 타이위안太原에 산 지 이 년이 넘었다고 했다. 생계가 될 만한 일자리를 찾아 정처 없이 떠돌이 생활을 하던 것은 당시 중국의 수많은 신지식인이 일반적으로 처한 상황이었다. 그는 설 연휴를 이용해 세 살 때 죽은 동생의 무덤을 이장해 주기 위해 잠시 돌아온 것이었는데, 그것이 '하찮은 일'임을 거듭 강조한다.

"나는 어렸을 때 벌이나 파리가 한곳에 앉아 있다가 무언가에 놀라서 바로 날아가더니 작은 원을 한 바퀴 그리고는 다시 돌아와 같은 곳에 앉는 것을 보고 아주 우습고도 불쌍하다고 생각했다네. 지금 나도 작은 원을 한 바퀴 돌고 다시 날아 돌아올 줄은 몰랐지. 뜻밖에 자네도 다시 되돌아왔군 그려. 자네는 좀 더 멀리 날 수는 없었나?"

작은 원을 한 바퀴 돌고 다시 같은 곳으로 날아온 파리와도 같다는, 자기 처지에 대한 뤼웨이푸의 자조 섞인 말은 새로운 세상을 만들기 위해 했던 모든 노력이 물거품이 되고 그동안 무의미한 제자리걸음을 했을 뿐이라고 느끼던 당시 진보적 지식인들의 공통된 심정을 대변한다고 해도 과언이 아니다.

뤼웨이푸는 과거 '나'와 함께 성황묘에 가서 신상神像의 수염을 잡아 뽑고, 연일 중국의 개혁 방법에 대해 토론하다가 싸움까지 했던 열혈 청년이었다. 그러나 달라진 것은 그의 외모만이 아니었다. 그는 타이위안에서 학생 두 명에게 『시경』과 『맹자』를 가르치고 있으며, 최근에 새로 늘어난 여자애한테는 『여아경』을 가르친다고 했다. 봉건 예교의 타파를 부르짖었던 그가 지금은 유교 경전 가르치는 것을 호구지책으로 삼아 "이 모양으로 어물어물 두루뭉술하게 살아가고" 있었던 것이다. 그는 학생들을 가르치는 대가로 받는 돈은 그럭저럭 생활을 버티기도 빠듯하다고 했다. 그러면 앞으로 어쩔 셈이냐는 '나'의 물음에, 뤼웨이푸는 이렇게 대답한다.

"앞으로? 모르겠네. 그때 우리가 예상했던 일이 하나라도 뜻대로 된 것이 있던가? 나는 지금 아무것도 모르겠네, 내일이 어떻게 될지, 심지어 일 분 후의 일도 어떻게 될지 모르겠다네…."

"심지어 일 분 후의 일도 어떻게 될지 모르겠다"라는 암담함. 한때 누구보다 뜨거운 열정과 이상을 품고 사회 개혁에 뛰어들었으나, 번번이 현실의 벽에 부딪히고 좌절을 겪은 후 목표 의식을 잃고 방황하는 뤼웨이푸는 5·4 퇴조기 진보적 지식인의 한 전형이다.

자학과 자기 파괴로 세상에 복수하려는 웨이롄수

「술집에서」의 뤼웨이푸가 목표 의식을 잃고 자조에 빠져 있다면, 「고독한 사람」의 웨이롄수는 자학과 자기 파괴로 나아간다. 이 작품에도 관찰자 '나'가 등장하는데, '나'와 웨이롄수와의 만남은 장례식에서 시작해 장례식으로 끝난다. S시에서 웨이롄수는 이해할 수 없는 괴짜로 유명하다. 그의 고향 한스산寒石山은 초등학교조차 없는 산골 마을로, 웨이롄수는 그 마을 전체에서 유일하게 외지로 나가 유학한 사람이었다. 어느 해 가을 그의 하나뿐인 가족인 할머니가 전염병에 걸려 사망하자, 장례식을 치르기 위해 모인 마을 사람들과 친척들은 이 서양물 먹은 신당新黨 맏손자가 장례 절차를 어떻게 치를 것인지 주시한다. 마침 한스산의 친척 집에서 머물고 있던 '나'도 호기심에 문상을 간다. 이것이 그와의 첫 만남이었다.

'나'는 그해 연말에 실직한 뒤로 웨이롄수와 자주 왕래하게 되었다. 심심하기도 했고, 그가 쌀쌀맞기는 하지만 실의한 사람에게 호의적이라는 소문을 들었기 때문이다. "사귀어 보니 롄수는 얘기를 곧잘 하는 사람이었다. 그는 토론하기를 아주 좋아했고 게다가 이따금 기발한 생각을 말하기도 했다." 특히 그는 아이들을 무척 좋아해서, 하숙하는 집주인 아이들에게 과자며 하모니카를 사 주었다. "렌수는 아이들 얼굴만 보면 평소의 그런 차가운 태도는 보이지 않고 자신의 생명보다 더 소중하게 여겼다."

> "어른의 나쁜 성질이 아이들에게는 없소. (…) 중국에 희망이 있다면 바로 이 지점에 있다고 생각하오."

「광인일기」의 결말 부분에서 광인이 '사람을 먹어 본 적 없는 아이'를 구해야 한다고 했듯이, 루쉰도 초기에는 구시대의 악습이 덜 물든 아이와 청년들에게 중국의 희망이 있다고 생각했다. '나'는 그의 말에 "아이들에게 나쁜 씨앗이 없다면 어떻게 커서 나쁜 열매가 열리겠냐"라며 반박했다가 한동안 웨이롄수와의 사이가 서먹해진다. 하지만 섭섭한 감정은 석 달이 지나서 겨우 풀리게 되는데, 웨이롄수가 신념에 균열을 일으키는 일을 겪었기 때문이다. 걸음마도 제대로 떼지 못한 아이가 그에게 갈댓잎을 겨누며 "죽여 버려殺"라는 말을 하고, 사촌 형은 롄수의 알량한 재산을 상속받게 할 심산으로 자기 아들을 양자로 보내려 하는데 "아들도 아비와 똑같"았다.

웨이롄수의 상황은 갈수록 나빠져서 지방의 작은 신문에서 익명의 인사들에게 공격을 받다가 급기야 교직에서 해고당한다. 하지만 '나' 역시 본인의 생계 문제로 다른 지방에 일자리를 알아보느라 바빠서 그를 찾아가 볼 겨를이 없었다. 그러다 헌책방에서 우연히 웨이렌수의 장서를 발견하고는 내친김에 그를 찾아간다. 형편이 보통 나쁜 지경에 이르지 않고서야 쉽사리 팔아 버릴 책이 아니었기 때문이다. 그는 저축하지 않고 항상 그때그때 돈을 써 버렸기 때문에 조촐한 살림은 더욱 줄었으며, 그를 찾던 식객들도 발길을 끊고 집주인 아이들조차 그가 주는 간식을 먹으려 하지 않았다. '나'는 누에가 실을 토해 자신을 고치 속에 가두듯이 세상과 단절되어 고독을 씹고 있는 듯한 웨이렌수에게 세상을 좀 밝게 볼 것을 권한다.

그 후 타지 학교에 부임하게 되어 S시를 떠나오기 전 "베껴 쓰는 일이라도 좋으니 일자리를 알아봐 달라" 하고 부탁했던 웨이렌수의 모습이 마음에 걸렸던 '나'는 여러 곳에 추천서를 넣었으나 소용이 없었다. '나' 역시 두 달이 지나도록 월급 한 푼 받지 못하는 처지였다. 몇 달 뒤 웨이렌수로부터 편지 한 통을 받는데, 그동안 우표를 살 돈조차 없어서 답장하지 못했다며 그가 전해 온 소식은 이러했다.

지난 반년 동안 난 거의 거지나 다름없었소. 아니, 실제로 이미 구걸을 하고 있었다고 할 수 있소. 그러나 내겐 아직 해야 할 일이 있었기에, 나는 그것을 위해 구걸을 하고, 그것을 위해 추위에 떨고 굶주렸으며, 그것을 위해 고독하게 살았고, 그것을 위해 고생했소. 그러나 멸망은 원하지 않았소. 보시오, 내가 좀 더 살기를 원하는 사람의 힘은 이렇게나 컸소. 그러나 지금은 없소, 이조차 없어졌소. 동시에 나 자신도 살아갈 자격이 없다고 느꼈소. 다른 사람은? 역시 자격이 없소. 동시에 나는 또 내가 살기를 바라지 않는 사람들을 위해서라도 기어이 살아가야 한다고 생각하오. 다행히 내가 잘 살기를 바라던 사람은 이미 사라졌으니, 아무도 가슴 아프지는 않을 거요. (…) 나는 벌써 예전에 내가 증오하고 반대했던 모든 것들을 몸소 실행해 봤으며, 예전에 내가 숭배하고 주장했던 모든 것들을 거부했소. 나는 이제 완전히 실패했소. 하지만 난 승리한 것이오.

스스로 살아갈 자격이 없다고 느끼지만 동시에 내가 살기를 바라지 않는 사람들을 위해서라도 기어이 살아가야 하는 이의 심리 상태는 어떠할까? 웨이롄수는 두杜 사단장의 고문이 되어 매달 80원의 월급을 받으며 "새로운 손님, 새로운 선물, 새로운 찬사, 새로운 아부, 새로운 절과 인사, 새로운 마작과 놀이, 새로운 멸시와 혐오, 새로운 불면과 각혈"이 있는 생활을 하고 있었다. 두 사단장의 고문이 되었다 함은 당시 진보적 지식인들이 적폐의 원흉으로 여겼던 봉건 군벌의 막료로 들어갔다는 뜻이며, 이는 곧 변절을 의미했다. 그는 자포자기하는 심정으로 "예전에 내가 증오하고 반대했던 모든 것들을 몸소 실행"하고, "예전에 내가 숭배하고 주장했던 모든 것들을 거부"하는 삶을 선택한 것이다.

어쨌든 그의 생활이 윤택해진 것을 확인한 '나'는 한동안 그를 잊고 있다가 반년 남짓한 외지 생활을 정리하고 S시로 돌아온다. 도착한 날 저녁 '나'는 웨이롄수를 찾아가지만, 공교롭게도 마주한 것은 그의 장례식이다.

5·4 퇴조기 속 번뇌하는 지식인과 반영웅

루쉰의 초기 작품에서 '영웅'은 깨어 있는 사람, 봉건적 구세계에 반항하는 용사나 전사, 시대를 앞서간 선구자로 묘사된다. 하지만 이러한 '영웅'들은 그들에 대한 민중, 즉 수많은 '비영웅'들의 몰이해로 인해 종종 '미치광이'로 그려진다. 그들은 세속을 초월하여 평범한 사람들이 '정상'이라고 여기는 세상을 새로운 시각으로 비틀어 보기 때문에 미쳐 보이는 것일 뿐이다. 「광인일기」의 광인은 단순한 피해망상증 환자가 아니라 역사의 야만성과 봉건 도덕의 죄악성에 대해 누구보다 예리한 분석을 하고 있다. 그는 "나 역시 사람을 먹었을지 모른다"라고 성찰하며, '참된 인간', '제대로 된 인간'의 도래를 꿈꾼다. 「장명등長明燈」의 미치광이 역시 지광 마을吉光屯에서 유일하게 깨어 있는 사람이라 할 수 있다. 그는 "양무제梁武帝가 켠 이래 지금까지 전해져 내려오면서 한 번도 꺼지지 않"아 마을의 수호신으로 추앙받는 등불을 꺼버려야 한다고 말하며, 봉건 종법宗法 사회의 권력을 상징하는 마을의 사당에 불을 지르려고 한다. 하지만 예속을 예속이라 느끼지 못하는 마을 사람들은 사당의 장명등이 꺼지면 자신들이 미꾸라지로 변하고 세상이 멸망할 것이라고 믿으며 두려워한다. 「약藥」의 샤위夏瑜(청말의 여성 혁명가 추진秋瑾을 모델로 삼았다고 한다)는 "대청제국의 천하는 우리 모두의 것"이라고 했다가 동네 사람들에게 '미쳤다'는 평가를 받는다. 몽매한 사람들에게 혁명가가 흘리는 피는 폐병을 고칠 수 있는 명약名藥 이상의 의미가 없다.

'영웅'의 형상이 '미치광이'의 형태로 그려지는 것에 반해 '반영웅'의 형상은 실패한 영웅이나 파멸한 영웅으로 등장한다. 그들의 모습에서 영웅의 기개와 확고한 신념, 이상 추구는 일찌감치 온데간데없고, 다만 과거에 대한 회상과 인생 한탄 속에서 과거 영웅적 행위의 실마리를 찾을 수 있을 뿐이다. 흔히 '난세가 영웅을 부른다'고 하지만, 이 '반영웅'들은 난세에 진정한 '영웅'이 되지 못하고 고사枯死한 쭉정이다. 「술집에서」의 뤼웨이푸는 한때 용감하게 성황묘 신상의 수염을 잡아 뽑았던 열혈 청년이었지만, 지금은 ABCD도 아닌 사서삼경을 가르치는 일로 입에 근근이 풀칠하며 살아간다. 그는 의기소침하고 자조적인 모습으로 자신을 "작은 원을 한 바퀴 그리고는 다시 돌아와 같은 곳에 앉는" 파리에 비유하는가 하면, 종업원이 계산서를 내밀었을 때 담배만 피우며 딴청을 부려 내가 술값을 내게 한다. 「고독한 사람」의 웨이롄수는 실직한 이후 냉혹한 현실에 직면하며 거지꼴에 가까운 모습으로 살다가 적진에 투항하는 것을 선택한다. 그는 '변절'한 자신을 파멸시키는 것으로 세상에 복수한다.

　물론 '영웅'이든 '반영웅'이든 현실 세계에서 성공을 거두지 못한 것은 매한가지다. 광인은 이미 쾌차하여 모 지방의 후보候補[3]로 부임했고, 사당에 불을 지르려던 미치광이는 마을 사람들에 의해 사당에 갇혔다. 샤위는 처형되었고 그의 피를 적신 만터우饅頭[4]를 먹은 샤오솬小栓도 폐병이 낫지 않고 죽었음은 물론이다. 그들은 비록 세상을 바꾸는

3　옛날, 결원이 생긴 관직에 충원되기를 기다리던 자.
4　우리 식으로 읽으면 '만두'이나 중국어에서 만터우는 소 없는 찐빵을 뜻한다.

데는 실패했지만, 개혁을 향한 신념과 의지가 확고하며, 어떤 상황에서도 현실과 타협하지 않고, 성장의 고통을 피하고자 일탈하지 않는다는 차이가 있다. 뤼웨이푸와 웨이롄수가 단지 몰락한 '영웅'을 넘어 '반영웅'으로 전락했다고 말할 수 있는 것은 이 때문이다.

또 다른 선택의 가능성

「술집에서」와 「고독한 사람」은 주인공에 대한 관찰자이자 화자로서 '나'가 등장한다. '나' 역시 뤼웨이푸, 웨이롄수와 같은 처지의 신지식인으로, 주인공을 관찰하며 그들의 처지를 동정하고 대변하는 역할을 한다. 「술집에서」의 '나'와 뤼웨이푸는 옛 동창이자 교사 시절 동료로, 함께 지냈던 S시를 떠나 각자 일자리를 찾아 외지에서 떠돌이 생활을 하고 있다. 「고독한 사람」에서는 신지식인들의 생계 문제와 처지가 더욱 자세히 묘사되어 있다. 웨이롄수는 여론몰이를 당하다가 교직에서 하루아침에 해고당하고, '나' 역시 새로 부임한 곳에서 주변인들의 모함을 받고 꼼짝도 할 수 없게 되어 한동안 "수업하는 것을 제외하고는 문을 닫아걸고 집 안에 숨어" 지내며, "담배 연기가 창틈 사이로 새어 나가는 것까지 학교 내의 소동을 조장한다는 혐의를 받지 않을까" 두려워한다.

한편 '나'는 '영웅'도, '반反영웅'도, '반半영웅'도 아니지만, 주인공과 거리 두기를 하고 다른 행보를 보임으로써 새로운 가능성을 열어 놓는다. 「술집에서」의 결말에서 '나'와 뤼웨이푸는 함께 술집을 나오는데 "그가 묵고 있는 여관은 나와는 방향이 반대여서 술집 앞에서 헤어졌다. 나는 혼자 내 여관을 향해 걸어갔다. 차가운 바람과 눈이 얼굴을 때렸는데, 오히려 아주 상쾌하게 느껴졌다." 이는 새로운 자아(나)와 낡은 자아(주인공)의 결별을 의미하는 동시에, 미약하나마 희망의 기운을 느끼게 한다. 「고독한 사람」의 결말에서 '나'는 웨이롄수의 장례식에 퍼지는 곡소리를 뒤로 한 채 발걸음을 재촉한다. "내 마음은 가벼워지기 시작하며, 차분한 마음으로 달빛 아래 축축이 젖은 돌길을 걸어갔다." 이 역시 웨이롄수의 자살식 복수가 아닌, 또 다른 선택의 가능성이 있음을 암시하는 것으로 이해할 수 있다.

청소년을 위한 고전 매트릭스
영웅에 반反하다

1판 1쇄 발행 2022년 11월 15일

지은이 서울대 인문학연구원 고전매트릭스연구단
발행처 도서출판 혜화동
발행인 이상호
편집 권지영
주소 경기도 고양시 일산동구 위시티3로 111, 202-2504
등록 2017년 8월 16일 (제2017-000158호)
전화 070-8728-7484
팩스 031-624-5386
전자우편 hyehwadong79@naver.com

ISBN 979-11-90049-31-3 (44100)
ISBN 979-11-90049-29-0 (세트)

※ 이 책은 2019년 대한민국 교육부와 한국연구재단의 지원을 받아 수행된 연구임
   (NRF-2019S1A 5C2A04080968)